PARA MEJORAR LOS PROYECTOS DE INVERSIÓN EN MÉXICO

Casos reales, conceptos básicos y ejercicios

Por

Javier Gala Palacios

DEDICATORIA

A todas y todos mis descendientes, hijas, hijos, nietas, nieto (actuales y por venir), los descendientes de mi familia, así como a todas las nuevas generaciones de este hermoso México, con el deseo de que reciban y hereden cada vez un mejor país.

Agradecimientos

He tenido el honor de ser profesor de un buen número de personas en cursos, talleres y diplomados en esta materia en México durante casi 25 años, y puedo decir que todas y todos quienes han estado en mi salón de clase han contribuido de alguna manera en los textos que aquí se presentan. A ellas y ellos mi más sincero agradecimiento.

Deseo destacar las aportaciones que hizo mi hija Yarid Gala Borja especialmente en el material de teoría económica, del "VAN probabilístico" y de las "simulaciones Montecarlo". De manera muy especial quiero agradecer a mi hermano Efraín Gala Palacios, un gran profesor de la materia de Evaluación Social de Proyectos, por sus múltiples consejos, sugerencias y apoyo. Del mismo modo agradezco a mi esposa, Martha García, por su insistencia y estímulo para que yo escribiera estos textos.

Contenido

Capítulo I: Conceptos básicos del análisis de proyectos de inversión 1

1.1 Definición de un "proyecto de inversión". 2

1.2 Definición de un programa de inversión 5

1.3 ¿Cómo surge un proyecto de inversión? 6

1.4 El ciclo de vida de los proyectos de inversión 8

1.5 Información básica de un proyecto al nivel de idea 10

1.6 El estudio al nivel de perfil 11

1.7 Los estudios de pre factibilidad y factibilidad 13

1.8 Aprobación, ejecución y puesta en operación del proyecto 15

1.9 La evaluación ex post y la retroalimentación al sistema de inversiones 17

1.10 El fin y el propósito de los proyectos de inversión pública 19

1.11 El año "cero" en la evaluación de proyectos 20

1.12 Ejemplo de cómo surge un proyecto de inversión. 21

1.13 Análisis de alternativas de un proyecto de inversión 25

1.14 Ejercicio de Agua potable rural 28

1.15 Ejercicio de electricidad rural 28

1.16 Ejercicio de servicio de transporte 29

Capítulo II: Criterios para aprobar un proyecto de inversión 31

2.1 El Valor Actual (Presente) Neto 32

2.2 La Tasa Interna de Rendimiento (TIR) 35

2.3 La Tasa Interna de Rendimiento Marginal (TIRM) 39

2.4 El Costo Anual Equivalente 41

2.5 El valor actual neto probabilístico: simulaciones Montecarlo 45

2.6 El análisis de sensibilidad de los indicadores de evaluación de un proyecto 50

2.7 Evaluación del proyecto con existencia de impuestos 51

2.8 Puntos adicionales sobre la evaluación social 54

2.9 Ejercicio sobre agua potable rural (continuación) 54

2.10 Ejercicio de electricidad rural (continuación) 55

2.11 Ejercicio del servicio de transporte (continuación) 55

2.12 Ejercicio sobre tasa interna de rendimiento marginal 56

2.13 Ejercicios sobre costo anual equivalente 56

2.14 Ejercicio de reemplazo de equipo 57

2.15 Ejercicio de sensibilidad del proyecto del puente 57

Capítulo III: El análisis costo-beneficio de un proyecto de inversión 59

3.1 Costos y beneficios sociales de un proyecto de inversión 60

3.2 ¿Qué significa y para qué sirve la evaluación ex ante de un proyecto? 61

3.3 ¿Qué significa y para qué sirve la evaluación concurrente? 63

3.4 Precios utilizados en los análisis costo beneficio 63

3.5 Precios de mercado, precios sociales y ajustes en la valoración. 64

3.6 Costos y beneficios relevantes e irrelevantes 66

3.7 La tasa de descuento que se aplica para evaluar un proyecto 67

3.8 El horizonte de tiempo en el análisis costo beneficio 68

3.9 Estructura y contenido del estudio de evaluación de un proyecto 69

3.10 El posible conflicto privado y social entre los proyectos 78

3.11 Ejercicios 79

Capítulo IV: Elementos de teoría económica para la evaluación de proyectos 83

4.1 Teoría de la curva de demanda 85

4.2 ¿Qué significa la curva de demanda? 86

4.3 ¿Qué es el excedente del consumidor? 89

4.4 ¿Qué es un modelo de demanda? 91

4.5 Ejemplos de errores en la proyección de la demanda. 94

4.6 Cambios en la curva de demanda 95

4.7 Cambios en la demanda cuando cambia el precio de un bien complementario 96

4.8 Cambio en la demanda cuando cambia el precio de un bien sustituto 97

4.9 La demanda de mercado 98

4.10 La elasticidad de la demanda 99

4.11 La elasticidad precio 99

4.12 Elasticidades extremas de la demanda 102

4.13 La elasticidad ingreso 102

4.14 Teoría de la oferta... 103

4.15 ¿Qué representa la curva de oferta?.. 103

4.16 ¿Qué es un modelo de oferta?.. 105

4.17 Cambios en el precio de los insumos... 106

4.18 La elasticidad de la oferta 107

4.19 Elasticidades extremas de la oferta.. 108

4.20 Curva de la oferta con secciones que tienen diferentes elasticidades.................... 109

4.21 La curva de la oferta del mercado 110

4.22 El concepto del costo marginal 111

4.23 Costo Marginal privado 111

4.24 Costo Marginal Social 113

4.25 El excedente del productor 114

4.26 Interacción de la oferta y la demanda 115

4.27 Externalidades 117

4.28 Externalidades en el consumo. 118

4.29 Externalidades en la producción. 119

4.30 Comercio exterior.. 120

4.31 Ejercicios de demanda 122

4.32 Ejercicios de teoría económica 123

4.33 Ejercicios sobre la teoría de la oferta 123

4.34 Ejercicio de importación de insumos 125

4.35 Ejercicio de exportación de producción 125

Capítulo V: Temas especiales de la evaluación de proyectos 127

5.1 El Tamaño Óptimo de un Proyecto 127

5.2 El Momento Óptimo de inversión 131

5.3 La localización óptima de un proyecto 138

5.4 Relaciones entre proyectos: separables, sustitutos y complementarios 139

5.5 Las Reglas de "oro" en la evaluación de proyectos... 142

5.6 Indicadores del desempeño de los proyectos de inversión 145

5.7 Ejercicio sobre momento óptimo agua potable 146

5.8 Ejercicio sobre momento óptimo ferrocarril 147

5.9 Ejercicio sobre proyectos de reemplazo de equipos 147

5.10 Ejercicio sobre proyectos complementarios 148

5.11 Ejercicio sobre planta de tratamiento de aguas residuales municipales. 148

5.12 Ejercicio sobre tamaño óptimo de un embalse 150

5.13 Ejercicio sobre arrendamiento 152

Capítulo VI: Comentarios a proyectos de inversión pública actuales 155

6.1 Nuevo Aeropuerto Internacional de la Ciudad de México 156

6.2 Tren interurbano México a Toluca 167

6.3 Ampliación del puerto de Veracruz 176

6.4 Carretera Palmillas - Portezuelo 186

EPÍLOGO 193

BIBLIOGRAFÍA Y FUENTES CITADAS 195

PRÓLOGO

En este libro he tratado de reflejar parte de mi experiencia en materia de evaluación social de proyectos de inversión pública en México durante los últimos 24 años, principalmente a partir de la creación del fideicomiso denominado "Centro de Estudios para la Preparación y Evaluación Socioeconómica de Proyectos" (CEPEP) en 1994. Tuve el honor de recibir la instrucción para diseñarlo en su inicio, participar en su fundación y dirigirlo, primero por seis y después por dos años más. En esa época tuvimos el total apoyo de las autoridades mexicanas, así como de dos grandes personalidades internacionales en este tema, Ernesto R. Fontaine (QEPD) de Chile y Arnold C. Harberger de los Estados Unidos de América, a quienes rindo un profundo agradecimiento y admiración.

Mis escritos no buscan repetir lo que existe en otros libros especializados en la teoría de la evaluación de proyectos, sino que tratan de explicar los temas de una manera diferente, usando ejemplos de la experiencia de México para ayudar a una mejor comprensión de los conceptos básicos. El propósito es tratar de hacer que su aplicación práctica pueda contribuir a que cada peso invertido en nuestro país rinda lo más posible en beneficio de la población. Decidí incluir el material básico sobre teoría económica que impartimos en los diplomados, debido a su gran importancia para entender mejor lo que significan los costos y beneficios atribuibles a la realización de un proyecto de inversión.

El público al que me dirijo incluye a los estudiantes de esta materia en las universidades, a los funcionarios públicos que trabajan en las oficinas de inversión tanto del orden federal como de los estados y municipios, y a quienes participan en alguna parte del ciclo de vida de los proyectos. Como se podrá leer en estos textos, estoy convencido de que el "sistema" de inversión pública de México requiere urgentemente una reingeniería completa. Si seguimos como lo hacemos hasta ahora las perspectivas de éxito no son buenas.

Cuando se fundó el CEPEP el Profesor Harberger nos advertía que se necesitarían muchos años, al menos 40, de trabajo continuo y constante para que México llegara a consolidar un auténtico y moderno sistema de inversión pública. Debo decir que a pesar del esfuerzo que se hizo en México, sobre todo en los primeros años, el sabio Profesor no solo tenía razón, sino que quizás se quedó corto en sus predicciones.

A casi 25 años de la fundación del CEPEP veo que en materia de inversión pública en el orden federal y en varios gobiernos estatales hemos hecho algunos avances, más bien modestos, pero las debilidades son enormes. La inversión pública en nuestro país es "baja" y tiene una gran cantidad de defectos, tanto en su diseño como en su ejecución y, lo que es peor, en su operación y mantenimiento. Esa es, desafortunadamente, la principal conclusión a la que se llega en este libro. Para demostrar esta afirmación he incluido en el capítulo VI algunas observaciones a cuatro estudios de proyectos de inversión pública actuales, los cuales seleccioné de una gran cantidad de ejemplos que mis estudiantes (y los de mis colegas) al nivel de diplomado o de licenciatura, han analizado y criticado en los salones de clase durante ya varios años.

Con frecuencia se dice que para funcionar correctamente, un buen sistema de inversión pública requiere en primer lugar de apoyo político, así como de cuatro componentes de importancia fundamental: normatividad eficaz y eficiente, metodologías modernas, tecnología informática, y de manera muy destacada, capacitación de alta calidad. La tecnología informática y las metodologías son relativamente sencillas de obtener, en México o en otros lugares del mundo. Lo más difícil es corregir los aspectos débiles de la normatividad y capacitar debidamente a nuestros funcionarios y técnicos. Quizá yo agregaría un quinto componente que sería contar con un efectivo sistema de control de calidad de todos los estudios que se utilizan para aprobar un proyecto de inversión.

Al igual que en muchas otras áreas de la actividad humana, la capacitación de alta calidad es un elemento crucial ¿De qué sirve tener la mejor maquinaria del mundo si no tenemos a las personas que la sepan operar, reparar, dar mantenimiento y mejorarla? Lo opuesto también es cierto ¿de qué sirve tener a los mejores ingenieros, médicos, maestros, si no se cuenta con las instalaciones y el equipo requerido para brindar los bienes y servicios que la población demanda? Es decir, existe un equilibrio entre la infraestructura de capital físico y la infraestructura de capital humano, que se complementan para impulsar el desarrollo de un país. A lo anterior hay que agregar la infraestructura "invisible" de normas, procedimientos, leyes, reglamentos e instituciones que hacen posible el adecuado funcionamiento de las actividades productivas y sociales en cualquier lugar. En estos tres elementos existen, o deberían existir, una enorme cantidad de posibles proyectos de inversión.

En los primeros años del CEPEP tuvimos todos estos factores a favor; los avances iniciales fueron sustanciales. En poco tiempo organizamos tres cursos de especialidad anuales **simultáneos,** así como diplomados en la mayoría de los estados de la República. Además, empezamos a construir y/o adaptar las bases metodológicas para México con base en la experiencia de Chile y de instituciones como el Banco Mundial. Por su parte la Secretaría de Hacienda continuó estructurando la normativa en materia de inversión pública y a construir la plataforma informática que apoyaría la instrumentación del sistema de inversiones.

Como todos los nuevos sistemas que se emprenden en la administración pública, existieron avances, pero un tanto desiguales. Creo que la formación de recursos humanos avanzó más rápido que las otras partes del sistema, con un defecto importante que consistía en que, al principio, prácticamente ninguna dependencia pública federal enviaba a su personal a capacitación. El resultado fue que los estudios de costo-beneficio que las dependencias públicas llevaban a la Unidad de Inversiones (UI) de la SHCP, y que se autorizaban, resultaban de menor calidad que los producidos en los cursos del CEPEP.

Esto persistió durante todos los años en que se auspiciaban y financiaban los cursos de especialidad, demostrando su extraordinaria importancia y rentabilidad, porque ahí se hicieron las evaluaciones de una gran cantidad de proyectos, y se revisaron varios que a la postre, con algunas modificaciones, se llevaron a la SHCP para su autorización (la autopista Durango-Mazatlán, el embalse de Baluarte-Presidio, entre otros), o se detuvieron por deficiencias técnicas o de rentabilidad (como el denominado "Canal Intra Costero Tamaulipeco").

La mayoría de la experiencia práctica derivada de los cursos impartidos por el CEPEP todavía se puede consultar en su página de internet[1]. Me permito invitar a las lectoras y lectores de estos textos, a que consulten en esa fuente la parte que contiene los estudios de proyectos que se hicieron en las fases prácticas tanto de los cursos de especialidad como de los diplomados. Desafortunadamente todo esto se detuvo, a esta fecha no hay estudios de proyectos evaluados en los cursos del CEPEP más allá de 2001.

Los diplomados locales también probaron ser sumamente útiles, pues entre otros resultados contribuyeron a que se formaran oficinas de inversiones en casi todos los gobiernos estatales. Desafortunadamente todo esto no tuvo continuidad. De manera especialmente crítica, los cursos de especialidad se cancelaron al inicio de la actual administración federal de México (2012 – 2018), y los diplomados que se hacían en las capitales de los estados se transformaron para ser

---

[1] http://www.cepep.gob.mx/es/CEPEP/Materiales

ahora semipresenciales. El rumbo correcto era no solo profundizar y ampliar la capacitación de nuestros funcionarios y estudiantes, sino hacer especialidades en evaluación de proyectos sectoriales de seguridad pública, de salud, educación, comunicaciones y transportes, entre otros de gran importancia para cualquier país[2].

A lo largo de este libro trato de mostrar que, además de las limitaciones en materia de capacitación, autoimpuestas por las propias autoridades federales, hemos dado pasos atrás en la reglamentación de la forma y el fondo de cómo se deben elaborar y presentar los estudios de costo-beneficio, que son la base para lograr un mejor sistema de inversiones públicas. Esto empieza con la propia definición de lo que es un proyecto de inversión, tema que se aborda en el primer capítulo de este libro. En mi opinión el viejo concepto de "formación bruta de capital" no sirve ni ha servido nunca para representar el correcto valor de lo que la sociedad invierte para su desarrollo, que también incluye gastos (denominados "corrientes") como la nómina de maestros, médicos, enfermeras, técnicos, administrativos, chóferes y en fin, todas las personas que hacen que los proyectos de inversión puedan funcionar y entregar los bienes y servicios para los que fueron diseñados.

El costo social de estas limitaciones es enorme, y lo seguirá siendo en la medida en que sigamos invirtiendo de la misma forma que en el pasado. Los ejemplos de estudios de proyectos defectuosos abundan. Estoy convencido de que si por ejemplo los estudios de los proyectos que se presentan en el capítulo VI de este libro, hubieran sido sometidos al escrutinio de los estudiantes de los cursos de especialidad que antes existieron, o de los diplomados, se hubieran encontrado más errores y defectos de los que aquí presento, lo cual habría sido extremadamente útil en el proceso de su autorización y ejecución debido a que habrían servido al menos para modificar los alcances o para cambiar la estrategia de la construcción de las obras físicas.

Esa ha sido la experiencia obtenida en los cursos y talleres que hemos impartido durante ya varios años, en los que los participantes han analizado y criticado los estudios de evaluación de proyectos de inversión pública que diversas consultorías han hecho y que la SHCP publica en su página de Internet[3]. La discusión abierta de los estudios de proyectos de inversión, como los que se hacían en las fases prácticas de los cursos que auspiciaba el CEPEP, debería servir para retroalimentar el sistema de inversiones de nuestro país, tanto federal como de los estados y municipios. Tenemos muchísimo trabajo en México para lograr que cada peso de inversión reditúe el máximo rendimiento en bienestar social, sobre todo en las áreas y sectores de mayor problemática del país.

Tenemos también que definir dónde y cómo debe invertir el gobierno, tanto federal como los de estados y municipios, en qué casos aplicar subsidios o impuestos que pudieran ayudar a corregir los desequilibrios que el "libre" mercado pudiera ocasionar o no pudiera resolver, y en qué casos no queda de otra más que el propio gobierno sea el inversionista.

En resumen, en el tema de inversión pública México tiene un gran camino por recorrer. Será sumamente importante abandonar los viejos paradigmas que han existido en este terreno y enfrentar abiertamente lo que debemos hacer para lograr un México mejor.

Como ya se mencionó, el Capítulo I se dedica a hacer una descripción de los conceptos básicos del análisis costo-beneficio. En el Capítulo II se explican los conceptos y las formas de cálculo de los indicadores de rentabilidad de los proyectos que se aplican actualmente en México. En el Capítulo III se profundiza en los conceptos del análisis costo-beneficio de un proyecto de inversión. El

---

[2] Véase por ejemplo el caso de proyectos de transporte: https://publications.iadb.org/handle/11319/5169
[3] https://www.sistemas.hacienda.gob.mx/mippi/nuevapub/inicio.jsp

Capítulo IV se dedica a explicar los conceptos básicos de la teoría económica que nos sirven como herramientas en la evaluación socioeconómica de proyectos. El Capítulo V se dedica a exponer algunos temas especiales que nos ayudarán a mejorar (optimizar) el diseño y oportunidad de construcción de un proyecto, y finalmente el Capítulo VI se dedica a revisar y comentar cuatro proyectos reales de inversión que actualmente se han hecho, o se están haciendo en nuestro país.

Invito a todas y todos mis colegas, alumnas, alumnos, a discutir abiertamente los temas que en este libro he tratado de exponer, y que se sientan en la completa libertad de comentar o criticar cualquier aspecto que no esté claro, o que se considere que no es correcto[4]. Asimismo, se pone a disposición pública el sitio de Internet del Instituto para el Mejoramiento de la Calidad de la Inversión (https://www.mejoresdecisionesdeinversion.com/) para que por esa vía también se puedan consultar materiales y en su momento hacer foros de discusión sobre la materia que ocupa este libro.

---

[4] Toda la correspondencia al autor deberá dirigirse al correo javiergalap@gmail.com

Capítulo I: Conceptos básicos del análisis de proyectos de inversión

En este capítulo se presentan los conceptos básicos que fundamentan el análisis costo-beneficio de los proyectos de inversión. Varias ideas que se expresan aquí son diferentes a las que rigen en este momento el "sistema" de inversiones de México. La primera, y en mi opinión la más importante, se refiere precisamente a la definición de lo que es un proyecto de inversión. Aquí se origina una gran cantidad de oportunidades de mejora en nuestro país.

Es fundamental abandonar la idea de que la inversión solamente puede existir cuando se construye infraestructura física. Debemos abrir un espacio muy amplio para considerar y realizar una gran cantidad de proyectos de inversión en otras áreas mucho más críticas para el desarrollo de México, principalmente en capital humano y en todos los temas que se refieren a la infraestructura "invisible" como es el mejor funcionamiento institucional y legal del país[5]. Esto no será fácil porque existe muy "poca" capacidad para identificar, formular y evaluar proyectos de este tipo, pero donde probablemente las tasas de rentabilidad social sean muy superiores a la que se estimaron por ejemplo para el nuevo aeropuerto de la Ciudad de México (13.38%) o para el tren México a Toluca (14.45%).

A final de cuentas construir una obra de infraestructura física, por muy complicada que parezca, es relativamente fácil, aquí y en cualquier país. Lo difícil es el desarrollo del ser humano y de sus instituciones, lo cual a final de cuentas es la esencia de la transformación que toda sociedad busca.

Viene a mi mente un pequeño pueblo en la sierra de Oaxaca a donde nos llevaban mis padres a pasar las vacaciones escolares de fin de año. Recuerdo que hace más de sesenta años, en ese lugar no había agua potable, no había electricidad, no había caminos pavimentados, no había calles pavimentadas, no había teléfonos. Hoy en día ese mismo pueblo tiene todo lo anterior. Ha llegado toda la infraestructura física, incluyendo la TV por cable, el internet y calles (virtualmente sin automóviles) pavimentadas con concreto hidráulico. Sin embargo en todo este tiempo el avance en el desarrollo humano ha sido prácticamente nulo. Incluso podría haber sido negativo. Yo al menos veo ahí menos respeto público por nuestras instituciones y por nuestras leyes que el que existía en aquellos años ¿Qué tenemos que hacer para que esto cambie en los próximos sesenta años? ¿Se podrá hacer? ¿Alguien querrá hacerlo? ¿Es de mayor importancia la infraestructura física o la infraestructura humana? ¿Usted qué opina?

---

[5] http://www.crhoy.com/archivo/la-infraestructura-invisible/

1.1 Definición de un "proyecto de inversión".

Existen muchas definiciones de lo que es un proyecto de inversión. Podríamos decir que cada persona tiene en su mente un concepto propio de este término debido a que todos, en algún momento de nuestras vidas, emprendemos o queremos emprender lo que pensamos que es un "buen" proyecto.

A pesar de la diversidad de ideas, hay elementos comunes que están presentes cuando la mayoría de nosotros pensamos en un proyecto de inversión. El primero es que siempre se trata de algo que pretendemos hacer, se trata del futuro y por lo tanto su resultado es incierto. Otro elemento importante es que tiene, o debería tener, un objetivo claramente especificado, no debe tratarse de una simple ocurrencia sin fundamento, sino de algo que se quiere hacer buscando un resultado y un impacto específico. Finalmente, el motivo por el cual nos ponemos a pensar si conviene o no llevar a cabo un proyecto, es porque tiene costos y beneficios a lo largo del tiempo, y en principio no sabemos si los beneficios van a compensar a los costos o si será al revés, que los costos resulten mayores que los beneficios. Esta última característica es precisamente la razón de porqué debemos tratar de obtener la mayor y mejor información sobre lo que queremos hacer, ordenarla correctamente y calcular la probabilidad de tener el mayor éxito posible.

En el México actual las autoridades hacendarias definen a un proyecto de inversión como *"acciones que implican erogaciones de gasto de capital destinadas a obra pública en infraestructura, así como la construcción, adquisición y modificación de inmuebles, adquisiciones de bienes muebles asociadas a estos proyectos, y las rehabilitaciones que impliquen un aumento en la capacidad o vida útil de los activos de infraestructura e inmuebles"*[6]. Como se observa, el énfasis es en el gasto de "capital" físico, es decir, si no hay obras públicas en infraestructura física, inmuebles, muebles, o rehabilitaciones de los activos, no hay un proyecto de inversión.

Lo anterior restringe a los proyectos de inversión pública en México para que correspondan a lo que se conoce como "formación bruta de capital fijo", lo cual es; en el mejor de los casos, solamente una parte de lo que es un proyecto de inversión. Como regla general, un proyecto de inversión está compuesto, en su inicio, por gastos (de capital) para elaborar todos los estudios que deben hacerse para fundamentar al proyecto, después por gastos (de capital) en infraestructura física, para después, durante los años de vida útil del proyecto, por gastos de operación y mantenimiento, y quizás por más gastos de capital en el caso de tener que hacer reinversiones en equipos, en la medida en que van terminando su *"vida útil económica"*.

Por ejemplo, un proyecto de un nuevo hospital requiere obras físicas durante su etapa de construcción, después debe instalarse el equipo que le dará la capacidad de operación, pero el proyecto de inversión no termina cuando se entregan los edificios y las instalaciones físicas; más bien ahí inicia su etapa productiva. Esto significa que las obras de infraestructura física no tienen sentido si el hospital no entra en operación, o si no se le dan los mantenimientos requeridos, ya que esto es precisamente la razón de haberlo construido: dar los servicios que la población demanda, para con ello mejorar los índices de salud de la región o ciudad involucrada y finalmente mejorar el índice de desarrollo humano del país.

Por lo tanto, como se observa en el siguiente cuadro, un proyecto de inversión requerirá no solo gastos en infraestructura física y equipamiento (formación bruta de capital) sino también de gasto "corriente" (gastos de operación) y mantenimiento (gasto de capital) a lo largo de su ciclo de vida.

---

[6] Diario Oficial de la Federación, diciembre de 2013, "Lineamientos para la elaboración y presentación de los análisis costo y beneficio de los programas y proyectos de inversión" SHCP.
http://www.shcp.gob.mx/LASHCP/MarcoJuridico/ProgramasYProyectosDeInversion/Lineamientos/costo_beneficio.pdf

Gráfica I.1 Diferentes tipos de gasto para las diferentes etapas en la vida de un proyecto de inversión

CONCEPTO	Planeación y estudios	Horizonte de Evaluación		
		Inicio de las obras físicas	Terminación de las obras físicas	Años de operación del proyecto
Gastos de elaboración de estudios (gasto de "capital")	■			
Gastos de inversión en infraestructura física y equipamiento (gasto de "capital")		■	■	
Gastos de operación (gasto "corriente")				■
Gastos de mantenimiento (gasto de "capital")			■	■
Posibles gastos en sustitución de equipo (gasto de "capital")				■

Así, la operación del hospital requerirá la contratación de personal médico y administrativo, compra de ambulancias, servicios de luz, teléfono, Internet, entre otros ¿Qué partes deben catalogarse como gasto de inversión? ¿Solamente la infraestructura física y el equipamiento? ¿Qué pasa con los gastos operativos y de mantenimiento? ¿Qué ocurre en los años de vida útil del proyecto? ¿Ya no hay gastos de inversión? ¿Cómo se obtendrán los beneficios? ¿Solamente con las instalaciones físicas y el equipamiento? ¡Evidentemente que no! Se requerirá el gasto operativo y de mantenimiento. Esta es una razón muy importante para analizar y reevaluar qué es el gasto "corriente" y sus implicaciones, ya que en un proyecto de inversión este gasto es fundamental para que se puedan entregar los bienes y servicios para los que fue diseñado.

Si alguien pretende cortar el gasto "corriente" y reduce o elimina los conceptos de gasto que requiere el funcionamiento del hospital, evidentemente que esto afectará la capacidad de dar atención médica a la población. Si en alguna instalación portuaria se recorta la contratación del personal que su funcionamiento continuo (24/7) requiere, se reducirá su horario de atención o su eficiencia, afectando con ello los servicios de entrega o recepción de mercancías. El "recorte" al gasto "corriente" reducirá el gasto gubernamental, pero los efectos, ya sea en la capacidad de atención médica a la población, o en la movilidad de mercancías, podrían ser contraproducentes para la economía y la sociedad del país.

Lo anterior nos lleva a tratar de identificar cuáles gastos son los relevantes para el desarrollo económico y social de un país ¿son solamente los que aumentan la infraestructura física? ¿Qué pasa si solamente se hace el gasto en infraestructura física pero el hospital no funciona porque no hay presupuesto para "gasto corriente", como la contratación de médicos y enfermeras? ¿Realmente el gasto que se hizo en infraestructura física, por sí solo, contribuirá a un mayor desarrollo social del país? ¡Evidentemente que no!

Lo mismo ocurre cuando un proyecto de inversión se formula y se lleva a cabo sin una correcta evaluación de su tamaño "óptimo". Si por ejemplo se diseña y se lleva a cabo la construcción del aeropuerto "más grande del mundo", o el "libramiento carretero" más grande del país. Las obras sobredimensionadas (mayor infraestructura física) ¿contribuyen realmente a un mayor crecimiento económico del país? ¡Evidentemente que tampoco!, a pesar de que hayan "aumentado" la infraestructura física de México.

Lo peor del caso es que en ocasiones la solución a un problema percibido por la población podría no requerir gastos en "infraestructura física" sino mayores gastos "corrientes". Por ejemplo, supongamos que en una cierta comunidad existe una clínica de salud que trabaja un solo turno para atender a la población local. Digamos que esto era adecuado en el momento de inauguración de la clínica, pero que con el paso del tiempo su capacidad es superada por la demanda por servicios de salud para una población creciente. Ante esta situación podrían surgir al menos dos proyectos de "inversión", uno que sería simplemente aumentar el horario de atención, por ejemplo a dos turnos en vez de solamente uno, lo cual requeriría un aumento de médicos, enfermeras y personal administrativo (gasto "corriente" en términos hacendarios de México), usando las mismas instalaciones y equipamiento de la clínica actual (sin más gastos de "infraestructura").

El otro proyecto, que sería más favorecido para la imagen de los funcionarios en turno, sería construir una nueva clínica, argumentando que la original está "obsoleta" o en malas condiciones porque no se le dio mantenimiento oportuno. Más aún, se tratará de construir una obra física que supere con mucho la demanda de la población, para que siempre exista capacidad de entrega de servicios y nunca quede insatisfecha la demanda.

Claramente la segunda opción será más cara, puesto que además del gasto en infraestructura y equipamiento (gasto de "capital") se requerirá contratar, de todas maneras, más personal y enfrentar mayores costos operativos y de mantenimiento. En términos de la legislación mexicana actual la segunda opción sería un verdadero proyecto (más infraestructura física), en tanto que la primera (más eficiente y más rentable) ni siquiera calificaría como "proyecto de inversión", sino como mayor gasto "corriente". El proyecto de construcción de la nueva clínica es políticamente preferible al proyecto de ampliación de turnos, aunque sea más caro. Esto es un severo error.

Otro proyecto que tampoco implicaría gastos de "capital" podría ser el establecimiento de una norma que limitara el peso y tamaño de vehículos de transporte de mercancías dentro de una ciudad. Esta norma podría tener el propósito de reducir, o eliminar una causa del deterioro de la infraestructura urbana. Su cumplimiento implicaría costos adicionales para quienes utilizan vehículos pesados en la situación actual, ya que en la situación con proyecto tendrían que usar varios vehículos para mover la misma carga. Muy probablemente el establecimiento (y cumplimiento) de dicha norma podría traer beneficios netos a la ciudad, al reducir el presupuesto que de otra manera se tendría que haber usado para reparar instalaciones subterráneas y pavimento de las calles. Esto tampoco calificaría como proyecto de inversión en la definición actual de la SHCP mexicana.

Un proyecto de inversión no necesariamente implica construcción de obras físicas, ni erogaciones de gasto "de capital", y viceversa, un proyecto que signifique gastos "de capital" no necesariamente es un proyecto de inversión. Por ejemplo, la construcción de la obra mexicana denominada "estela de luz", que implicó precisamente tales gastos "de infraestructura", difícilmente podría ser considerada como un proyecto "de inversión" productiva. Como ya se dijo, lo mismo ocurre cuando las obras de infraestructura física se construyen excediendo su tamaño (monto de inversión) "óptimo". El sobrecosto (que se incluye en el gasto de "capital") no es socialmente rentable, sin embargo, se incluirá en la "formación bruta de capital".

Lo contrario ocurre en los proyectos de inversión que promueven la infraestructura en capital humano (como educación, salud, deporte, cultura, entre otros) o en el fortalecimiento de las instituciones (procuración de justicia, derechos de propiedad, fomento a la competencia económica, entre otros), donde muchas veces no se requiere construcción física de obras, sino gastos que ahora denominamos "corrientes", como podría ser la contratación de consultores, profesores, instructores, o técnicos especializados que usen las mismas instalaciones físicas existentes en universidades, escuelas, oficinas públicas o simplemente en los parques públicos. Estos últimos no caerían dentro de la definición actual de proyecto de "inversión" en México ¡Y sin embargo, son proyectos de inversión en capital humano! O en infraestructura productiva "invisible". Todos ellos tendrán costos, pero contribuirán con determinados beneficios al desarrollo de la sociedad. El asunto es identificarlos, cuantificarlos, valorarlos, y con ello tener las bases para apoyar su realización.

En resumen, la definición actual de "proyecto de inversión" en México tiende a promover obras o instalaciones que no necesariamente tendrían que haber sido construidas, a realizar construcciones sobredimensionadas o de alto costo, y a anticiparlas en el tiempo. Lo anterior va en contra de una política dirigida a utilizar mejor las instalaciones existentes y de promover proyectos donde no se requiera la construcción de infraestructura física. Esto ocurre no solo con los hospitales, sino también con las carreteras, puertos, aeropuertos y cientos de ejemplos adicionales.

Por las razones anteriores se propone aquí una definición diferente de lo que se debe considerar como un proyecto de inversión. Proponemos definir a un proyecto de inversión como *una acción o un conjunto de acciones* integradas; que tiene(n) *un objetivo final y un propósito determinado* (contribuir a resolver un problema o aprovechar una oportunidad), y *que implica(n) costos y beneficios a lo largo del tiempo*.

En esta definición existen los tres elementos fundamentales de un proyecto de inversión: ser un conjunto de acciones integradas (no falta ni sobra nada); tener un fin y un propósito determinado (no se trata de una ocurrencia) y generar costos y beneficios a lo largo del tiempo. Esto significa que un proyecto de inversión debe tener claridad en cuanto a su fin y propósito, debe incluir los componentes precisamente requeridos en calidad, cantidad, secuencia (no falta ni sobra nada que impida su correcto funcionamiento), y que utilizará recursos (durante la construcción y durante su operación) a fin de generar beneficios a lo largo del tiempo.

Probablemente algo que deberemos de discutir lo antes posible en México es cómo clasificar al gasto gubernamental, porque la forma actual de hacerlo ha dado lugar a "recortes" en gastos que son fundamentales para la operación de muchos proyectos de inversión. También habrá que separar claramente lo que es un gasto de "capital", o en "infraestructura física", con lo que es efectivamente un gasto en una inversión productiva.

1.2 Definición de un programa de inversión

La legislación mexicana actual[7] define a los programas de inversión como las *"acciones que implican erogaciones de gasto de capital no asociadas a proyectos de inversión"*, y los clasifica en:

> *Programas de adquisiciones (compra de bienes muebles, tales como vehículos, mobiliario para oficinas, bienes informáticos y equipo diverso, entre otros, que no estén asociados a proyectos de inversión o relacionados con protección civil);*

> *De mantenimiento (acciones cuyo objeto sea conservar o mantener los activos existentes en condiciones adecuadas de operación y que no implican un aumento en la vida útil o capacidad original de dichos activos para la producción de bienes y servicios, ni se encuentren relacionados con protección civil);*

> *Adquisiciones de protección civil (compra de bienes muebles tales como extintores, detectores de humo, detectores de gas, entre otros, que no estén asociados a proyectos de inversión);*

---

[7] "Lineamientos para la elaboración y presentación de los análisis costo y beneficio de los programas y proyectos de inversión" SHCP mencionados anteriormente.

> *Mantenimiento de protección civil (acciones para mantener o conservar activos existentes en condiciones adecuadas de operación relacionados con la protección civil);*

> *Estudios de preinversión (estudios que sean necesarios para que una dependencia o entidad tome la decisión de llevar a cabo un programa o proyecto de inversión, y por lo tanto aún no se han erogado recursos para su ejecución, incluyendo los estudios de costo-beneficio);*

> *Ambientales (acciones cuyo objeto sea la conservación y protección de los recursos naturales y del ecosistema, la preservación de la biodiversidad, la mitigación de los efectos derivados de las actividades humanas sobre el medio ambiente, la restauración del equilibrio ecológico, así como aquellas encaminadas a la prevención, control y reversión de los procesos que generan contaminación con efectos adversos a la población, además de las acciones que promueven la gestión ambiental, el ordenamiento ecológico, y la educación y conocimientos para la sustentabilidad ambiental), y*

> *Otros programas de inversión (todo lo que no se haya incluido en los programas ya descritos).*

Sin embargo, debe notarse que en estas descripciones están inherentes todos los conceptos que ya describimos como partes de un proyecto de inversión. La única diferencia es que cuando se pretende llevarlos a cabo no son parte intrínseca de un nuevo proyecto, sino de uno ya en funcionamiento, es decir, el proyecto no es la construcción de un hospital equipado, sino la sustitución del equipo en sí mismo o el mantenimiento.

Los mismos estudios de preinversión pueden verse como proyectos, por lo que solo deben realizarse cuando existen perspectivas "razonables" de que son rentables, de otro modo no tienen sentido. Asimismo, los "proyectos ejecutivos" no deben realizarse antes de los estudios de costo-beneficio, pues podría tratarse de proyectos no rentables. Los "proyectos ejecutivos" deben realizarse cuando ya se ha demostrado la rentabilidad social del proyecto y éste ya ha sido aprobado, de otra manera se podría tratar de un gran desperdicio de recursos si acaso el proyecto no resultara rentable.

Por lo tanto, en este documento se considera que los "programas" descritos anteriormente caben perfectamente dentro de la definición de un proyecto de inversión. Es decir, un proyecto de inversión también se puede referir a lo que se describe como un "programa" de inversión en la legislación mexicana actual. Del mismo modo, tiene también el gran defecto de limitarse exclusivamente a los gastos de "capital". Por lo que, por ejemplo, un programa para producir materiales educativos que solamente requiriera gastos "operativos" no se podría catalogar como un "proyecto" en la definición actual del gobierno mexicano.

Para los efectos de este libro se considerará que un "programa" de inversión es la secuencia ordenada y planificada de proyectos separables que estén ligados a un fin común. Por ejemplo, para un organismo encargado de proporcionar servicios de agua potable, alcantarillado y saneamiento a una ciudad, un programa de inversión sería una cadena secuenciada de posibles proyectos que servirán para que dicho organismo pueda cumplir su objetivo a lo largo del tiempo. Esta definición de programa se puede aplicar a cualquier otro sector de la economía de un país.

1.3 ¿Cómo surge un proyecto de inversión?

Por lo general los proyectos de inversión pública deberían surgir como ideas que buscan solucionar, o contribuir a solucionar un problema sentido por la población, o por un sector económico en una determinada localidad de un país. Desafortunadamente, en la realidad lo que percibimos de la gran mayoría de los problemas son sus efectos, pero rara vez sus causas, lo cual constituye un riesgo sustancial debido a que es muy difícil solucionar un problema si no conocemos sus causas y por lo tanto tampoco conocemos las posibles formas de resolverlas.

Por ejemplo, si en cierta ciudad, o zona de la ciudad se percibe que el agua es "escasa" porque solamente se entrega uno o dos días a la semana (o porque el flujo de agua es muy débil) una rápida conclusión podría recomendar que se lleve más agua a las redes, sin antes analizar las causas de dicha escasez, las cuales podrían derivar tanto por cuestiones de demanda (tarifas irreales o inexistentes) como de oferta (pérdidas físicas ocasionadas por tuberías dañadas), o por simple incapacidad operativa del organismo encargado de dar el servicio. Llevar más agua, sin corregir las causas, no resolverá el problema, probablemente lo hará más grande en el futuro.

El análisis correcto, pausado y ordenado de las causas de un determinado problema, directas e indirectas, así como de sus consecuencias, es la manera práctica más aconsejable para analizar las posibles formas de resolverlo, o contribuir a resolverlo. Una de las metodologías que puede ayudar a hacer esto es la del "Marco Lógico" (MtML), que se ha aplicado ampliamente en México en los denominados "programas presupuestales", pero no todavía en los proyectos de inversión pública. Eso es una extraordinaria falla que debemos corregir lo antes posible pues de lo contrario los proyectos de inversión pública seguirán siendo formulados y aprobados sin tener claras las causas que ocasionan los problemas que presuntamente serán resueltos y por lo tanto lo más probable es que constituyan fracasos, grandes o pequeños. Ejemplos de esta gran falla abundan en la realidad, como en el propio tema del manejo del agua, pobreza, seguridad pública, transporte público, contaminación ambiental, educación y salud pública, entre otros muchos.

La forma más eficaz para resolver estos problemas es la creación de un auténtico sistema de inversiones en todos los órdenes de gobierno, que establezca la secuencia y las características rigurosas que deban seguirse para que eventualmente se otorguen recursos públicos a proyectos reales, bien diseñados, documentados y evaluados. En la actualidad estamos en México lejos de tener un auténtico sistema de inversiones, tanto en la federación como en la gran mayoría de los estados y municipios, pero existen las bases como para aspirar a lograrlo en el mediano plazo.

Cualquiera que sea la forma en que haya surgido una idea de proyecto, es muy importante que se trate de seguir el principio del "ciclo de vida" de los proyectos de inversión, para con ello ir paulatinamente integrando los elementos para determinar si se trata de un proyecto potencialmente rentable, así como de investigar si existen alternativas más baratas de solución total o parcial de la problemática enfrentada.

Cuando una entidad, o funcionario público, presenta una iniciativa de posible proyecto de inversión, las primeras preguntas que se deben resolver son:

> ➤ ¿Cuál es el problema que se pretende resolver o contribuir a resolver con su proyecto y cuáles son sus causas principales? En los Lineamientos actuales de la SHCP se pide la descripción de la problemática, pero no el análisis de sus causas.

> ➤ La siguiente pregunta es ¿Cuál es el objetivo del proyecto? Esto se incluye en los Lineamientos actuales, pero su visión es demasiado corta, sujeta a visiones subjetivas de los autores de los análisis de proyectos. Más aún, como lo establece la Metodología del Marco Lógico (MtML), los objetivos se deben establecer en cuatro niveles, que corresponden al Fin, Propósito, Componentes y Actividades de los proyectos.

En el capítulo VI de este libro se presentan comentarios a cuatro proyectos de inversión pública para ilustrar los dos puntos anteriores. Lo ideal para resolver este faltante actual en los

Lineamientos sería requerir la elaboración de al menos un árbol de problemas y un árbol de objetivos. Véase por ejemplo el documento publicado en Perú denominado "Guía General de Identificación, Formulación y Evaluación Social de Proyectos de Inversión Pública a nivel de Perfil[8].

1.4 El ciclo de vida de los proyectos de inversión

Los proyectos de inversión pública deben emprenderse y llevarse a cabo para lograr resultados e impactos en la calidad de vida de la población de cualquier país, región, entidad federativa o municipalidad. No se trata solamente de obras físicas, no importa si se trata de un hospital, una carretera o un aeropuerto. El objetivo final no es la construcción de la obra física, la cual es solamente un componente de algo mucho más complejo. En realidad, la construcción de las obras físicas, por si mismas, no representan un gran problema, aunque implicaran retos sustanciales a la ingeniería. Construir un embalse en alguna zona del país es relativamente simple si se visualiza como una obra física, pero si el objetivo (al cuarto nivel de la Matriz de Marco Lógico) es contribuir a aumentar el nivel o calidad de vida de la población involucrada, entonces se puede entender que el embalse es solamente un componente de algo mucho más complicado. Por supuesto, habrá ocasiones en que el problema que se trate de resolver sea relativamente simple, donde un proyecto bien formulado podría ser suficiente para lograrlo al menos temporalmente, como por ejemplo un camino vecinal o una clínica de salud básica.

Por las razones anteriores, se debe procurar que las entidades y dependencias públicas de todos los órdenes de gobierno, estén continuamente generando nuevas ideas de proyectos, creando y desarrollando una amplia y variada colección de posibilidades de inversión pública, con el propósito de llevar a cabo aquellos proyectos que sean los más rentables socialmente, de acuerdo con la priorización que de alguna manera habrá que establecer. Al mismo tiempo, la Autoridad debería vigilar que los proyectos que ya están operando cumplan con los objetivos que se plantearon en su formulación, para que, en caso contrario, se puedan identificar e implementar medidas para resolver cualquier obstáculo que lo esté impidiendo, y nuevamente, a identificar, formular y evaluar más proyectos.

Lo anterior significa que la inversión constituye en realidad un ciclo interminable y continuo de generación de ideas que buscan resolver problemas actuales en cualquier sector de la sociedad, que paulatinamente van mejorando su diseño, para eventualmente convertirse en auténticos proyectos productivos. Este ciclo debe ser ordenado para que puedan aprovecharse las lecciones aprendidas de manera continua y de esta forma se mejoren las probabilidades de éxito. Para lograr esto es preciso que los proyectos de inversión cuenten con una métrica que sirva para dar seguimiento a las metas de desempeño que se desean lograr.

Lo anterior significa que, en la vida de cualquier proyecto de inversión, pública o privada, existen tres momentos sumamente importantes: antes de ejecutar las obras físicas (preinversión), durante la ejecución (inversión) y después de que se han terminado las obras físicas y empieza la operación (post inversión):

---

[8] Véase por ejemplo http://www4.congreso.gob.pe/historico/cip/temas/descentralizacion/pdf/06A09.pdf

Gráfica I.2. Diferentes etapas en la vida de un proyecto de inversión

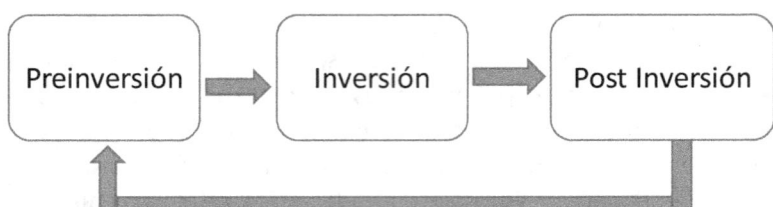

Uno de los principales retos que enfrenta nuestro sistema de inversión pública es lograr que todas las agencias promotoras de proyectos establezcan y mantengan la secuencia lógica del ciclo de vida de los proyectos de inversión, muy especialmente en la etapa de preinversión, buscando la manera de evitar que la urgencia, muchas veces manifestada por los jefes políticos, motive la realización de proyectos de infraestructura que no están correcta y totalmente analizados.

La etapa de preinversión es la que fundamenta el resto de la vida de un proyecto. Es la base que sirve para todo lo que se hace (o no se hace) después. Mientras más cuidadosa y completa es la fase de la preinversión, más probabilidades existen para que el proyecto sea un éxito, y viceversa.

La siguiente gráfica muestra la secuencia que idealmente debería seguirse, desde que se analiza un problema, surgen ideas que tratarán de resolverlo (o contribuir a resolverlo), se mejoran paulatinamente los elementos cuantitativos que servirán para identificar, formular y evaluar un posible proyecto de inversión, se aprueba, se ejecuta y se pone en operación:

Gráfica I.3 El ciclo de vida de los proyectos de inversión[9]

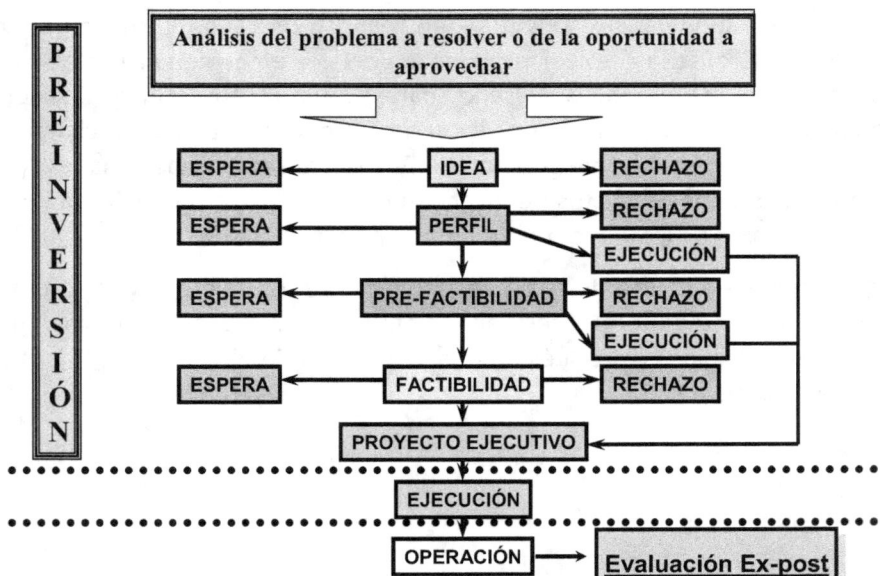

---

[9] Esta gráfica toma como base la publicación del gobierno de Chile que se puede encontrar en
http://www.ministeriodesarrollosocial.gob.cl/btca/txtcompleto/DIGITALIZADOS/Folletos%20Mide/mdpei-36-1996.pdf

Como se observa, la etapa de preinversión es la más detallada, pero al mismo tiempo es la más importante, ya que ahí es donde se gestan realmente los resultados, buenos o malos, que tendrá un proyecto durante su vida útil. No deben menospreciarse las funciones y actividades que en esa etapa se deben desarrollar pues constituyen el cimiento principal donde se construirán los elementos que integrarán más tarde un verdadero proyecto de inversión.

El punto de partida es el análisis del problema que se intenta resolver (o de la oportunidad que se busca aprovechar), durante el cual deben surgir múltiples ideas sobre cómo resolverlo (o aprovecharlo). Esto en un principio puede ser muy elemental, pero debe ir fortaleciéndose de modo que se logre eventualmente tener una correcta y completa descripción de la "situación actual", que incluya un análisis completo del problema que se quiere resolver (o contribuir a resolver), el cual será la base para la propuesta de soluciones.

En nuestra actual realidad existe una práctica que consiste en definir el problema de antemano, así como su solución, lo cual puede ser un terrible error. Esto ocurre por ejemplo en proyectos de inversión como los denominados "BRT" (Autobús de rápido tránsito, o Bus Rapid Transit por sus siglas en inglés) que se han multiplicado en todo México, con subsidio federal, para tratar de mejorar la calidad de los sistemas de transporte en los municipios. Desafortunadamente en la gran mayoría de las ocasiones actúan de manera aislada, con impactos parciales, cuando una de las verdaderas causas del caos en estos sistemas es su simple desorganización, derivada de intereses particulares que no coinciden con el interés público.

La secuencia ordenada del ciclo de vida de los proyectos indica que después de analizar un problema y sus causas, así como sus efectos, normalmente surgen una serie de ideas para plantear posibles soluciones. La tarea siguiente consistirá en analizar cada una de dichas "ideas", con el propósito de seleccionar las que en principio parezcan mejores y más baratas.

En principio, casi ninguna idea debe desecharse de primera mano. Lo más probable es que convenga analizarlas cuidadosamente a fin de estar seguros de que aquella(s) que sea(n) seleccionada(s) para su posterior análisis sea la mejor, o una de las mejores, dentro de los márgenes de acción que existan en la comunidad y en el país.

Es importante considerar que aun tratándose de una "idea", se deberá contar con información básica que ayude a decidir si se deben asignar más recursos (humanos, físicos, financieros), para elaborar un primer análisis costo-beneficio, o bien, si convenga más bien ponerla a espera o de plano rechazarla. Este primer análisis se denomina estudio al nivel de "idea".

1.5 Información básica de un proyecto al nivel de idea

Como ya hemos mencionado, los proyectos surgen como ideas que buscan contribuir a solucionar un problema o para aprovechar una oportunidad; sin embargo, también pueden surgir como promesas de campañas políticas, como ideas de personas con intereses particulares, o como parte de las funciones permanentes que debe cumplir una dependencia o entidad pública.

Independientemente de la forma como haya surgido la idea de un proyecto de inversión, se debe contar al menos con la siguiente información, la cual debería usarse para hacer un análisis aproximado de su posible rentabilidad:

    a. ¿Cuál sería el nombre que recibiría la iniciativa de proyecto?[10]
    b. ¿Cuál es el problema que se quiere tratar de resolver o contribuir a resolver?

---

[10] El posible nombre de un proyecto es importante porque al menos debe describir tres cosas: Qué se quiere hacer (construcción, modernización, rehabilitación, etc.) en qué área (servicios de agua, salud, etc.) y en qué lugar.

c. ¿Cuál es la magnitud del problema?
d. ¿Quiénes son los principales afectados y en qué medida?
e. ¿Qué se quiere lograr, o contribuir a lograr, con el proyecto?
f. ¿Qué alternativas de solución existen?
g. ¿Por qué la alternativa propuesta es la mejor?
h. ¿La alternativa seleccionada es en principio legal, técnica y administrativamente factible?
i. ¿Cuáles serán los beneficios que la realización del proyecto traerá como consecuencia?
j. ¿Cuál es el monto aproximado de gastos que requerirá el proyecto, tanto de inversión como de operación y mantenimiento?
k. ¿Cuáles, si acaso, han sido las acciones o los proyectos que se intentaron en el pasado y que no funcionaron, o funcionaron parcialmente?
l. ¿Qué experiencias, buenas o malas, existen y que pueden ayudar a una mejor formulación del proyecto seleccionado?
m. ¿Qué estudios se requerirán, de qué tipo y aproximadamente cuánto costarán?
n. ¿Cuánto tiempo se requerirá para llevar a cabo el proyecto de inversión?
o. ¿Cuál es la probable fuente, o fuentes de financiamiento para cubrir los costos del proyecto?

Si el equipo de proyecto no cuenta al menos con la información anterior, se recomienda que se regrese a la entidad o dependencia promotora, a fin de que se integre la información "básica" de la "idea" de proyecto. No se debería proseguir con más estudios sin al menos contar con los datos de los 15 puntos anteriores.

En ocasiones las autoridades hacen una declaración pública para construir o llevar a cabo alguna idea, sin embargo, si no existe la información anterior esto indicaría que no se trata en verdad de posibles "proyectos", sino de buenos deseos o de ocurrencias. ¿Tendrán esta información los proyectos "estratégicos" del nuevo gobierno de México para el periodo 2018 a 2024? Véase el caso de Perú, donde existe un banco informático en el que se registran proyectos al nivel de idea *"Instructivo Registro de ideas de inversión pública Directiva para la Programación Multianual"*[11].

1.6 El estudio al nivel de perfil

Después de haber analizado las ideas de posibles proyectos que surjan en las entidades y dependencias públicas, habrá normalmente algunas, tal vez dos o tres, que pudieran tener perspectivas de convertirse en auténticos proyectos de inversión, sobre las cuales habría que hacer un estudio un poco más profundo, el de nivel de perfil. El resto de ideas podría ponerse a la espera, o de plano desecharse por considerar que por el momento no habría razones para profundizar en su análisis.

Los estudios al nivel de perfil tienen, o deberían tener, un costo relativamente "bajo" porque utilizan información secundaria, sin profundizar todavía en los detalles principales (aspectos técnicos, de mercado, ambientales, entre otros) con el propósito de definir con mayor claridad cuál es la alternativa de acción que tiene la mayor probabilidad de convertirse en un auténtico proyecto de inversión rentable. El punto principal es que el estudio de perfil debe identificar cuál o cuáles son los puntos críticos más importantes que habrán de aclararse en el estudio al siguiente nivel, el de prefactibilidad, dejando todavía abiertas las posibilidades de cambiar el proyecto, de redefinirlo en tamaño, ubicación, tiempo de realización o de plano posponerlo o cancelarlo.

---

[11] Instructivo Registro de ideas de inversión pública Directiva para la Programación Multianual. file:///C:/Users/usuario/Downloads/Instructivo_registro_ideas_inversion.pdf

Es importante tener en cuenta que a medida que se avance en el análisis de un proyecto, los costos serán mayores porque la información deberá ser más precisa y se requerirán profesionales de mayor especialización. Por lo tanto, debemos estar seguros de que hemos seleccionado la mejor opción, o las mejores opciones, con el propósito de llevar una de ellas hasta la etapa de aprobación y posible ejecución. Como hemos descrito en la sección anterior, aún desde que los proyectos se encuentran al nivel de "idea" es posible ir haciendo una selección preliminar, ya que las malas ideas deberían quedarse ahí, solamente en ideas, para permitir que las posibles buenas ideas puedan avanzar hacia las siguientes etapas del "ciclo de vida" de los proyectos. Un país próspero, o una empresa próspera, seguramente tiene mecanismos para fomentar "ideas" de proyectos y establecer un protocolo que permita que solamente las buenas ideas sigan su curso hasta que se conviertan en realidades.

En general, un estudio al nivel de perfil no contiene documentación completa de su factibilidad técnica, legal, ambiental o de cualquier otra índole, sino solamente sus aspectos más generales, que deberían ser precisados si acaso se recomienda que el proyecto avance a la etapa de pre factibilidad; o si, en casos excepcionales, el equipo recomienda la realización del mismo. Por supuesto, la profundidad de los estudios dependerá de cada caso particular. No será lo mismo la elaboración de los estudios de factibilidad en un proyecto de ampliación de servicios de agua en una ciudad "grande", que si lo fuera en una pequeña población rural.

El propósito de realizar un estudio de "perfil", es que nos pueda dar información más precisa que el de "idea" sobre los costos y beneficios que su realización tendría, cubriendo un mayor espectro y profundidad de la información. Debe servirnos para decidir qué hacemos con el proyecto: rechazarlo (las cifras son notoriamente desfavorables), ponerlo en espera (las cifras no indican ventajas o desventajas claras), hacer un análisis de "prefactibilidad" del proyecto que "parece" más rentable, o bien, que con los elementos disponibles se decida proponerlo a la oficina de inversiones y en su caso llevarlo a la práctica porque, aún con cifras muy generales se aprecie que el proyecto es sumamente rentable, y que puede "soportar" variaciones "significativas" en sus variables críticas. Esto último sin embargo, es más bien la excepción, y no la regla cuando hablamos de proyectos reales de inversión pública y nunca deberían ser realizados sin haber hecho trabajo de campo en el sitio mismo del proyecto.

Estructura y contenido de un estudio al nivel de perfil

La estructura de este nivel de estudio, así como la de los niveles superiores (prefactibilidad y factibilidad) va a ser casi la misma, lo que va a ir cambiando va a ser la calidad de la información contenida. También en cada caso, es conveniente presentar una estimación aproximada del costo de los estudios que habría que hacer para que el proyecto pueda continuar su trámite. Debe también explicar y describir las principales debilidades o las limitaciones que se encontraron, con el propósito de que su aclaración se incluya en los términos de referencia de la consultoría que se contratará para hacer el estudio al nivel de pre factibilidad.

Los estudios al nivel de perfil son generalmente los más importantes, aún con las limitaciones en la calidad de su información, debido a que es en este punto donde se pueden detener con menor dificultad los "malos" proyectos. Si la idea de un proyecto "malo" avanza al nivel de perfil y logra mostrar, artificialmente, que es el más rentable entre los considerados, será muy difícil detenerlo en las siguientes etapas, cuando ya se han generado expectativas de su realización.

Por esta razón es que se recomienda que antes de elaborar un estudio al nivel de "perfil", exista el requisito de haber elaborado cálculos preliminares al nivel de "idea", y que antes de contratar a una consultora para hacer un estudio del nivel de prefactibilidad, debería existir un estudio al nivel de "perfil". Esto no es la práctica actual en México. Se contratan consultores para hacer estudios de pre factibilidad cuando no existen estudios al nivel de "perfil". Más aún, muchos estudios de evaluación actuales solamente calificarían como "perfiles", que todavía están basados en información secundaria, pero que hacen posible que "malos" proyectos, o "malos" diseños encuentren su camino hasta su aprobación y realización.

Mi recomendación es que las propias entidades y dependencias públicas elaboren no solo los documentos generales de una "idea", sino también los estudios de "perfil" y los utilicen como base para la contratación de consultores. Los estudios al nivel de "perfil" deberían ser revisados por la autoridad del país en materia de inversiones, antes de la contratación de consultorías, a los efectos de reducir el riesgo de aprobar recursos para estudiar proyectos "malos" a mayor profundidad.

La estructura del estudio al nivel de perfil es muy similar entre todas las metodologías disponibles en este momento en el ámbito internacional. A continuación se describe una estructura sugerida, donde hemos añadido dos temas que hasta ahora han estado ausentes en la legislación mexicana. Uno es el relativo a la metodología que se seguirá para hacer el análisis de costo-beneficio socioeconómico, el otro es el de una Matriz de Indicadores para Resultados (MIR). Adicionalmente, se sugiere que el capítulo de conclusiones también incluya una descripción de las limitaciones que hubieran existido en la evaluación, con el propósito de que sirva para, en su caso, elaborar los términos de referencia para la contratación del estudio de pre factibilidad:

- Análisis de la situación actual,
- Situación sin proyecto,
- Situación con proyecto,
- Metodología de evaluación y principales supuestos utilizados,
- Identificación, cuantificación y valoración de costos y beneficios del proyecto
- Evaluación del proyecto,
- Matriz de indicadores de desempeño del proyecto,
- Análisis de sensibilidad y riesgos,
- Conclusiones y limitaciones del estudio,
- Recomendaciones del equipo de proyecto.

La descripción más detallada de estos apartados se encuentra más adelante en la sección 3.9 de este libro.

El estudio al nivel de "perfil" es el primer "filtro" formal para un posible proyecto, después de que ha pasado por la prueba al nivel de "idea". Su importancia es enorme, ya que con base en él se deberán elaborar estudios especializados que implicarán mayor uso de recursos. Si el perfil indica que se trata de un proyecto con alta probabilidad de ser rentable, se deberán tener los elementos básicos que indiquen su factibilidad técnica, legal y ambiental, y definir el alcance del estudio de mercado que servirá para pasar a las siguientes etapas: el estudio al nivel de "prefactibilidad" y en su caso al de "factibilidad".

1.7 Los estudios de pre factibilidad y factibilidad

Como se mencionó anteriormente, el estudio al nivel de prefactibilidad de un proyecto se debe hacer para resolver los aspectos críticos que se hayan identificado en el estudio de perfil. Normalmente se trata de aspectos técnicos, ambientales, de profundización de los estudios de mercado, entre otros, que el estudio de perfil haya recomendado.

El estudio de "pre factibilidad" debe entregar información crítica para decidir el curso de acción: aprobar el proyecto con los elementos disponibles, o bien, recomendar la revisión de aspectos muy especializados que no hubieran podido resolverse por estar fuera del alcance de los términos de referencia del consultor que hizo este estudio. Eso sería llevar el análisis del proyecto a la siguiente etapa, la de factibilidad.

Es conveniente asegurar que todos los aspectos de un proyecto han sido resueltos satisfactoriamente, antes que iniciar una obra que más adelante podría enfrentar riesgos sustanciales por problemas técnicos, de diseño o de mercado, entre otros. Dos ejemplos actuales de proyectos ya realizados son ilustrativos de estos puntos: la línea 12 del Metro de la CDMX que ha enfrentado fallas técnicas sustanciales, y el ferrocarril suburbano de la zona metropolitana del Valle de México[12], que ha tenido una demanda de servicios muy por debajo de las proyecciones originales. Sin embargo, los ejemplos de problemas críticos encontrados en la realización de obras de infraestructura son mucho más cuantiosos.

A diferencia del estudio al nivel de "perfil", el de "prefactibilidad" no debe ser realizado por la entidad o dependencia promotora del posible proyecto, sino más bien contratar su elaboración con una empresa consultora o un consultor independiente especializado. Esto haría que las entidades y dependencias promotoras de proyectos de inversión se concentren y especialicen en los análisis previos, de "idea" y de "perfil", con el propósito de sentar las bases para contar con una amplia cartera de "ideas" y de "anteproyectos", para que de aquí se seleccionen aquellos que parecen ser los más rentables y sigan los pasos requeridos para su aprobación y realización.

Estructura y contenido de un estudio al nivel de prefactibilidad

Como regla general, la estructura y contenido del documento al nivel de prefactibilidad será muy similar a la de un estudio al nivel de perfil, pero la calidad de la información presentada tendrá que resolver las dudas o limitaciones que previamente se hayan identificado, de manera que se reduzca el margen de error del proyecto

Algunas de las afinaciones técnicas que deberán haberse resuelto en un documento del nivel de prefactibilidad incluyen:

   a. Asegurar que el diseño, la localización, el tamaño (monto de inversión) y el tiempo de ejecución del proyecto son los mejores,

   b. Asegurar que se han tomado en cuenta los efectos de todas las medidas de optimización identificadas, y en su caso aportar las que se hayan detectado con el nuevo estudio,

   c. Asegurar que se han aplicado, en su caso, las "reglas de oro" de la evaluación de proyectos (sección 5.5 de este libro),

   d. Con base en el estudio de factibilidad técnica, asegurar que la formulación del proyecto incluye justamente todos los elementos requeridos para su correcto funcionamiento, ni más ni menos. No solo se requiere que el proyecto sea técnicamente factible, sino que su diseño contenga los componentes requeridos para el cumplimiento del resultado y del impacto deseados. Se deben evitar completamente las fallas por un mal diseño de las obras a construir, para lo cual habrá en algunos casos que utilizar modelos de simulación específicos.

---

[12] http://www.secciones.hacienda.gob.mx/work/models/sci/expost/#

e. Asegurar que no solo los gastos de inversión, sino también los de operación y mantenimiento son los requeridos para que el proyecto entregue los bienes y/o servicios que se están considerando en el cálculo de los beneficios. Para ello se recomienda elaborar y presentar una "Matriz de Indicadores de Desempeño" donde se establezcan las metas de los impactos, resultados, componentes y actividades del proyecto.

Sin embargo, es posible que el documento al nivel de prefactibilidad haya detectado alguna deficiencia que pudiera no haber sido solucionada por los consultores. Por esta razón el estudio de prefactibilidad debe mencionar, al igual que en los niveles previos, cuáles fueron las limitaciones encontradas en su desarrollo. Una de las más frecuentes es el estudio de mercado, pero es posible que también existieran dudas respecto a su ubicación o diseño. El punto principal es, o debería ser, reducir lo más posible el margen de error identificado *antes* de que el proyecto se apruebe y pueda recibir recursos para llevarlo a cabo. De no ser así, habrá que proceder al siguiente nivel, el estudio de factibilidad, que tendrá la misión principal de investigar y resolver a fondo cualquier aspecto del proyecto sobre el que persistan dudas.

La decisión de llevar a cabo un estudio al nivel de factibilidad debería recaer completamente en la oficina nacional de inversiones, y no delegarla a la dependencia pública que promueve el proyecto, la cual va a tratar de obtener la aprobación lo más rápidamente que sea posible. Probablemente la señal práctica más clara de que se han aprobado (y llevado a cabo) proyectos de inversión sin contar con todos los elementos apropiados para ello, son los sobre tiempos y sobrecostos afrontados en la realidad, en comparación con los presupuestos y tiempos planteados en la formulación y evaluación.

Cada nivel del estudio del proyecto tiene mejor información que el nivel anterior, de modo que cuando se llega a un estudio de factibilidad se puede decir que se trata de la mejor información (dados los recursos disponibles). Siempre debe recordarse que el proceso mismo de mejorar la información del proyecto constituye en sí una decisión de costo-beneficio, de modo que solamente procederemos a mejorar la información respectiva si esperamos que su beneficio sea mayor que su costo. Por eso es que existirán ocasiones, determinadas por la práctica y por la información disponible, en que un estudio de perfil, o de prefactibilidad, pudieran considerarse suficientes para llevar a cabo un proyecto, pero como se dijo antes, esto es más bien la excepción y no la regla.

En cada uno de los pasos anteriores el equipo de trabajo debe asegurarse que el proyecto bajo análisis sigue siendo socialmente rentable, y en caso de que no lo sea, debe plantear alternativas, como pueden ser tamaños diferentes de inversión, diferentes diseños o tecnología a utilizar, sitios alternos de ubicación o posponer el proyecto para alcanzar el momento "óptimo" de su realización, o bien, la implementación de las medidas de optimización identificadas. Otro aspecto que debe tenerse siempre presente, es que cualquiera que sea el resultado los trabajos realizados deberían conservarse, de preferencia en un "Banco de Proyectos", puesto que con el simple paso del tiempo, o por efecto de otros proyectos, es posible que un proyecto que no resulta rentable en el año 2018, sí pueda serlo dos o tres años más adelante.

1.8 Aprobación, ejecución y puesta en operación del proyecto

Para lograr la aprobación de un proyecto de inversión, la entidad promotora deberá haber demostrado su factibilidad técnica, legal, ambiental y su rentabilidad socioeconómica, de acuerdo con la normatividad vigente en México, en especial haber llenado todas las partes que se piden en los "Lineamientos para la elaboración y presentación de los análisis costo y beneficio de los programas y proyectos de inversión". Desafortunadamente el énfasis que se pone actualmente sobre toda esta documentación, es su existencia, más que su calidad, como veremos en los casos reales descritos en el Capítulo VI.

Dar la aprobación para que un proyecto de inversión sea aceptado (en el caso de México esto significa asignarle una clave en la "cartera" de proyectos) es una gran responsabilidad para el técnico o funcionario encargado de hacerlo (en cualquier país). Está en la antesala de recibir recursos públicos y con ello proceder a la licitación para emprender la construcción de las obras físicas.

Una vez que se aprueba el presupuesto para la realización del proyecto en cuestión, normalmente se comisionan los estudios de lo que se conoce como el "proyecto ejecutivo", que consiste en toda la documentación técnica (planos detallados, diseño final, entre otros) que permitirá hacer el concurso para la asignación de los contratos respectivos. El costo del proyecto ejecutivo debería incluirse dentro de los costos relevantes del proyecto en cuestión, ya que solo debería hacerse cuando es inminente su realización, y no antes, cuando todavía está siendo revisado.

Conviene señalar que actualmente existe una desconexión entre el criterio "social" de la evaluación presentada ante la SHCP, y el criterio privado en la asignación del contrato a la empresa que gana el concurso para construir las obras. Es decir, el contrato de la obra se asigna a la propuesta que cumple con los aspectos técnicos y es la más barata desde el punto de vista privado, sin tomar en cuenta los costos sociales por molestias durante la construcción. Esto es un defecto en la Ley de Obras Públicas de México (y de muchos países) que no sigue el criterio "social" que se supone deben contener las estimaciones de costos y beneficios de los estudios. La asignación de contratos que actualmente se basa en costos privados debería sustituirse por una que tenga como criterio el menor costo social, incluyendo las externalidades negativas que frecuentemente acompañan a la construcción de las obras.

Finalmente, se termina la ejecución del proyecto, se instala su equipamiento y se inaugura con amplia difusión en los medios informativos. Con ello se está en posibilidades de empezar a entregar los bienes y/o servicios que se planearon en su formulación. Aquí empieza la vida real del proyecto.

A partir de este momento estaría entregando los beneficios que le dieron razón de ser. La responsabilidad de la oficina de inversiones no debería terminar cuando el proyecto es entregado por los constructores a la entidad promotora, hasta ahí solamente se habrá cumplido la parte constructiva y de equipamiento. Por una razón que es fácil deducir, el énfasis público y mediático se concentra en la etapa de construcción, y principalmente en la inauguración. Después, lo más común es que el proyecto de inversión siga su vida operativa sin mayor atención; y sin embargo, es a partir de ahí cuando es verdaderamente importante verificar que realmente está entregando los bienes y/o servicios que fueron planeados. Inicia la vida real, la vida operativa del proyecto que ninguna oficina de inversiones puede ignorar. Es por esta razón que la documentación de los proyectos de inversión debería incluir su Matriz de Indicadores de desempeño.

Dos elementos se han diseñado para llevar a cabo la misión de revisar el grado en que se cumple o no con el funcionamiento planeado de los proyectos de inversión: el monitoreo del desempeño de las metas planteadas en su diseño, y el mecanismo de la evaluación ex post. Ambos representan auténticas oportunidades para establecer un mecanismo de mejora continua en todo el sistema de inversión pública de un país.

En la legislación de México existe el requisito de que al terminarse las obras físicas de los proyectos se realice un "informe de ejecución"[13], que tiene como propósito analizar las desviaciones en tiempos y costos del proyecto. Estos informes, hasta ahora, son totalmente descriptivos, sin que se documenten los factores de éxito, o de fracaso, que pueden replicarse o evitarse en proyectos futuros.

Finalmente, se debe hacer la evaluación ex post de corto y mediano plazos, una vez que el proyecto ha estado en operación un determinado tiempo (tres y cinco años en el caso de México) *"…. a fin de comparar los resultados planeados con los alcanzados, con la finalidad de analizar las desviaciones entre ambos, para así generar aprendizaje y mejora continua de los programas y proyectos de inversión y proyectos de asociaciones público privadas similares. Lo que permitirá, a su vez, obtener una retroalimentación a través de las recomendaciones respectivas para futuros programas y proyectos de inversión y proyectos de asociaciones público privadas, mejorar la operación, así como tener una mayor transparencia y rendición de cuentas en el ejercicio de los recursos públicos"*[14]

1.9 La evaluación ex post y la retroalimentación al sistema de inversiones

Como se mencionó anteriormente, la evaluación ex post de proyectos significa una oportunidad extraordinaria para analizar y revisar todo el proceso que permitió que un proyecto de inversión se planeara, se formulara, se evaluara, se llevara a cabo y se pusiera a funcionar en beneficio de la población de un país. Su utilidad radica en que si se aplica a mejorar cada parte de dicho proceso, tanto para la oficina nacional de inversiones como para la propia entidad o dependencia promotora, esto irá fortaleciendo el sistema de inversiones y aportará un gran cúmulo de experiencias, no solo al personal y a los funcionarios involucrados, sino a toda la comunidad de un país que lleva a cabo, o le da seguimiento a proyectos de inversión.

El espíritu de la evaluación ex post no es buscar culpables (eso lo hacen otras oficinas públicas) de cualquier desviación no justificada, sino el mejoramiento continuo de la forma en que un país invierte sus recursos. La evaluación ex post no se hace a todos los proyectos de inversión realizados, sino a una muestra de ellos, debido al gran costo que implicaría abarcar a todos los cientos de proyectos que seguramente se realizan año con año en nuestro país. Sin embargo, si se hace una buena selección los resultados pueden ser extremadamente valiosos. Un primer punto es que si de antemano se sabe que cualquier proyecto puede estar sujeto a dicha revisión, es muy probable que los responsables de su diseño y evaluación tengan más cuidado en la información que incluyen, en los supuestos y metodologías que utilizan y en las conclusiones a las que llegan. Lo mismo aplica para la oficina nacional de inversiones, sobre todo si existiera algún mecanismo vinculatorio entre el resultado real de un proyecto de inversión, y la responsabilidad de los funcionarios o consultores que elaboraron y aprobaron los documentos que le dieron soporte.

Otro punto importante es que esta evaluación no debe ser realizada por la propia entidad o dependencia que promovió el proyecto de inversión, porque esto significaría un conflicto de intereses. Lo mejor es que tal evaluación sea realizada por una consultora independiente, y que su costo sea cubierto por la propia oficina de inversiones, y no por la entidad promotora.

---

[13] LINEAMIENTOS para la elaboración y presentación del Informe de ejecución y Evaluación ex post de los programas y proyectos de inversión, proyectos de infraestructura productiva de largo plazo y proyectos de asociaciones público privadas de la Administración Pública Federal.
https://www.gob.mx/cms/uploads/attachment/file/87701/Lineamientos_del_Seguimiento_de_la_Rentabilidad-290416.pdf
[14] Íd.

Una opción interesante es que estas evaluaciones ex post pudieran llevarse a cabo en los cursos y talleres de capacitación en las técnicas de la evaluación social de proyectos que debiera incluir el sistema nacional de inversiones. La práctica en los cursos impartidos durante los últimos 25 años nos ha demostrado que esta forma de realizar las evaluaciones ex post es realmente independiente y exenta de conflicto de intereses.

El objetivo general de la evaluación ex post es hacer una revisión sistemática e integral de la forma y fondo de la operación de los proyectos de inversión que se han construido y que se encuentran en funcionamiento. Esto debe resultar en una opinión objetiva y documentada sobre su, *eficacia, eficiencia, pertinencia, impacto y sostenibilidad*, para con ello retroalimentar al sistema de inversiones de cualquier país[15].

A continuación se describe el significado de cada uno de estos criterios, utilizando el lenguaje de la Metodología del Marco Lógico y tomando como referencia la propuesta del Comité de Ayuda para el Desarrollo de la OCDE antes mencionada:

a) Eficiencia: Mide la cantidad de recursos (financieros y no financieros) con los que se obtiene un producto entregado a la población beneficiaria al nivel de Componente,
b) Eficacia: Mide hasta qué punto se ha logrado el objetivo del proyecto al nivel de Propósito.
c) Impacto: Mide el grado de cumplimiento en las metas de desarrollo al nivel de Fin, a través del logro del Propósito.
d) Pertinencia: "La pertinencia de un proyecto se valora con las respuestas a las preguntas: ¿Era éste el mejor de los proyectos que se podían haber realizado? ¿Estaban bien identificados sus objetivos? y, mirando hacia el futuro: En vista de la situación alcanzada, ¿es conveniente mantener, modificar o abandonar la línea de trabajo trazada?"
e) Sostenibilidad: Valora la capacidad del proyecto para ser viable a lo largo de su vida útil, conservando su capacidad instalada para entregar los bienes y/o servicios diseñados a a población beneficiaria.

Como se ha mencionado, estos criterios están relacionados directamente con los cuatro niveles de objetivos de una Matriz de Marco Lógico, de la siguiente forma:

Gráfica I.4. El seguimiento y la evaluación ex post de los proyectos de inversión

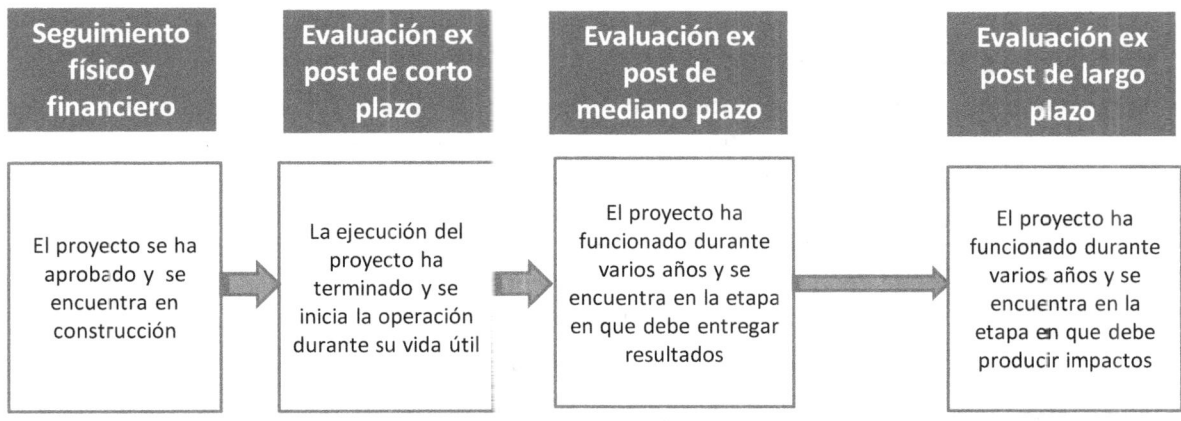

---

[15] Estos cinco criterios de la evaluación ex post provienen originalmente de la propuesta del Comité de Ayuda para el Desarrollo de la OCDE. http://www.dicc.hegoa.ehu.es/listar/mostrar/25

La primera columna de la gráfica anterior se refiere a la etapa de construcción del proyecto, durante la cual el gobierno generalmente utiliza un mecanismo denominado "seguimiento físico y financiero" que tiene objetivos de control del gasto público. Aunque esto no es la práctica actual, es recomendable que se ratifiquen los indicadores de rentabilidad del proyecto durante su etapa de construcción, y corregir cualquier aspecto que pudiera no haber sido diseñado correctamente. Aunque pueda parecer desafortunado, en ocasiones es preferible detener un proyecto no rentable que continuar echando dinero "bueno" al "malo". Dos ejemplos vienen al caso.

> El primero es el proyecto del tren México a Toluca, el cual fue iniciado sin tener una idea de la rentabilidad de cada uno de sus tramos. En la actualidad (primer semestre del año 2018) se encuentran obras en proceso en prácticamente todo su recorrido cuando quizás debiera haberse empezado por su tramo más rentable, que al parecer sería el de Santa Fe a Observatorio en la CDMX. Esto podría haber servido para financiar al menos parcialmente el resto de la obra, de manera secuencial, tal como lo hace un desarrollador de viviendas, que no inicia la construcción de todas las casas, sino que avanza por etapas, terminando paulatinamente las que puede ir vendiendo y de este modo financiar el resto de la construcción.
>
> El segundo ejemplo es el Nuevo Aeropuerto Internacional de la Ciudad de México (NAICM) el cual, como se verá después, parece sobredimensionado y también adelantado en el tiempo. Una evaluación "concurrente" de este proyecto quizá indicaría la conveniencia de limitar la terminación de solamente dos de las tres pistas que se han iniciado. También queda la duda de si su ubicación física es realmente la mejor entre las alternativas disponibles.

La segunda columna se refiere al momento de entrega de las obras y de todos los componentes definidos para la operación efectiva del proyecto.

La tercera columna se refiere al tiempo determinado en la planeación del proyecto para que se logren los objetivos al nivel de resultados, y finalmente la cuarta columna se refiere a la etapa donde el proyecto debería entregar impactos, generalmente con el apoyo de otros proyectos que han sido ejecutados para el logro del fin.

Evidentemente, cada etapa de la vida del proyecto debería tener definidos sus objetivos y metas cuantitativas, con lo cual la evaluación ex post podría enriquecerse al tener una base firme para comparar las metas alcanzadas con las planeadas, y de este modo poder identificar y poner en marcha las medidas que pudieran fortalecer el desempeño de los proyectos.

Sin embargo, en la realidad de México la MML no ha sido adoptada en la planeación de los proyectos de inversión pública, por lo que no existen metas de desempeño. En lugar de esto los Lineamientos actuales piden la cuantificación de la *"capacidad instalada que se tendría y su evolución en el horizonte de evaluación del programa o proyecto de inversión; así como las metas anuales y totales de producción de bienes y servicios cuantificadas en el horizonte de evaluación"*. Esto está lejano al establecimiento de verdaderas metas de desempeño ligadas a resultados e impactos, que es lo que realmente se busca con cualquier proyecto de inversión.

1.10 El fin y el propósito de los proyectos de inversión pública

La realización de proyectos de inversión pública no debe ni puede verse como un objetivo en sí mismo, sino como un medio para obtener resultados e impactos que mejoren el estándar y la calidad de vida de la población de cualquier país, región, entidad federativa o municipalidad. Esto significa que la realización de obras físicas, más otros componentes que se definen al formular un proyecto, tendrán un propósito (alcance de resultados) que beneficie a la población objetivo, y un fin que consiste en mejorar las condiciones de vida de la población. Como ya se dijo antes, la obra física es solamente un componente de algo mucho más complejo que se desea lograr.

Por lo general un proyecto de inversión pública debe ser capaz de alcanzar su propósito, aunque el logro de objetivos de mayor nivel pudiera requerir el diseño y la implementación de proyectos adicionales. Pongamos por caso un proyecto de construcción de un embalse en una determinada zona del país que cuenta con los requisitos para ello. Es claro que este proyecto no tiene como objetivo la retención de un cierto volumen de agua, sino el de ampliar la capacidad de cultivo de los agricultores a dos o más ciclos, en vez de uno que se obtenía con el riego de "temporal" (propósito) y con ello contribuir a elevar el nivel de vida de la población beneficiaria (objetivo a nivel de Fin en la MtML).

Para que se logre aumentar el nivel de vida de la población el solo proyecto del embalse pudiera no ser suficiente, ya que además se tendrían que llevar a cabo posibles proyectos de capacitación, mercadeo, extensionismo agrícola, comercialización, almacenamiento, entre otros. Es decir, el proyecto del embalse es necesario, pero no suficiente para alcanzar el impacto al nivel de Fin (en el lenguaje de la MtML), pero sí debería serlo para lograr el propósito (ampliar la capacidad de cultivo). La identificación y formulación de los correctos indicadores de desempeño del proyecto del embalse requerirán tener muy claros los objetivos al nivel de resultados y de impactos, lo cual no será tan fácil como los que se refieren a sus componentes o actividades.

Hasta la fecha actual estos aspectos no se incluyen en los requisitos para aprobar y dar marcha a los proyectos de inversión pública en México, lo cual significa una severa limitación.

1.11 El año "cero" en la evaluación de proyectos

Por regla general el año "cero" en la evaluación de proyectos se refiere al año donde se inician todos los trámites, permisos o licencias, una vez que el proyecto ha sido aprobado y se le han asignado recursos para llevarlo a cabo. Normalmente se incluye en el año "cero" el concurso para hacer el proyecto ejecutivo, licitar y asignar el contrato de construcción, y si el tiempo lo permite, empezar a ejecutar las obras físicas de proyecto. En el caso de que tales obras concluyan al final del año cero la vida útil del proyecto empezaría en el año "uno". Obviamente, en caso de que el proyecto completo requiera más de un año para completar sus componentes (proyectos plurianuales) los montos invertidos más cualquier otro gasto relevante se deberá registrar en cada año respectivo, como podría ser el año dos, tres, o incluso más, hasta terminar la ejecución, inaugurar la obra y dar inicio al periodo de vida útil del proyecto.

De la misma forma, si la construcción de las obras termina antes de finalizar el año "cero", y se empiezan a generar beneficios dentro de ese mismo año, los montos estimados de tales beneficios se deberán registrar a partir de ese momento. Lo anterior significa, por supuesto, que todos los estudios requeridos hayan sido realizados en los años previos al año "cero", incluyendo la aprobación del proyecto.

Evidentemente si parte de las obras de un proyecto pueden ponerse a funcionar aunque no se termine toda la construcción, en esa medida se podrán registrar beneficios parciales. Piense la lectora, lector, en el caso de muchas familias que construyen su casa por etapas, pero se mudan a ella en cuanto están habitables, aunque no tengan todo terminado. Esto mismo puede ocurrir en los proyectos de inversión pública, por ejemplo una vialidad que aunque no esté totalmente terminada, puede irse "liberando" de manera paulatina, y con ello generar beneficios, aunque sean parciales.

Una vez que se aprueba la ejecución de un proyecto, es importante que el gerente o encargado de la obra, elabore calendarios mucho más precisos, tanto en los tiempos que tomará la construcción como su equipamiento, de modo que las desviaciones sean las mínimas, y se logre la entrega de los componentes del proyecto en el tiempo, forma y calidad que fueron planeadas.

Para fines del análisis costo-beneficio y de la aprobación de un proyecto, normalmente se trabaja con años calendario-fiscal, pero esto será diferente durante el periodo de construcción de las obras, en que habrá que utilizar otras técnicas de administración de proyectos a fin de coordinar todas las actividades y trabajos de manera socialmente óptima, y asegurar que los trabajos avancen con los menores inconvenientes posibles.

Esto muchas veces no es el caso en la realidad debido a atrasos, o a veces a obstáculos que no se tomaron en cuenta en la fase de planeación. En México tenemos el caso de una autopista cuya construcción se tardó más de cinco veces el tiempo planeado, debido aparentemente a que no estaban liberados todos los derechos de "vía" en el momento de inicio de las obras (esto mismo ha ocurrido en el proyecto del tren México a Toluca). Los sobretiempos de ejecución podrían traer consigo significativos costos sociales adicionales por molestias (tráfico desviado, mayor congestión y contaminación), los cuales, desde luego, no se incluyeron en la evaluación original del proyecto. Todo esto resalta la gran importancia que tiene el realizar una evaluación "al término" de la ejecución del proyecto de inversión, que tendría gran utilidad para en el futuro evitar, o al menos disminuir, los costos sociales adicionales que los retrasos en la ejecución de las obras traen como consecuencia.

Finalmente, es importante señalar que el año "cero" en la evaluación se hace también para tomar en cuenta que todos los flujos futuros, tanto de costos como de beneficios, deben descontarse a partir del año uno y después sumarlos a las cifras correspondientes a dicho año "cero".

1.12 Ejemplo de cómo surge un proyecto de inversión.

Análisis al nivel de idea (basado en un caso real).

A continuación se presenta un ejemplo, basado en un caso real, de la identificación de un proyecto y de cómo, aún en el nivel básico de idea, es posible hacer un esquema preliminar de sus probables costos y beneficios.

Situación actual: En alguna región del país existen dos comunidades, San Pedro y San Pablo, que están situadas en las márgenes opuestas de un río llamado "Santiago". En la actualidad un promedio de 140 habitantes de esas comunidades cruzan diariamente de un lado a otro usando un puente que está situado a dos kilómetros de distancia, lo que requiere una hora de tiempo de cada persona para llegar de su origen a su destino. Este problema desaparecerá al cabo de cinco años, ya que se planea construir una presa "aguas arriba" y el río ya no presentará un problema para cruzarlo.

Propuesta de proyecto y posibles beneficios: El alcalde (de ambas comunidades) ha propuesto la construcción de un puente provisional, con el propósito de reducir el tiempo para cruzar el río, a lo que las poblaciones de ambas comunidades responden afirmativamente. Según las estimaciones realizadas, este puente ahorrará una hora de tiempo a cada persona que actualmente hace el cruce.

Costos del proyecto: Para llevar a cabo esta obra los analistas del municipio han hecho estimaciones basadas en costos históricos similares y en entrevistas a posibles inversionistas. Digamos que después de revisar las cifras estimadas, y de consultar a empresas que en el pasado han hecho trabajos para el municipio, se ha llegado a las siguientes conclusiones, con cifras aproximadas:

La empresa inversionista pediría que se le otorgue un subsidio del 10% del costo de construcción, y que se establezca una cuota de $10 pesos a cada persona que cruce el puente. El tiempo de construcción sería de un año y su costo total de construcción sería de $400 mil pesos. Durante su tiempo de operación se contrataría a dos trabajadores, con un salario estimado de $15 mil pesos mensuales a cada uno, y se tendrán que hacer gastos de mantenimiento del puente por $20 mil anuales a partir del año uno. Después de los cinco años de utilización, el dueño podría vender la estructura del puente en $10 mil. Para fines de simplificación se supone que no hay impuestos, que no hay otros efectos indirectos o externalidades por la realización del proyecto, y que los precios que intervienen en el mismo son "verdaderos", es decir, no hay distorsiones.

Beneficiarios directos del proyecto: Las personas que actualmente cruzan el río y potencialmente la mayoría de la población.

Tipo de beneficio que se tendrá con el proyecto: reducción de una hora de tiempo en el costo de viaje.

Probable efecto en el medio ambiente: mínimo, a reserva de confirmar.

Posibles alternativas: por ahora se supone que no hay. Más adelante se cambiará este supuesto.

Estudios que serán requeridos para llevar a cabo el proyecto: técnicos (sitio de construcción, tamaño y características del puente, sitio de la caseta de pago, entre otros), legales (características del contrato y régimen de propiedad del terreno), ambientales (cumplir con la normatividad vigente), de mercado (determinar con mayor precisión el número actual y futuro de posibles usuarios del puente).

Posible fuente de financiamiento: el inversionista contratará un préstamo bancario.

Tiempo probable de ejecución: un año, por razones de simplicidad, por ahora.

¿Qué ocurriría si no se hace el proyecto del puente? Pues evidentemente se mantendría la caminata de 4 kilómetros para las personas que cruzan de un lado a otro, usando la hora de tiempo requerido, y por lo tanto enfrentando, durante esos cinco años, el costo equivalente de hacerlo caminando.

¿Qué ocurriría si sí se hace el puente? Para los habitantes que van de uno a otro lado, obviamente existirá una ganancia en tiempo. Una hora en promedio por cada uno. A los fines de valorar el tiempo digamos que los estudiosos de economía han calculado que una hora en promedio vale $20 para cada persona. Por ahora vamos también a suponer que el número de personas que cruza el río es la misma en las situaciones sin y con el proyecto (esto no es muy realista pero después cambiaremos este supuesto).

Puntos de vista de la evaluación: Podemos afirmar que existen al menos tres puntos de vista desde los cuales habría que analizar el proyecto: el punto de vista de las comunidades, el punto de vista del inversionista y el punto de vista "social".

Con la información disponible el presidente municipal le pide a sus analistas que realicen, primero, una estimación del flujo de costos y beneficios del proyecto al nivel de idea, para tener mejor información respecto a si el proyecto se debe analizar con mayor precisión (nivel de "perfil") o se abandona esta idea y se busca otra.

A continuación se presentan las estimaciones de costos y beneficios obtenidos por los analistas del municipio:

Punto de vista de las comunidades:

Para fines de simplificación digamos que la situación actual es la misma que la situación sin proyecto (es decir, que no existen optimizaciones posibles). Si no se hace el puente el flujo de costos sería el siguiente:

Cuadro I.1 Situación sin proyecto, punto de vista de las comunidades

	Pesos expresados a precios promedio del año 2015					
CONCEPTO	año cero	año uno	año dos	año tres	año cuatro	año cinco
COSTOS TOTALES	$ 1,022,000	$ 1,022,000	$ 1,022,000	$ 1,022,000	$ 1,022,000	$ 1,022,000
Personas que cruzan	51,100	51,100	51,100	51,100	51,100	51,100
Tiempo ahorrado en horas	51,100	51,100	51,100	51,100	51,100	51,100
Valor del tiempo	$20	$20	$20	$20	$20	$20
Valor del tiempo usado para cruzar	$ 1,022,000	$ 1,022,000	$ 1,022,000	$ 1,022,000	$ 1,022,000	$ 1,022,000
Flujo neto	$ 1,022,000	$ 1,022,000	$ 1,022,000	$ 1,022,000	$ 1,022,000	$ 1,022,000

El cuadro anterior se construye a partir de los supuestos que tenemos para este caso. Anualmente existen 51,100 cruces (140 personas diarias multiplicadas por 365 días del año), que requieren una hora de tiempo, la cual es valorada en $20 pesos cada una. Esto arroja un costo anual total de $1.022,000 pesos anuales (costo total del tiempo utilizado para hacer los cruces). Esto continuaría igual cada año si no se hace el proyecto, hasta finales del año cinco.

Ahora veamos qué ocurriría en caso de llevar a cabo el proyecto

En el año cero todavía no está disponible el puente, así que las personas que cruzan de un lado a otro enfrentan la hora de tiempo que requiere la caminata. A partir del año uno cada persona que usa el puente paga el peaje de $10 pesos por cruce, y así hasta el año cinco, en que termina la vida útil del proyecto. Se supone aquí que los que cruzan el río en la situación sin proyecto, también lo harán en la situación con proyecto (lo cual no necesariamente es cierto).

Cuadro 1.2 Situación con proyecto, punto de vista de las comunidades

	Pesos expresados a precios promedio del año 2015						
CONCEPTO	año cero	año uno	año dos	año tres	año cuatro	año cinco	año seis
COSTOS TOTALES	$ 1,062,000	$ 511,000	$ 511,000	$ 511,000	$ 511,000	$ 511,000	
Subsidio al inversionista	$ 40,000						
Peajes pagados		$ 511,000	$ 511,000	$ 511,000	$ 511,000	$ 511,000	
Costo del tiempo usado para cruzar	$ 1,022,000.00	$0.00	$0.00	$0.00	$0.00	$0.00	

Como se observa en el cuadro anterior, los costos en tiempo que enfrentaran los que cruzan el río, una vez que el proyecto está en operación bajan a "cero", y en su lugar enfrentan un costo por pago de peajes que es exactamente la mitad de lo que habrían "gastado" en términos de valor del tiempo. Esto es así porque el ahorro es exactamente de una hora y el peaje es igual a la mitad del valor del tiempo que hemos tomado como supuesto (el número de cruces es de 51,100 y se pagan $10 por cada uno, lo que arroja $511,000 en costos monetarios.

La forma anterior de visualizar el cambio entre la situación sin proyecto y la situación con proyecto, también se puede expresar de otra forma, que en la vida real es la que se utiliza con mayor frecuencia: Se calculan directamente los costos y los beneficios incrementales ocasionados por el proyecto, lo cual es riesgoso si no se tiene completa claridad de lo que representa cada escenario por separado: lo que es la situación sin proyecto y lo que es la situación con proyecto, tal como se muestra en el siguiente cuadro:

Cuadro 1.3 Flujo de costos y beneficios incrementales del proyecto de construcción del puente punto de vista de las comunidades

	Pesos expresados a precios promedio del año 2015						
CONCEPTO	año cero	año uno	año dos	año tres	año cuatro	año cinco	año seis
COSTOS TOTALES	$ 40,000	$ 511,000	$ 511,000	$ 511,000	$ 511,000	$ 511,000	
Subsidio al inversionista	$ 40,000	0	0	0	0	0	
Peajes pagados	0	$ 511,000	$ 511,000	$ 511,000	$ 511,000	$ 511,000	
BENEFICIOS TOTALES	$ -	$ 1,022,000	$ 1,022,000	$ 1,022,000	$ 1,022,000	$ 1,022,000	
Personas que cruzan		51,100	51,100	51,100	51,100	51,100	
Tiempo ahorrado en horas		51,100	51,100	51,100	51,100	51,100	
Valor del tiempo ahorrado		$ 1,022,000	$ 1,022,000	$ 1,022,000	$ 1,022,000	$ 1,022,000	
Flujo neto	-$ 40,000	$ 511,000	$ 511,000	$ 511,000	$ 511,000	$ 511,000	

En el cuadro anterior se han colocado directamente los costos y los beneficios de la realización del proyecto desde el punto de vista de las comunidades. El flujo neto será de $40,000 negativos el año cero (subsidio entregado al inversionista), y después existirá un ahorro de $511,000 anuales, derivados del valor del tiempo ahorrado menos el pago del peaje. Nuevamente, aquí estamos suponiendo que las personas usarán el puente ya que el valor del tiempo usado en la caminata es superior al costo del peaje (algo similar a lo que ocurre cuando un automovilista decide usar una autopista en vez del camino "libre").

a. Punto de vista del inversionista.

Se procede ahora a construir un flujo de ingresos y gastos en que incurrirá el potencial inversionista en el proyecto. Aquí se presenta la evaluación "económica" del proyecto, sin considerar todavía la fuente de financiamiento (a esto le daremos el nombre de "proyecto puro").

Cuadro 1.4 Costos y beneficios del proyecto de construcción del puente, punto de vista del inversionista

	pesos expresados a precios promedio del año 2015						
CONCEPTO	año cero	año uno	año dos	año tres	año cuatro	año cinco	año seis
Gastos totales	$ 400,000	$ 380,000	$ 380,000	$ 380,000	$ 380,000	$ 380,000	$ -
Inversión	$ 400,000						
Operación		$ 360,000	$ 360,000	$ 360,000	$ 360,000	$ 360,000	0
Mantenimiento		$ 20,000	$ 20,000	$ 20,000	$ 20,000	$ 20,000	0
Ingresos totales	$ 40,000	$ 511,000	$ 511,000	$ 511,000	$ 511,000	$ 511,000	$ 10,000
Subsidio	$ 40,000						
Personas que cruzan		51,100	51,100	51,100	51,100	51,100	0
Pago de cuotas sin IVA		$ 511,000	$ 511,000	$ 511,000	$ 511,000	$ 511,000	0
Valor de desecho							$ 10,000
Flujo neto	-$ 360,000	$ 131,000	$ 131,000	$ 131,000	$ 131,000	$ 131,000	$ 10,000

En el cuadro anterior se han colocado los gastos de inversión, operación y mantenimiento estimados a nivel general, así como los ingresos esperados por los peajes que pagarán las personas que utilicen el puente

b. Punto de vista "social".

Finalmente, hagamos el mismo ejercicio, pero ahora desde el punto de vista "social", o sea que consideramos como una sola entidad al inversionista y a la comunidad beneficiaria.

Cuadro 1.5 Flujo de costos y beneficios desde el punto de vista "social"

CONCEPTO	año cero	año uno	año dos	año tres	año cuatro	año cinco	año seis
Pesos expresados a precios promedio del año 2015							
COSTOS TOTALES	$ 400,000	$ 380,000	$ 380,000	$ 380,000	$ 380,000	$ 380,000	
Construcción del puente	$ 400,000						
Costos de operación		$ 360,000	$ 360,000	$ 360,000	$ 360,000	$ 360,000	
Costos de mantenimiento		$ 20,000	$ 20,000	$ 20,000	$ 20,000	$ 20,000	
BENEFICIOS TOTALES	$ -	$ 1,022,000	$ 1,022,000	$ 1,022,000	$ 1,022,000	$ 1,022,000	$ 10,000
Personas que cruzan		51,100	51,100	51,100	51,100	51,100	
Tiempo ahorrado en horas		51,100	51,100	51,100	51,100	51,100	
Valor del tiempo ahorrado		$ 1,022,000	$ 1,022,000	$ 1,022,000	$ 1,022,000	$ 1,022,000	
Valor de desecho del puente							$ 10,000
Flujo neto	-$ 400,000	$ 642,000	$ 642,000	$ 642,000	$ 642,000	$ 642,000	$ 10,000

Como se observa, en este cuadro desaparece el subsidio (es ingreso para el inversionista y egreso para las comunidades). El flujo neto de beneficios anuales (642,000 del año uno al cinco) es exactamente igual a la suma del beneficio del inversionista (131,000) más el flujo neto de la población beneficiaria (511,000). Si bien existe una ganancia neta para el inversionista, aquí observamos que los principales ganadores con el proyecto son los habitantes de las comunidades.

Nótese que todos estos cálculos los hemos hecho con datos estimativos, que deberían existir aun cuando el proyecto sea solamente una idea. En este nivel deben también tratarse las otras ideas, con el fin de poder definir cuáles, las finalistas, habrán de pasar al nivel de perfil.

1.13 Análisis de alternativas de un proyecto de inversión

Por lo general siempre (o casi siempre) existen alternativas para resolver (o contribuir a resolver) un problema público percibido por la población de un determinado lugar. La obligación profesional de un equipo de proyecto es analizar todas las alternativas posibles existentes, incluso la de no hacer el proyecto si acaso existieran medidas de optimización que pudieran resolver o reducir los efectos del problema identificado, con lo cual el momento de inversión podría posponerse por algún tiempo. La no realización de un posible proyecto no debe verse como una oportunidad perdida, o como un fracaso, sino todo lo contrario, ya que los recursos que de este modo quedan "libres" se pueden aplicar a otros proyectos que sean críticos para la población involucrada, o para otro sector de la economía.

Un ejemplo interesante relatado por el Profesor Ernesto Fontaine[16] se refiere a un proyecto para construir un nuevo muelle en un puerto de Chile, el cual fue pospuesto debido a que una medida de optimización que consistía en actualizar las tarifas de almacenamiento en las bodegas del puerto podía "liberar" su capacidad de maniobra sin necesidad de construir un nuevo muelle.

No se debe desechar ninguna alternativa de solución, hasta no demostrar que pudiera ser inviable técnicamente, o no rentable desde el punto de vista social, recordando siempre que la selección de una alternativa finalmente es una decisión económica, ya que sería muy cuestionable que un país relativamente pobre seleccione la opción de "última" tecnología para tratar sus aguas residuales si esto está fuera de sus posibilidades. El análisis de alternativas lo debería realizar la propia entidad o dependencia pública promotora, la mayor parte de las veces al nivel de un estudio de "perfil", para de este modo comisionar estudios al nivel de prefactibilidad de la mejor alternativa previamente seleccionada. Sin embargo siempre debe quedar abierta la posibilidad de que pudiera cambiarse si surgen dudas importantes sobre su conveniencia. Por ejemplo, en el caso del nuevo aeropuerto de la CDMX debió haberse profundizado el estudio técnico y económico del

---

[16] Ernesto R. Fontaine "Evaluación Social de Proyectos", decimotercera edición, pág. 5.

sitio seleccionado para su ubicación, tal como las normas exigen que el proyecto de un inmueble cuente con estudios de mecánica de suelos antes de su construcción.

En todo caso, debe quedar claro que siempre que esté en duda la rentabilidad de un proyecto (diseño, ubicación, tamaño, temporalidad, etc.) es más conveniente utilizar mayores recursos para hacer una correcta selección antes de construir, pues más adelante podría salir más caro "el caldo que las albóndigas".

Actualmente esto no ocurre así en nuestro país. En primer lugar las normas actuales no requieren estudios al nivel de factibilidad. En segundo lugar debido a que, como regla general la entidad o dependencia pública que contrata un estudio de costo-beneficio ya tiene seleccionada la alternativa que desea llevar a cabo, su tamaño físico, su diseño, su ubicación y su momento de entrada en operación. Esto tiene importantes consecuencias porque comisiona estudios de proyectos de una sola alternativa, trayendo consigo riesgos de fracasos innecesarios y muchas veces altamente costosos.

Un ejemplo interesante ocurrió hace unos años cuando se estaba construyendo la Terminal Dos del Aeropuerto Internacional de la Ciudad de México. El punto en discusión era la forma de trasladar a los pasajeros que pasaban de la terminal uno a la dos, o viceversa, para continuar sus viajes. Una parte del equipo de proyecto favorecía la construcción del "monorriel" (alternativa finalmente seleccionada), en tanto que otra parte argumentaba que el servicio se podía hacer usando los autobuses que ya estaban en operación para trasladar pasajeros desde y hacia terminales remotas. La opción del "monorriel" era sustancialmente más cara y riesgosa que la de los autobuses, pero predominó en la selección porque *"ya le habían dicho esto al Presidente de la República"*.

Otros ejemplos de proyectos donde no hubo una correcta selección de alternativas son, por citar unos pocos, la línea 12 del Metro de la Ciudad de México, el aeropuerto de San Juan en Chiapas, el Aeropuerto "Internacional" de Chichen Itzá, el proyecto de saneamiento de "alto vacío" en el puerto de Progreso, entre otros muchos, los cuales se iniciaron y se ejecutaron con una sola alternativa que fracasó.

Regresemos al ejemplo del puente sobre el río Santiago de la sección anterior. Supongamos que se está analizando su ejecución. Será preciso estudiar, con elementos técnicos, cuál será el sitio adecuado para construirlo; además, el puente podría ser de fierro o de madera, o de una combinación de ambos materiales, o de otros; hay que precisar en qué sitio se pone la caseta de cobro, etc. Todo esto tiene el propósito de lograr el mejor diseño "técnico" del proyecto y no puede estar excluido de la decisión. Evidentemente cada "alternativa" de proyecto debe ser evaluada independientemente de las demás, con el propósito de seleccionar la más eficaz y eficiente[17]. Para cada alternativa técnica factible se tendrá que hacer un estudio de costo-beneficio a los efectos de seleccionar la que sea más conveniente en forma global. Quizá será preferible una opción más costosa en la inversión, pero más barata en la operación, y viceversa. Nadie lo puede asegurar antes de hacer los cálculos.

Sin embargo, además del puente podría existir otra alternativa para cruzar el río. Digamos que al hacerse la convocatoria para la construcción del puente surge una segunda opción para dar el servicio. Un empresario local propone usar una lancha de motor (costo de inversión de $25,000, y de operación y mantenimiento anual de $10,000) y construir dos muelles sencillos de embarque y

---

[17] La eficacia tiene que ver con la capacidad para cumplir un objetivo, en tanto que la eficiencia se relaciona con el uso de recursos de cada alternativa.

desembarque (costo total de $10,000) uno a cada lado del río. Supongamos que el valor de rescate de la lancha es de solamente $5,000. Esta propuesta no requiere subsidio alguno por parte de las comunidades, y reduce la tarifa de cruce a solamente $3 por persona.

¿Cuál proyecto es mejor? El puente significa construcción de "infraestructura" lo cual es aplaudido por la dependencia pública involucrada. El proyecto de la lancha significa una construcción mucho más simple y barata. Supongamos, para no complicar el caso, que no existe riesgo de hundimiento de la lancha porque el cauce del río es apacible y que por lo tanto los beneficios son (casi) los mismos que los ofrecidos por el proyecto del puente. Evidentemente, bajo este supuesto el mejor proyecto es el más barato (costo-eficiente) que en este caso es el de la lancha.

A continuación se presenta el flujo de caja para el potencial inversionista. Se pide que Usted haga los cálculos desde el punto de vista de las comunidades y el punto de vista social. Además, haga otro ejercicio en el que la lancha pueda entrar en servicio después de solamente dos meses que tomaría la construcción de los pequeños muelles (envíe sus respuestas al correo electrónico del IMCI y a vuelta de correo recibirá la solución que se considera "correcta").

Cuadro 1.6 Flujo de costos y beneficios del proyecto de uso de lancha, punto de vista del inversionista

Pesos expresados a precios promedio del año 2015							
CONCEPTO	año cero	año uno	año dos	año tres	año cuatro	año cinco	año seis
COSTOS TOTALES	$ 35,000	$ 100,000	$ 100,000	$ 100,000	$ 100,000	$ 100,000	$ -
Inversión en la lancha	$ 25,000						
Inversión en los muelles	$ 10,000						
Operación y mantenimiento		$ 100,000	$ 100,000	$ 100,000	$ 100,000	$ 100,000	0
INGRESOS TOTALES	$ -	$ 153,300	$ 153,300	$ 153,300	$ 153,300	$ 153,300	$ 5,000
Personas que cruzan		51,100	51,100	51,100	51,100	51,100	
Pago de peajes		$ 153,300	$ 153,300	$ 153,300	$ 153,300	$ 153,300	$ -
Valor de rescate							5000
Flujo neto	-$ 35,000	$ 53,300	$ 53,300	$ 53,300	$ 53,300	$ 53,300	$ 5,000

Nuevamente, recordemos que estamos apenas en la etapa de estudio de "ideas" de proyectos que en principio pueden solucionar la problemática enfrentada por la población.

En este punto de tiempo digamos que alguna autoridad superior (por ejemplo el Presidente del país) visita la localidad y pregunta si existe algún proyecto de inversión donde el gobierno federal pudiera apoyar a la población a "fondo perdido" ¿Cuál proyecto piensa Usted que le presentarían, el puente o las lanchas? ¿Cuál proyecto sería preferible para las autoridades? Probablemente el proyecto de las lanchas será menos atractivo, ya que el tamaño de la infraestructura a construir será mucho menor (más aún, quizá no sea necesario comprar una lancha nueva). Piense Usted que el caso real sea un río caudaloso que en algún momento en el futuro va a requerir la construcción de un puente que permita el paso de personas y vehículos, por lo que la agencia gubernamental va a argumentar que el problema se solucionará "definitivamente" con una magna obra, aunque esto sea lejano en el tiempo.

Seamos cautos con nuestro ejemplo del río. Digamos que a pesar de las cifras del estudio de las "ideas", el jefe de la oficina indica que no está convencido con tales datos y ordena que se lleve a cabo un estudio al nivel de "perfil" tanto de la construcción del puente como del proyecto de la lancha.

Ejercicios. Elabore un cuadro de flujo de costos y beneficios desde el punto de vista de las comunidades en cada uno de los casos siguientes. Remita su respuesta al correo del IMCI. A vuelta de correo recibirá la respuesta que se considera correcta.

1.14 Ejercicio de Agua potable rural

En una cierta comunidad rural hay 70 viviendas y el número de ocupantes promedio por cada una es de 5 personas. La tasa de crecimiento anual de la población es de 1.5%. Esta comunidad actualmente no cuenta con un sistema de abastecimiento de agua por medio de cañerías.

Durante la temporada de lluvias (5 meses al año equivalentes a 151 días), sus habitantes tienen que acarrear agua de un río cercano a sus viviendas. De acuerdo con una encuesta realizada en la comunidad, en promedio una persona de cada familia lleva dos cubetas de 15 litros de capacidad cada una. El tiempo de acarreo ida y vuelta por viaje es de 10 minutos y realizan al día 8 viajes. Considere que el valor del tiempo de las personas que acarrean es de 15 pesos por hora.

Por otro lado, durante la temporada de estiaje (7 meses al año equivalentes a 214 días) tienen que obtener el agua de un pozo somero ubicado "aguas arriba" por lo que recorren una distancia de aproximadamente 300 metros. Esto les toma un promedio de tiempo de cada viaje (ida y vuelta) de 30 minutos. Por esta razón en cada cubeta llevan únicamente 12 litros (2 cubetas por viaje) y realizan al día 7 viajes.

El Presidente municipal ha propuesto un proyecto que consiste en instalar un sistema de abastecimiento de agua potable, para lo cual se tendría que perforar y equipar un pozo, construir un tanque de regulación y una red de distribución (hidrantes públicos). Los costos de inversión son 12.5 millones de pesos y los costos sociales de producción del agua para el primer año de operación del proyecto (operación y mantenimiento) se estiman sean de 125 mil pesos. Posteriormente esta cifra crecerá a una tasa media anual del 2%. Suponga que las obras de proyecto tardarán todo un año en construirse y que empiezan a funcionar en el año uno.

Se estima que para recuperar los costos se establecerá una cuota fija de 20 pesos mensuales por vivienda (no se instalarán tomas domiciliarias ni micro-medidores). Considere que el tiempo de acarreo en la situación con proyecto es de cero.

Elabore el flujo de costos y beneficios para la comunidad en un horizonte de 15 años. No tiene que calcular el efecto de la continuación del servicio para los años siguientes y tampoco tiene que estimar un valor residual del proyecto. Usted puede utilizar cualquier otro supuesto que necesite para elaborar el cuadro de costos y beneficios anuales, tanto en la situación actual (equivalente a la situación sin proyecto) como en la situación con proyecto.

Finalmente, también haga el supuesto (por ahora) de que el consumo de agua por habitante es igual en las situaciones sin y con proyecto. Esto lo cambiaremos más adelante.

1.15 Ejercicio de electricidad rural

Una comunidad rural ubicada en las montañas de Oaxaca no tiene servicio de electricidad, por lo cual los habitantes tienen que utilizar baterías para operar algunos aparatos domésticos, lo que les cuesta el equivalente de cinco pesos por kwh y su consumo es de 20 kwh en promedio mensual.

La comunidad será beneficiada por un programa de electrificación rural que llevará la energía hasta cada domicilio y cobrará una tarifa de digamos un peso por kwh. Suponga por ahora que el consumo de energía es el mismo en las situaciones sin y con proyecto. Más adelante cambiaremos este supuesto.

El tiempo de instalación del servicio será de un año (tiempo de construcción del proyecto y tendido de las líneas) por lo que a partir del primer día del año uno cada familia podrá conectarse al servicio, pagando un monto de $50 pesos por cada instalación.

Para fines de este ejercicio suponga que el monto de inversión que hará la Comisión Nacional de Electricidad es de $100,000, y que los gastos de operación y mantenimiento serán de $10,000 anuales.

Elabore un cuadro de costos y beneficios para diez años de operación del servicio (por ahora no se preocupe de valores de desecho). Suponga que el precio real de la electricidad se mantiene constante, lo mismo que el precio de las baterías.

1.16 Ejercicio de servicio de transporte

Usted está contemplando la posibilidad de adquirir un autobús para dar el servicio de transporte de pasajeros, en una ruta que le van a concesionar.

El costo del autobús nuevo es de $500,000.00 y su vida útil es de 10 años. Los costos de mantenimiento son crecientes. Durante los primeros tres años el costo anual de mantenimiento es de $100,000.00, el cual aumenta al doble en los siguientes tres años, y a 250,000 en los cuatro años restantes. El valor de rescate, al término de los diez años es de $50,000.00.

Para operar el negocio Usted tiene que contratar dos chóferes, con un salario total (incluyendo prestaciones) de $20,000.00 mensuales para cada uno, más un mes de aguinaldo a pagar en el mes de diciembre de cada año. También tiene que pagar la licencia y permisos, por $100,000.00 al inicio de cada año de operación del proyecto.

Según el estudio de demanda se ha calculado que utilizarán el autobús 500 personas diarias en promedio, y aumentarán en un 2% anual durante los diez años que espera dar el servicio con este autobús. El precio del boleto de viaje es de $5.00. El servicio será diario, exceptuando 15 días anuales que se utilizan para dar mantenimiento al autobús.

El tiempo para arrancar el negocio es de seis meses, por lo que se empezará a dar el servicio a partir del primer día del mes siete. Para ello habrá tenido que pagar la licencia y los permisos correspondientes.

Capítulo II: Criterios para aprobar un proyecto de inversión

Una vez que ya hemos hecho los cálculos para estimar los valores monetarios anuales de costos y beneficios que traerá la realización del proyecto, como en nuestro ejemplo del puente, tanto para la comunidad beneficiaria, como para el inversionista privado, y para la sociedad en su conjunto, tenemos ahora que llegar a una conclusión ¿conviene o no realizarlo? Para contestar esta pregunta vamos ahora a analizar el tema de los criterios de decisión que normalmente se utilizan para aprobar o rechazar un proyecto de inversión en México.

Para este trabajo es muy importante estar seguros de que todos los flujos calculados sobre costos y beneficios estén estimados correctamente, ya que de otro modo cualquier indicador que se calcule no tendrá significado real. Incluso, es aconsejable que después de haber calculado los indicadores de rentabilidad de un proyecto, el equipo evaluador revise la metodología de cálculo de costos y beneficios, se cerciore de que los supuestos utilizados siguen siendo válidos, y se asegure de que son las mejores estimaciones que se pueden hacer, dado el tiempo y los recursos disponibles. Siempre que exista un flujo de valores en un calendario periódico se podrían calcular tales indicadores, pero no significarán absolutamente nada si los números están equivocados (como dirían nuestros vecinos del norte del país "si entra basura, sale basura" de nuestras computadoras).

Lo que se expone en este capítulo corresponde solamente a los criterios más frecuentemente utilizados en la normatividad mexicana. La lectora, lector interesado en otros criterios pueden consultar la extensa bibliografía que existe en el mundo, por ejemplo usando un buscador de Internet.

2.1 El Valor Actual (Presente) Neto

El primero y más famoso criterio de decisión es el del Valor Actual Neto (VAN), el cual es una especie de resumen, que trata de mostrar, en una sola cifra, si el proyecto es o no rentable. Muy simple, si el resultado es positivo significa que la riqueza o bienestar del promotor del proyecto (inversionista, comunidad o sociedad) aumenta, y si es negativo disminuye. En el primer caso se gana con el proyecto, y en el segundo se pierde ¿cuánto se gana o se pierde? Se gana o se pierde exactamente el monto calculado como el VAN.

Esto desde luego es sumamente simplista, ya que en la vida real los números y las cifras utilizadas en el cálculo y en las proyecciones de costos y beneficios no están garantizados. Todo lo contrario. Lo más probable es que cambien al día siguiente en que hicimos los cálculos, más todavía cuando estamos hablando de un horizonte de evaluación de 10, 20 o 30 años. Lo más correcto sería poner estas cifras en términos de probabilidades, o sea que en vez de concluir que el VAN de un proyecto es de $23,233.25 (el resultado numérico de la fórmula de cálculo), habría que decir que la probabilidad de que el VAN del proyecto se sitúe entre $20,000 y $25,000 pesos es de un 90%, con un margen de error de más o menos el 5%. Más adelante regresaremos al tema del VAN "probabilístico". Por ahora vamos a suponer que las cifras calculadas y los precios que adoptamos se comportarán precisamente como lo hemos estimado.

Para calcular el VAN de un proyecto tenemos que aplicar una fórmula, que "trae al presente" el valor monetario de un flujo de dinero a través del tiempo. No podemos sumar los valores para diferentes años que anotamos en la hoja de cálculo simplemente porque ocurren en momentos diferentes del tiempo, y todos sabemos que el valor hoy, de un peso entregado dentro de uno o más años es menor que un peso. Es más, mientras más alejado esté en el tiempo, menor será su valor actual.

Esto es así porque los seres humanos tenemos una "preferencia" por el presente, en vez del futuro. A esto le llamamos "tasa de preferencia en el tiempo", la cual nos servirá para "descontar" los flujos de dinero que ocurrirán en años (meses, semanas, días) futuros. Por ejemplo, digamos que para nuestro inversionista del puente la tasa de "descuento" es del 10% anual. Esto significa que para él, un peso y diez centavos ($1.10) pagadero dentro de un año, es equivalente a un peso ($1.00) hoy día, o al revés, un peso pagado dentro de un año vale hoy día la cantidad de 90.9090 centavos (un peso dividido entre uno más la tasa de descuento, 1.10).

Regresemos a la última fila (flujo neto) del cuadro 1.4, que resume el comportamiento anual de los ingresos y gastos del proyecto desde el punto de vista del inversionista privado:

Cuadro II.1. Flujo neto de caja desde el punto de vista del inversionista
Cifras expresadas en pesos a precios del año 2015

CONCEPTO	año cero	año uno	año dos	año tres	año cuatro	año cinco	año seis	suma horizontal
Flujo neto	-$ 360,000	$ 131,000	$ 131,000	$ 131,000	$ 131,000	$ 131,000	$ 10,000	$ 305,000

Los flujos de dinero que se expresan para cada año en este cuadro son los resultados netos (ingresos menos gastos) que obtendrá el inversionista en cada año de operación del puente. El signo negativo significa salida neta de recursos (el inversionista gasta el monto expresado en la celda respectiva) y viceversa, una cifra positiva indica una entrada de dinero. Un intento muy elemental (y erróneo) es el de sumar las cifras de cada celda, como si el dinero valiera lo mismo sin importar el año en que se obtuvieran los recursos. Esto se expresa en la última celda (suma horizontal). En efecto, es la suma de los valores expresados en cada año, pero no significa absolutamente nada que sirva para tomar una decisión. Es el resultado de sumar cantidades que en realidad tienen un valor diferente, puesto que el valor de un peso dentro de seis años será menor que el valor del mismo peso dentro de cinco años, y mucho menos que su valor hoy día. Es, por así decirlo, la suma de peras y manzanas, no tiene significado alguno.

Para resolver el problema de que un peso dentro de un año valga menos que un peso hoy en día, se procede de la siguiente forma, "traemos" al presente (año cero) los valores que ocurrirán dentro de los seis años siguientes. Evidentemente al valor que corresponde al año cero no le tenemos que hacer nada porque ya está en ese año. Empecemos con el valor del año uno, de $131,000 pesos. Como solamente es un año, lo descontamos (lo dividimos) entre 1.10, o sea, uno más la tasa de descuento (1.10) elevado a la potencia uno porque estamos haciendo el cálculo para un año. El valor obtenido es de $119,091, el cual representa el valor hoy en día de $131 mil pesos recibidos dentro de un año. Hagamos lo mismo para el monto del año dos. Por efectos de los supuestos, se trata de una cantidad igual, $131 mil pesos. Sin embargo, como se trata de dos años tenemos que hacer la operación dos veces. Esto es, dividir los $131 mil pesos entre 1.10 al cuadrado. Para traer al presente la cantidad en el año tres se tendrá que dividir entre 1.10 al cubo, y así sucesivamente. Esto lo podemos hacer porque estamos suponiendo que la tasa de descuento es la misma para todo el horizonte de evaluación, lo cual no necesariamente es cierto.

Lo anterior se representa en el siguiente cuadro:

Cuadro II.2 Flujo de caja del proyecto del puente, punto de vista del inversionista.
Cifras expresadas en pesos a precios del año 2015.

CONCEPTO	año cero	año uno	año dos	año tres	año cuatro	año cinco	año seis
Flujo neto	-$ 360,000	$ 131,000	$ 131,000	$ 131,000	$ 131,000	$ 131,000	$ 10,000
Descuento de un año	$ 119,091						
Descuento de dos años	$ 108,264						
Descuento de tres años	$ 98,422						
Descuento de cuatro años	$ 89,475						
Descuento de cinco años	$ 81,341						
Descuento de seis años	$ 5,645						
Valor Actual Neto	$ 142,238						

Al haber traído al presente (el año cero) todos los valores que producirá el proyecto anualmente (flujo neto) habremos eliminado el problema del tiempo. Ahora si podemos sumarlos (las cifras de la primera columna del cuadro anterior). El resultado es de $142,238 pesos, que representa el Valor Actual Neto *en el año cero*, de los flujos producidos por este proyecto. Como es positivo, significa el aumento neto en la riqueza del inversionista privado si lleva a cabo la construcción y operación del puente, siempre y cuando los supuestos que se han hecho respecto a cantidades y precios se cumplieran en la realidad. Es importante aclarar que en el título del cuadro anterior estamos aclarando que se trata de cifras en pesos, a precios de una fecha determinada, por ejemplo podrían ser valores expresados en pesos a precios promedio de junio del año cero, o sea que la cifra del Valor Actual Neto está expresada en esa misma magnitud. En este caso estamos haciendo referencia al promedio del año 2015.

Hagamos lo mismo para el flujo de costos y beneficios del proyecto desde el punto de vista de las comunidades (cifras del cuadro 1.3):

Cuadro II.3. Flujo de costos y beneficios del proyecto del puente, punto de vista de la comunidad. Cifras expresadas en pesos a precios promedio de 2015

CONCEPTO	año cero	año uno	año dos	año tres	año cuatro	año cinco	año seis
Flujo neto	-$ 40,000	$ 511,000	$ 511,000	$ 511,000	$ 511,000	$ 511,000	$ -
	$ 464,545						
	$ 422,314						
	$ 383,922						
	$ 349,020						
	$ 317,291						
Valor Actual Neto	$ 1,897,092						

Es importante subrayar que para la comunidad la cifra del VAN representará el valor del cambio en el bienestar, ya que no habrá dinero en efectivo que reciban, sino el valor equivalente en términos de tiempo disponible que ya no usarán para hacer el cruce del río, y que ahora pueden utilizar para otros fines. Por esta razón es que decimos anteriormente que el VAN representa el cambio en la riqueza o en el bienestar del promotor del proyecto. Aunque las cifras se expresan en pesos y centavos, el concepto aplicable será el cambio en el valor del bienestar, por lo cual hablamos de un flujo de costos y beneficios, en tanto que para el inversionista será un flujo de caja, entradas y salidas de dinero en efectivo.

Y finalmente, hacemos lo mismo, ahora desde el punto de vista social (cifras del cuadro 1.5):

Cuadro II.4. Flujo de costos y beneficios del proyecto del puente, punto de vista social. Cifras expresadas en pesos a precios del año 2015

CONCEPTO	año cero	año uno	año dos	año tres	año cuatro	año cinco	año seis
Flujo neto	-$ 400,000	$ 642,000	$ 642,000	$ 642,000	$ 642,000	$ 642,000	$ 10,000
Valor descontado año uno	$ 583,636						
Valor descontado año dos	$ 530,579						
Valor descontado año tres	$ 482,344						
Valor descontado año cuatro	$ 438,495						
Valor descontado año cinco	$ 398,631						
Valor descontado año seis	$ 5,645						
Valor Actual Neto	$ 2,039,330						

Es importante notar que el VAN social, de $2,039,330, es exactamente igual al VAN del inversionista privado ($142,238), más el VAN relevante para las comunidades ($1,897,092). Esto es así porque estamos usando la misma tasa de descuento para ambas partes. Lo relevante es que, sin existir otras distorsiones, se puede sumar el VAN para cada parte integrante de la misma sociedad. En este caso todo mundo gana, y la suma de las ganancias individuales es igual a la ganancia que obtiene la sociedad como un todo. No sería este el caso si existieran precios mentirosos o alguna otra distorsión social no percibida, y no cargada al inversionista privado, o a las comunidades, por ejemplo algún daño ambiental que no tuviera una contrapartida, y por lo tanto podría ser una ganancia social menor que la suma de las partes.

Supongamos el caso de un cultivo agrícola en una zona de México donde no se cobra el valor real del agua. Aquí la rentabilidad privada será superior a la rentabilidad social. Incluso, la rentabilidad social de producir por ejemplo arroz en una zona desértica donde no se cobra el valor real del agua podría ser negativa aunque la rentabilidad privada fuese positiva. Más adelante regresaremos al tema de los precios "sociales".

El cálculo del VAN es actualmente muy sencillo porque el paquete de "Excel" tiene una aplicación que nos sirve precisamente para esto.

Hagamos el ejercicio usando los datos del flujo neto de beneficios de la tabla anterior, ya que ahora no estamos interesados en los flujos de costos y beneficios sino en calcular el VAN del proyecto (es decir, estamos seguros de que las cantidades que hemos reflejado en el cuadro Excel son correctas):

CONCEPTO	año cero	año uno	año dos	año tres	año cuatro	año cinco	año seis
Flujo neto	-$ 400,000	$ 642,000	$ 642,000	$ 642,000	$ 642,000	$ 642,000	$ 10,000

Para calcular el VAN abriremos la sección de fórmulas financieras en el paquete de "Excel" denominada VNA, la cual *"devuelve el valor neto presente de una inversión a partir de una tasa de descuento y una serie de pagos futuros (valores negativos) y entradas (valores positivos)"*[18], que se muestra a continuación. Como ya se mencionó anteriormente, aquí se está suponiendo que la tasa de descuento es fija para todo el horizonte de evaluación. En este caso usaremos la tasa del 10% (primera fila del cuadro siguiente), y en el cuadro de "valor 1" se insertan las cifras del flujo neto a partir del año uno (porque el valor del año cero no es afectado por la tasa de descuento).

Gráfica II.1. Imagen de Excel con la fórmula del VAN

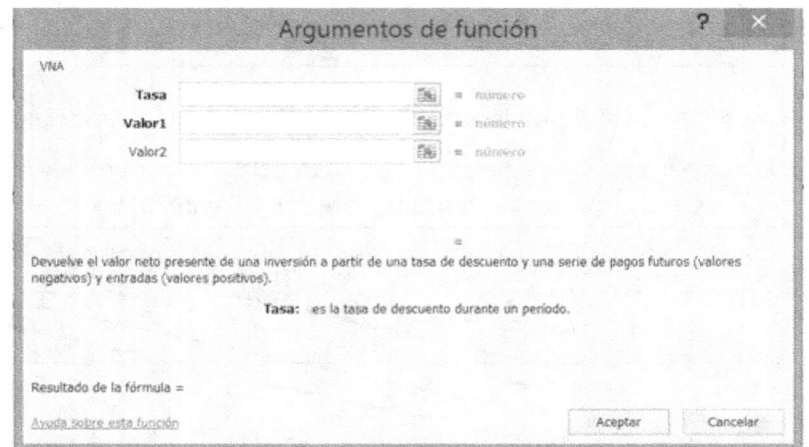

Haciendo esto obtenemos el siguiente resultado: $2,439,329.85, que representa el valor en el año cero, de todos los flujos a partir del año uno (los que son afectados por la tasa de descuento). Es decir, falta sumar el valor del año cero, el cual es de menos 400,000, por lo que el resultado final será el mismo que se calculó anteriormente, $2,039,329.85 el cual fue redondeado por la misma hoja de cálculo en $2,039,330.

2.2 La Tasa Interna de Rendimiento (TIR)

Para todos los proyectos (que tengan costos y beneficios a través del tiempo) podemos calcular el VAN a diferentes tasas de descuento. Normalmente a tasas de descuento más bajas, el VAN será mayor, y viceversa, a tasas de descuento más altas el VAN será menor, hasta que a una cierta tasa el VAN será cero. Tasas más altas que ésta harán que el VAN se vuelva negativo. La tasa de descuento que hace que el VAN sea cero se denomina la Tasa Interna de Rendimiento (en ocasiones llamada también Tasa Interna de "Retorno").

Por ejemplo, en la siguiente gráfica se ilustra el comportamiento del VAN ante diferentes tasas. Si la tasa de descuento fuera del 18%, el VAN calculado sería de 100 pesos. A una tasa del 20% el valor del VAN sería de cero, y a una tasa del 22% el VAN es **menos** 100 pesos. La Tasa Interna de Rendimiento es del 20%. Esto se puede apreciar en la siguiente gráfica:

---

[18] Texto que se lee en la parte media del cuadro antes mencionado.

Gráfica II.2. Valores del VAN calculados a diferentes tasas de descuento y la TIR

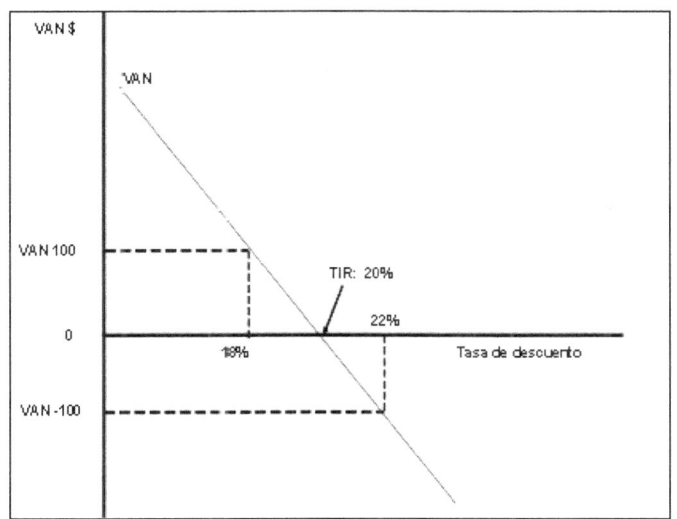

En términos muy simples, la TIR es la tasa de descuento más alta que "aguanta" el proyecto, pues una tasa ligeramente mayor haría que el VAN se vuelva negativo, es decir, el proyecto ya no sería rentable.

La TIR se puede estimar utilizando una interpolación, para lo cual habría que calcular el VAN ante para varias tasas de descuento que arrojen resultados cercanos a cero (positivos y negativos) y después hacer dicha "interpolación". Sin embargo, en la vida real su cálculo es muy simple si se usa la hoja de cálculo del paquete "Excel" que se encuentra en la sección de fórmulas financieras. A continuación se utiliza el mismo cuadro del flujo neto social que usamos en el cálculo del VAN:

CONCEPTO	año cero	año uno	año dos	año tres	año cuatro	año cinco	año seis
Flujo neto	-$ 400,000	$ 642,000	$ 642,000	$ 642,000	$ 642,000	$ 642,000	$ 10,000

Ahora usamos la fórmula denominada "TIR", que también se ubica en la misma sección de fórmulas financieras:

Gráfica II.3. Imagen de Excel con la fórmula de la TIR

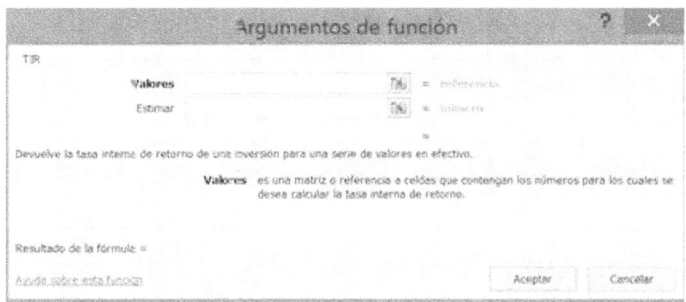

Como se observa, en este caso los únicos datos que debemos poner en el formato son los flujos netos, que seguramente tendrán signos positivos y negativos a lo largo del horizonte de evaluación. El resultado se obtiene directamente al dar "click" en la pestaña de "aceptar". El resultado obtenido es: 159.14%.

En la actualidad la TIR es un indicador utilizado con mucha frecuencia. Incluso la Unidad de Inversiones de México requiere que sea calculada para los proyectos en donde se aplica el análisis costo-beneficio. Sin embargo, la TIR tiene algunas debilidades que la hacen un indicador no confiable, como las siguientes:

La primera es que en ocasiones, debido al comportamiento de costos y beneficios a lo largo del tiempo, un mismo proyecto puede tener varias TIR. Esto se ilustra en la siguiente gráfica:

Gráfica II.4. Valores del VAN calculados a diferentes tasas de descuento, la existencia de varias TIR

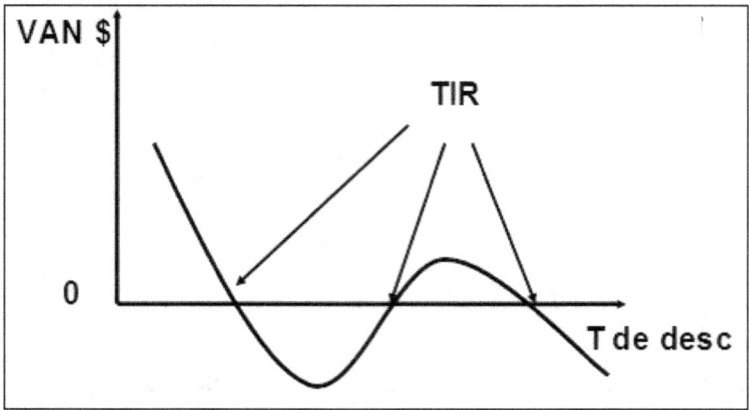

Como se observa, existen tres TIR ¿cuál es la TIR relevante? La realidad es que no se puede decir. Todo dependerá de dónde se ubique la tasa social de descuento.

La segunda debilidad importante de la TIR es que no nos sirve para comparar proyectos que son mutuamente excluyentes. Pongamos por caso los proyectos A y B que muestran el siguiente comportamiento ante diferentes tasas de descuento[19]:

Gráfica II.5. TIR para proyectos alternativos. Cruzamiento de Fisher[20]

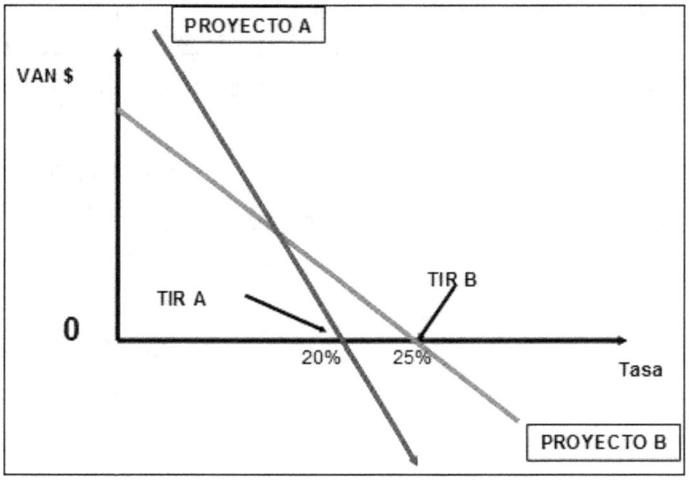

Cómo se observa, la TIR del proyecto A es del 20%, en tanto que la del proyecto B es del 25%, ¿Cuál es el mejor proyecto?

Respuesta: todo depende. A la tasa del 10% el proyecto A es mejor que el B (tiene un VAN mayor), a pesar de que su TIR es más baja, como se observa en la siguiente gráfica:

---

[19] A este fenómeno se le conoce como el "cruzamiento" o "intersección" de Fisher
[20] https://raimon.serrahima.com/interseccion-de-fisher/

Gráfica II.6 Comparación entre proyectos usando la TIR

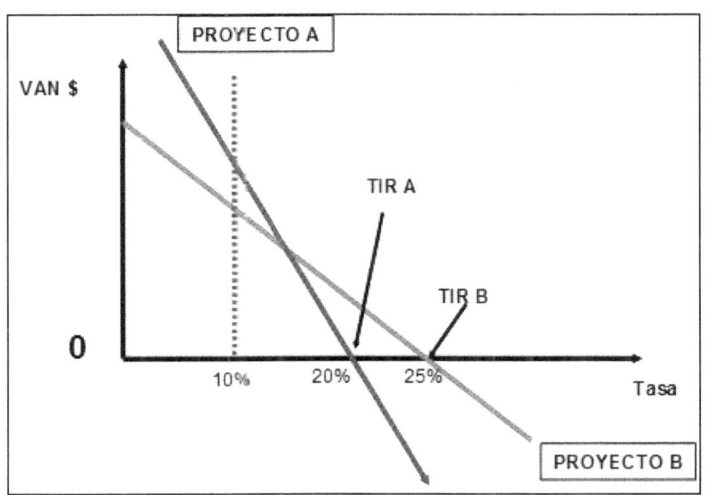

A una tasa del 20% claramente el proyecto B sigue siendo rentable, en tanto que el proyecto A tiene un VAN de cero. Nótese que a partir del punto del "cruzamiento", los dos criterios, el del VAN y el de la TIR coinciden en señalar que el proyecto B es mejor que el proyecto A.

Las debilidades anteriormente citadas hacen que la TIR no se considere confiable para seleccionar un proyecto respecto de otro. Sin embargo, debe reconocerse que se trata de un indicador relativamente sencillo de entender porque se le compara directamente con las tasas de interés del mercado y se "intuye", de manera rápida, si un proyecto podría o no ser rentable. Por ejemplo en la actualidad en México si un proyecto tiene una TIR correctamente calculada de digamos el 30%, podríamos pensar que en principio se trata de un proyecto rentable, pero si el resultado fuese de un 5% probablemente ni siquiera dedicaríamos algún tiempo para tomarlo en cuenta.

Lo anterior significa que cuando estamos analizando UN proyecto, puede ser conveniente, e ilustrativo, calcular su TIR, pero esto no nos sirve, definitivamente, cuando estamos analizando una cartera de proyectos y decidiendo cuáles convendrá llevar a cabo.

Regresemos al ejemplo del puente desde el punto de vista del inversionista:

Cuadro II.5 Proyecto del puente, indicadores de rentabilidad para el inversionista

FLUJO DE CAJA DEL PROYECTO DEL PUENTE (punto de vista del inversionista)							
pesos expresados a precios promedio del año 2015							
CONCEPTO	año cero	año uno	año dos	año tres	año cuatro	año cinco	año seis
Gastos totales	$ 400,000	$ 380,000	$ 380,000	$ 380,000	$ 380,000	$ 380,000	$ -
Inversión	$ 400,000						
Operación		$ 360,000	$ 360,000	$ 360,000	$ 360,000	$ 360,000	0
Mantenimiento		$ 20,000	$ 20,000	$ 20,000	$ 20,000	$ 20,000	0
Ingresos totales	$ 40,000	$ 511,000	$ 511,000	$ 511,000	$ 511,000	$ 511,000	$ 10,000
Subsidio	$ 40,000						
Personas que cruzan		51,100	51,100	51,100	51,100	51,100	0
Pago de cuotas sin IVA		$ 511,000	$ 511,000	$ 511,000	$ 511,000	$ 511,000	0
Valor de derecho							$ 10,000
Flujo neto	-$ 360,000	$ 131,000	$ 131,000	$ 131,000	$ 131,000	$ 131,000	$ 10,000
Valor Actual Neto	$142,238						
Tasa Interna de Rendimiento	24.3%						

Hemos colocado la TIR del proyecto en la parte más baja del cuadro. Como se observa, es de 24.3%, más del doble de la tasa de descuento aplicable, que es del 10%. Supongamos que el inversionista considera muy riesgoso llevar a cabo este proyecto y que por lo tanto considera que la mínima TIR aceptable es del 20%. Si se calcula el VAN usando esta tasa se obtendrá todavía un valor positivo, ya que la TIR es mayor que la tasa requerida por el inversionista. Por supuesto, a una tasa de descuento del 24.31% el VAN será negativo.

2.3 La Tasa Interna de Rendimiento Marginal (TIRM)

La TIR marginal (TIRM) se puede aplicar en los casos en que se está decidiendo qué tamaño de proyecto es el óptimo, o cuando se está decidiendo el momento óptimo de vender algún producto que cambia de precio según el tiempo transcurrido (plantaciones de árboles, whisky, vino, ganado, entre otros). En términos generales la TIR marginal indica cuánto se espera ganar adicionalmente si se aumenta el tamaño de un proyecto, o la edad de un producto como los mencionados anteriormente. Es decir, se trata de decidir la conveniencia del margen, del tamaño adicional.

Tomemos como ejemplo un proyecto que tiene diferentes montos de inversión y por lo tanto diferentes flujos de beneficios netos. Podrían ser diferentes tamaños de un embalse, diferentes tamaños de un proyecto de captación de agua, diferente número de carriles de una carretera, diferentes tamaños de una planta de tratamiento de aguas residuales, diferentes tamaños de un aeropuerto, o de un puerto, diferentes tamaños de un buque que transporta contenedores, diferentes tamaños de un hospital, diferentes tamaños de un hotel, entre otros. Nótese que estamos hablando de diferentes tamaños de la oferta que representará el proyecto, los cuales enfrentarán diferentes tamaños de la demanda por parte de los beneficiarios o de los consumidores del producto en cuestión. Sin embargo, el tamaño de la demanda (actual y futura) podría no ser afectado por el tamaño de la oferta, sino por otros factores como pueden ser los precios, el ingreso, el clima, el tipo de cambio, etc., de modo que los beneficios del proyecto seguirán una trayectoria diferente a la del tamaño del proyecto que estamos evaluando.

Normalmente al principio un aumento en el tamaño del proyecto tendrá un aumento en los beneficios esperados del mismo, y así podría seguir hasta un cierto punto, más allá del cual el aumento en los beneficios será proporcionalmente menor que el aumento en los costos del proyecto, hasta que llegara un punto en el que a pesar de que el tamaño del proyecto fuese mayor, la demanda podría ya no aumentar, con lo que la TIR marginal sería ¡cero!, y a partir de ahí, se volvería negativa.

Vamos a utilizar el ejemplo de la siguiente tabla. Digamos que se trata de la construcción de un aeropuerto en una cierta población, y que el escenario "base" es el tamaño "cero", en el cual existe un monto de inversión de 3,200 millones de pesos.

El equipo de proyecto ha hecho las investigaciones y ha llegado a concluir que los beneficios netos serán los mostrados en la primera fila del cuadro siguiente (para fines de simplicidad supondremos que el proyecto solo tiene cinco años de vida útil y que no hay valor de rescate). El supervisor del proyecto pide que se hagan los cálculos para siete "tamaños" adicionales del mismo proyecto (para fines de simplicidad se supone que cada tamaño adicional cuesta exactamente mil millones de pesos) con el propósito de identificar cuál es el tamaño "óptimo" del aeropuerto.

El equipo de proyecto hace su trabajo y llega a valorar los costos y beneficios netos que se muestran en el siguiente cuadro:

Cuadro II.6 Montos de inversión y Beneficios netos para diferentes tamaños del aeropuerto
Cifras expresadas en millones de pesos a precios del año 2015

TAMAÑO	INVERSIÓN	BENEFICIOS NETOS				
		1	2	3	4	5
0	-$ 3,200	$ 750	$ 800	$ 1,000	$ 900	$ 750
1	-$ 4,200	$ 1,100	$ 1,150	$ 1,350	$ 1,250	$ 1,100
2	-$ 5,200	$ 1,480	$ 1,530	$ 1,730	$ 1,630	$ 1,480
3	-$ 6,200	$ 1,820	$ 1,870	$ 2,070	$ 1,970	$ 1,820
4	-$ 7,200	$ 2,120	$ 2,170	$ 2,370	$ 2,270	$ 2,120
5	-$ 8,200	$ 2,390	$ 2,440	$ 2,640	$ 2,540	$ 2,390
6	-$ 9,200	$ 2,640	$ 2,690	$ 2,890	$ 2,790	$ 2,640
7	-$ 10,200	$ 2,860	$ 2,910	$ 3,110	$ 3,010	$ 2,860
8	-$ 11,200	$ 3,040	$ 3,090	$ 3,290	$ 3,190	$ 3,040

¿Cuál es el tamaño óptimo de este proyecto?

Para contestar esta pregunta debemos calcular el VAN de cada tamaño de proyecto, hasta encontrar el máximo VAN. Para fines de ilustración también calcularemos la TIR de cada tamaño de proyecto. Las respuestas están en el siguiente cuadro:

Cuadro II.7. Cálculo del VAN y TIR de diferentes tamaños de inversión en un aeropuerto
Cifras expresadas en millones de pesos a precios del año 2015

TAMAÑO	INVERSIÓN	BENEFICIOS NETOS					VAN	TIR	Comprobación
		1	2	3	4	5			
0	-$ 3,200	$ 750	$ 800	$ 1,000	$ 900	$ 750	-$25	9.7%	-$0
1	-$ 4,200	$ 1,100	$ 1,150	$ 1,350	$ 1,250	$ 1,100	$301	12.7%	$0
2	-$ 5,200	$ 1,480	$ 1,530	$ 1,730	$ 1,630	$ 1,480	$742	15.4%	$0
3	-$ 6,200	$ 1,820	$ 1,870	$ 2,070	$ 1,970	$ 1,820	$1,031	16.3%	$0
4	-$ 7,200	$ 2,120	$ 2,170	$ 2,370	$ 2,270	$ 2,120	$1,168	16.1%	$0
5	-$ 8,200	$ 2,390	$ 2,440	$ 2,640	$ 2,540	$ 2,390	$1,192	15.5%	$0
6	-$ 9,200	$ 2,640	$ 2,690	$ 2,890	$ 2,790	$ 2,640	$1,139	14.7%	$0
7	-$ 10,200	$ 2,860	$ 2,910	$ 3,110	$ 3,010	$ 2,860	$973	13.7%	$0
8	-$ 11,200	$ 3,040	$ 3,090	$ 3,290	$ 3,190	$ 3,040	$656	12.3%	$0

La respuesta a la pregunta del supervisor se ha marcado con una línea sombreada en el cuadro anterior, la cual identifica el tamaño del proyecto que maximiza el VAN. Como se observa, se trata del tamaño 5, para el cual se ha obtenido un VAN de $1,192 millones de pesos. Asimismo, se ha obtenido el valor de la TIR para dicho tamaño (15.5%). La última columna del cuadro anterior muestra una "comprobación" del cálculo de la TIR que siempre se aconseja. Usar la TIR como tasa de descuento y calcular el VAN. El resultado debe ser cero en todos los casos, tal como se muestra en el cuadro anterior.

Una manera alternativa de responder a la misma pregunta sobre el tamaño óptimo consiste en calcular la TIR "marginal" de los diferentes tamaños de proyecto. Para hacer esto calculamos los valores "incrementales" tanto de la inversión como de los beneficios netos anuales. Esto se muestra en el cuadro siguiente:

Cuadro II.8. Valores incrementales de costos y beneficios de un aeropuerto. VAN y TIR marginal
Cifras expresadas en millones de pesos a precios del año 2015

TAMAÑO	INVERSIÓN	BENEFICIOS NETOS					VAN	TIR MARGINAL	Comprobación
		1	2	3	4	5			
1	-$ 1,000	$ 350	$ 350	$ 350	$ 350	$ 350	$326.8	22.1%	$0
2	-$ 1,000	$ 380	$ 380	$ 380	$ 380	$ 380	$440.5	26.1%	$0
3	-$ 1,000	$ 340	$ 340	$ 340	$ 340	$ 340	$288.9	20.8%	$0
4	-$ 1,000	$ 300	$ 300	$ 300	$ 300	$ 300	$137.2	15.2%	$0
5	-$ 1,000	$ 270	$ 270	$ 270	$ 270	$ 270	$23.5	10.9%	$0
6	-$ 1,000	$ 250	$ 250	$ 250	$ 250	$ 250	-$52.3	7.9%	$0
7	-$ 1,000	$ 220	$ 220	$ 220	$ 220	$ 220	-$166.0	3.3%	-$0
8	-$ 1,000	$ 180	$ 180	$ 180	$ 180	$ 180	-$317.7	-3.4%	$0

Como se puede observar, el tamaño de proyecto cinco tiene un VAN marginal de $23.51 millones de pesos y una TIR marginal del 10.9%. Si se hiciera el siguiente tamaño el VAN sería negativo y la TIR marginal sería inferior a la tasa de descuento, lo cual obviamente no sería aconsejable.

Lo anterior significa que conviene aumentar el tamaño del proyecto hasta un punto en que la TIR marginal se aproxime a la tasa de descuento pero que no sea menor. Es decir, si el rendimiento marginal de la inversión es superior a la tasa de descuento podemos pensar en un tamaño de proyecto adicional, pero nos detendremos cuando esto no sea así.

2.4 El Costo Anual Equivalente

El costo anual equivalente (CAE) es un indicador que nos indica qué alternativa de proyecto, con diferente vida útil y *con los mismos beneficios*, es más "costo eficiente" (es más conveniente de realizar). Si las alternativas tuvieran la misma vida útil se aplica directamente el Valor Actual de los Costos (VAC) de cada una y se decide por la más barata (el menor VAC). El cálculo del CAE en estas condiciones es inútil, nos dará la misma información que el VAC. La fórmula para calcular el CAE es la siguiente:

$$CAE = VPC \left[\frac{r(1+r)^n}{(1+r)^n - 1} \right]$$

Donde "r" es la tasa de descuento y "n" es el número de años de vida útil de la alternativa analizada. En la actualidad su cálculo es sumamente sencillo mediante la fórmula del "pago" en el paquete de "Excel", la cual nos pide tres valores: la tasa de descuento aplicable (que debe corresponder al periodo relevante, es decir, se usa una tasa de descuento anual si se trata de años, pero se usaría una tasa mensual si se trata de periodos mensuales), el número de periodos (pueden ser años, meses, días, trimestres, etc.) y el Valor Actual que ya debe haberse calculado.

Esta es la misma fórmula que se aplica para calcular el pago (mensual, anual, etc.) de una hipoteca (Valor Actual) donde la tasa de interés (mensual, anual, etc.) es constante. A continuación se muestra el cuadro de diálogo de la fórmula del "pago" que se encuentra en el paquete "Excel":

Gráfica I.7. Imagen de Excel con la fórmula del PAGO

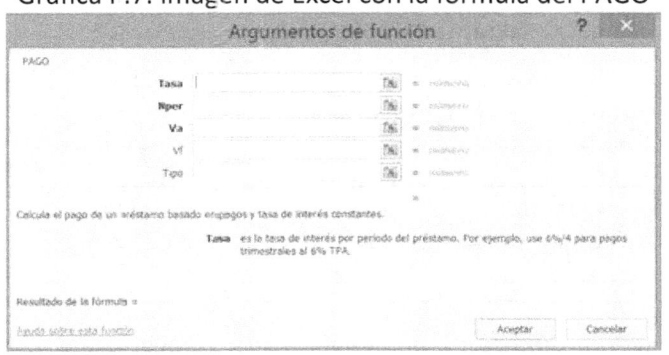

El dato que buscamos es el "equivalente" el pago de un principal, a una cierta tasa de descuento, en un número determinado de periodos. Por ejemplo cuando compramos una casa, tenemos el precio de adquisición, el número de meses en el que pagaremos la hipoteca y la tasa de interés aplicable. El resultado será el pago mensual que tendremos que hacer (el cual es fijo durante el tiempo requerido) para pagar la casa.

El CAE se utiliza cuando se tienen varias alternativas de obtener el mismo beneficio, sobre el cual no hay duda de su rentabilidad. Es decir, se utiliza para decidir la forma de realizar el proyecto, no para decidir si conviene o no llevarlo a cabo. Por ejemplo, supongamos que las autoridades han decidido hacer una campaña de vacunación contra la influenza. No se trata de calcular los costos y beneficios de esta iniciativa, porque suponemos que se trata de un programa socialmente rentable. La pregunta entonces es ¿de qué manera se lleva a cabo la campaña?, una alternativa consiste en que las propias autoridades sanitarias la realicen, otra sería asignarla mediante concurso a una entidad externa. Obviamente, supondremos que los beneficios de ambas alternativas son los mismos, ya que si fueran diferentes tendríamos que realizar un análisis de costo-beneficio.

Otro ejemplo es cuando una cierta entidad tiene que decidir entre varias opciones de arrendamiento de inmuebles, suponiendo, para simplificar, que tales opciones rinden exactamente los mismos beneficios (lo cual en la práctica es sumamente difícil de encontrar). Aquí también la respuesta nos la ofrece el criterio del CAE.

Pensemos en un caso personal muy simple. Usted está decidiendo comprar un antivirus para su computadora. La pregunta no es si le conviene o no adquirir el antivirus (esto se da por aceptado) sino cuál alternativa disponible, que cumpla los requisitos técnicos, es la más barata. Si las opciones no rinden los mismos beneficios Usted tendrá que comparar los beneficios con los costos de cada una.

El análisis costo-eficiencia también se utiliza para seleccionar los componentes de un proyecto cuya rentabilidad ya se demostró con la evaluación de costo-beneficio. Por ejemplo, digamos que ya se ha demostrado la rentabilidad de construir una carretera o una autopista. El promotor del proyecto deberá decidir de qué material conviene hacer el pavimento, como puede ser el concreto asfáltico versus el concreto hidráulico, bajo el supuesto de que ambas opciones rinden exactamente el mismo beneficio.

En nuestro ejemplo del puente, el inversionista podría tener que elegir entre dos opciones de material como madera o fierro, debido a que ambos pueden usarse para la construcción física, o incluso una combinación de ambos. La pregunta es ¿cuál material conviene más? Para responder la pregunta utilizaremos el criterio del CAE. En primer lugar tendremos que tener un estudio de factibilidad técnica que incluya los costos relevantes y que demuestre que es posible hacerlo, como se muestra en el siguiente cuadro:

Cuadro II.9. Costos de inversión, mantenimiento y rescate del puente de fierro o de madera
Cifras expresadas en pesos a precios del año 2018

Concepto	Madera	Fierro
Costo de Inversión e instalación	$ 250,000	$ 350,000
Costos de mantenimiento anual	$ 20,000	$ 2,000
Valor de reventa	$ 10,000	$ 80,000

Como se observa, la madera representa un menor costo de inversión e instalación, y también un menor valor de rescate, en tanto que el fierro es más costoso en su adquisición e instalación, pero tiene un costo de mantenimiento sustancialmente inferior al de la madera, y un mayor valor de rescate.

En primer lugar hay que calcular el Valor Actual de los Costos (VAC) de las dos alternativas. Esto lo hacemos de la misma forma que se calculó el VAN de los flujos de caja del proyecto. Como se observa en los cuadros siguientes, el VAC calculado indica que, con estos datos, será más conveniente hacer el puente de fierro. En este ejemplo se está suponiendo que la vida útil es la misma, debido a que el puente solo servirá por cinco años, pero en la vida real sería posible que el puente tuviera una duración mayor, y que el puente de madera tuviera una vida útil menor que la del fierro.

Cuadro II.10. Cálculo del VAC de opciones de madera y fierro para construir el puente
Cifras expresadas en pesos a precios del año 2015

CONCEPTO: OPCIÓN MADERA	año cero	año uno	año dos	año tres	año cuatro	año cinco	año seis
Costos de inversión	-$ 250,000						
Costos de mantenimiento		-$ 20,000	-$ 20,000	-$ 20,000	-$ 20,000	-$ 20,000	$ -
Valor de rescate							$ 10,000
Costos totales	-$ 250,000	-$ 20,000	-$ 20,000	-$ 20,000	-$ 20,000	-$ 20,000	$ 10,000
Valor actual de los costos	-$320,171						

CONCEPTO: OPCIÓN FIERRO	año cero	año uno	año dos	año tres	año cuatro	año cinco	año seis
Costos de inversión	-$ 350,000						
Costos de mantenimiento		-$ 2,000	-$ 2,000	-$ 2,000	-$ 2,000	-$ 2,000	$ -
Valor de rescate							$ 80,000
Costos totales	-$ 350,000	-$ 2,000	-$ 2,000	-$ 2,000	-$ 2,000	-$ 2,000	$ 80,000
Valor actual de los costos	-$312,424						

Como ya se dijo, cuando las alternativas tienen el mismo tiempo de vida útil se selecciona directamente la de menor Valor Actual de los Costos, como en este caso. Sin embargo muchas veces las alternativas tienen diferente vida útil, en cuyo caso hay que hacer el cálculo del CAE.

Supongamos que el puente será utilizado muchos años en el futuro porque finalmente el gobierno ha decidido no hacer la presa. La pregunta es la misma ¿de qué material conviene hacer el puente?

Veamos los nuevos datos que arroja el estudio técnico:

Cuadro II.11 Costos de las opciones de fierro y madera para construir el puente
Cifras expresadas en pesos a precios del año 2015

Concepto	Madera	Fierro
Costo de Inversión e instalación	$ 150,000	$ 350,000
Costos de mantenimiento anual	$ 20,000	$ 2,000
Vida útil garantizada en años	10	20

Ahora se nos indica que el costo de inversión e instalación es sustancialmente diferente entre la madera y el fierro, en tanto que la vida útil (garantizada en años) es del doble para el fierro comparada con la de la madera.

Nuevamente, empezamos calculando el Valor Actual de los Costos de cada alternativa, como se muestra a continuación.

Cuadro II.12. Cálculo del VAC con el uso de madera proyecto del puente
Cifras expresadas en miles de pesos a precios del año 2015

CONCEPTO	AÑOS										
	0	1	2	3	4	5	6	7	8	9	10
Costos de utilizar madera											
Inversión incluyendo instalación	150										
Mantenimiento		20	20	20	20	20	20	20	20	20	20
Total de costos	150	20	20	20	20	20	20	20	20	20	20
Valor actual de los costos	$272.89										

En el cuadro anterior hemos colocado los costos relevantes para el uso de la madera por diez años. Calculamos el Valor Actual de los Costos y resulta un monto de $272.89 mil pesos.

Ahora hagamos lo mismo para la opción de material de fierro, recordando que la vida útil es de 20 años (solo se muestran los datos para ciertos años del horizonte de evaluación).

Cuadro II.13. VAC de utilizar fierro para la construcción del puente
Cifras expresadas en miles de pesos a precios del año 2015

CONCEPTO	AÑOS								
	0	1	2	3	9	10	18	19	20
Costos de utilizar fierro									
Inversión incluyendo instalación	350								
Mantenimiento		2	2	2	2	2	2	2	2
Total de costos	350	2	2	2	2	2	2	2	2
Valor actual de los costos	$367.03								

El resultado es un Valor Actual de Costos de $367.03 miles, lo cual evidentemente es superior al VAC de utilizar madera ($272.89 miles). Sin embargo, en el caso de la madera el tiempo de vida útil es de 10 años, en tanto que para el fierro es de 20 años.

Como se trata de vidas útiles diferentes, el resultado del VAC no se puede aplicar directamente. Es preciso calcular el Costo Anual Equivalente (CAE), lo que nos indica cuánto es el valor por año que equivale a la inversión realizada para diferentes periodos de tiempo. Para calcular el CAE de cada opción se utiliza la fórmula de "pago" a la que ya hemos hecho referencia. Los resultados son los siguientes (valores expresados en miles de pesos a precios del año 2015):

CAE de utilizar madera	-$44.41
CAE de utilizar fierro	-$43.11

Estas cifras indican que es ligeramente más barato utilizar fierro que madera. Sin embargo, la respuesta sería diferente si acaso la tasa de descuento aplicable fuese mayor. Se pide repetir el ejercicio usando una tasa de descuento del 15%.

A continuación analizaremos otro ejercicio, basado en un hecho real, sobre alternativas de proyecto:

Hace algunos años se buscaron soluciones pare combatir el problema de la defecación al aire libre en el estado de Yucatán. Después de múltiples análisis se definieron las dos posibles mejores alternativas, una fosa séptica tradicional y un sistema de última creación, con los datos siguientes:

Concepto	Alternativa 1: fosa tradicional	Alternativa 2: Sistema séptico de última creación
Costo total de inversión	$3,500.00	$8,500.00
Costos anuales de mantenimiento	$500.00	0
Vida útil	10 años	20 años
Valor de rescate	0	0
Problemas de imagen o de malos olores	ninguno	ninguno

¿Cuál es la opción más barata?

Debemos notar que en este caso ambas opciones resuelven el problema identificado, es decir, constituyen formas eficaces de evacuación de excretas y aguas de uso domiciliario. Para resolver este ejercicio utilice una tasa de descuento del 10%. Calcule el VAC y el CAE de ambas opciones.

2.5 El valor actual neto probabilístico: simulaciones Montecarlo

Siempre existe un cierto grado de incertidumbre en las variables con las que se calculan los indicadores de rentabilidad de los proyectos, lo que implica un importante reto para el evaluador, ya que un VAN positivo calculado ex - ante, puede convertirse en negativo ex – post debido a una mala estimación de las variables o por un cambio adverso en el entorno del proyecto.

Existen varios procedimientos para incorporar el tema del riesgo en la evaluación de proyectos y así minimizar la probabilidad de su fracaso. Una opción es el manejo de escenarios de variaciones en algunas variables que afectan al proyecto, aunque es un simple cálculo aritmético tiene la ventaja de que su cálculo es sencillo, donde su utilidad depende de la experiencia y criterio del equipo evaluador, ya que éste debe determinar en cuánto podrían cambiar las variables clave en los distintos escenarios.

Otro procedimiento para incorporar el riesgo o incertidumbre en la evaluación de proyectos es la realización de simulaciones Montecarlo para obtener un VAN probabilístico a diferencia del VAN determinístico[21] que se obtiene con los cálculos que hemos visto hasta ahora. Este procedimiento se puede aplicar a una o más variables clave del proyecto.

---

[21] Determinístico: cuando no se incorpora la probabilidad de ocurrencia al cálculo de los indicadores de rentabilidad.

¿Qué es la simulación Montecarlo?

Es un método utilizado para simular el comportamiento de variables probabilísticas, es decir, variables en las que existe cierto grado de incertidumbre en su comportamiento futuro. La simulación Montecarlo genera, a partir de números aleatorios, una serie o lista de valores para la variable involucrada, lo que produce una distribución de frecuencias. A partir de esta distribución se puede calcular un valor esperado y un intervalo de confianza, incorporar los resultados al indicador de rentabilidad del proyecto, generalmente el VAN, con lo que se obtiene un indicador de rentabilidad probabilístico. De esta manera se puede hablar de valores esperados, intervalos de confianza y probabilidades de que los indicadores de rentabilidad sean positivos o estén arriba de cierto valor.

¿Cómo se realiza una simulación Montecarlo?

Lo más aconsejable es realizarla en Excel o cualquier otra hoja de cálculo, ya que se debe generar una buena cantidad de números aleatorios. Mientras más simulaciones, el resultado estará mejor aproximado. El número adecuado de simulaciones dependerá de cada caso, pero algo medianamente "razonable" es de 500 o 1,000.

Cuando se decide realizar una simulación Montecarlo en la evaluación de un proyecto, se debe definir cuál es o cuáles son las variables críticas, es decir, las que mayor grado de incertidumbre tienen y que son más relevantes en el éxito o fracaso del proyecto. La idea es incorporar a existencia de incertidumbre en el cálculo, no complicarlo demasiado, así es que el número de variables a simular debe ser establecido con buen criterio por parte del equipo evaluador.

El primer paso en la simulación es analizar el comportamiento de la variable en cuestión, para ello se debe contar con una serie o un listado de los valores que haya tenido la variable ya sea a lo largo de un periodo de tiempo, o varias observaciones en un mismo momento o una mezcla de ambos. No es necesario que se cuente con una serie de valores muy larga, con que se logre realizar el análisis estadístico básico que se describe a continuación es suficiente.

El análisis estadístico de la variable debe mostrar al menos lo siguiente: su valor promedio, valores máximo y mínimo y su desviación estándar. Además, se debe calcular la distribución de frecuencias[22] de la variable, ya que dicha distribución es la que nos permitirá ligar el número aleatorio que se genere con un valor determinado de la variable en cuestión.

Una vez que se tiene la distribución de frecuencias, se generan números aleatorios (uno por cada simulación). Después, cada uno de los números aleatorios generados se liga con un valor de la variable por medio de su probabilidad acumulada[23]. Así, el número aleatorio (que está entre 0 y 1), hace las veces de una probabilidad determinada, dicha probabilidad se busca en la distribución de frecuencias de la variable y se asigna a la simulación el valor que corresponda.

Con el total de simulaciones se tendrá una distribución de frecuencias de la variable que permitirá hacer conclusiones estadísticas, ya que ahora se puede contar con "suficientes" observaciones.

El resultado de la simulación Montecarlo incluye una descripción estadística de las simulaciones: promedio, máximo, mínimo y desviación estándar. A partir de esta información se pueden calcular intervalos de confianza para la variable en cuestión y utilizar los resultados en el cálculo de los indicadores de rentabilidad.

---

[22] Ver nota sobre distribución de frecuencias al final de este documento.
[23] Ver nota sobre probabilidad acumulada al final de este documento.

También se pueden utilizar directamente los resultados de las simulaciones para calcular los indicadores de rentabilidad. De este modo, se tendrán tantos indicadores de rentabilidad como número de simulaciones se hayan realizado, y el análisis estadístico se hará sobre el indicador de rentabilidad, no sobre el valor de la variable.

Ejemplo: "Evaluación Social del Proyecto de Mejoramiento del Sistema de Conducción Secundario del Distrito de Riego 001 Pabellón, Aguascalientes[24]"

En este caso el propósito del proyecto era aumentar la eficiencia de los canales secundarios del sistema de conducción de agua del 61.3% al 75%, reduciendo las pérdidas del sistema, brindando la posibilidad de contar con agua adicional y con ello aumentar la superficie regada por gravedad. Los beneficios del proyecto serían: i) aumento en la producción agrícola en la superficie cultivada sólo en temporal en la situación actual, ii) ahorro en costos por extracción de agua de pozos, iii) ahorro de costos de operación y mantenimiento de los canales y iv) recuperación del terreno en los tramos de entubamiento del canal.

Dos de los beneficios señalados anteriormente dependen de la disponibilidad de agua (el participante puede deducir cuáles son). De este modo, la cantidad adicional de agua era una variable crucial, sobre la que se decidió hacer un análisis estadístico y también una simulación Montecarlo para obtener el VAN probabilístico. Los datos originales de disponibilidad de agua proporcionados por el Distrito de Riego se muestran a continuación (se quitaron algunos renglones para facilitar la visualización del cuadro):

Cuadro II.14. Disponibilidad de agua en miles de metros cúbicos

	Extracciones del tunel	Almacenamiento presa Calles	Entradas presa Calles
1933	38,500	83,000	103,150
1934	38,100	116,000	241,322
1944	35,010	47,190	17,369
1947	5,215	34,400	40,405
1967	42,461	65,350	99,106
1970	29,570	119,000	168,265
1971	41,761	222,613	56,118
1972	65,761	178,304	153,549
1983	0	53,480	35,474
1986	45,605	96,765	53,370
1995	47,947	140,400	28,267
1997	62,488	60,720	50,083
1998	36,600	0	

Fuente: CNA, Aguascalientes

Con los datos anteriores se construyó la distribución de frecuencias de las recuperaciones de agua, obteniendo los siguientes resultados:

---

[24] Evaluación realizada por el CEPEP-BANOBRAS en 1998. Disponible en la página de Internet del CEPEP.

Cuadro II.15. Distribución de frecuencias de las recuperaciones de agua

Intervalo	Límite inferior	Límite Superior	Frecuencia	Marca de clase	F acumulada superior
1	614	846	1	730	2%
2	846	1,078	1	962	3%
3	1,078	1,310	2	1,194	7%
4	1,310	1,542	1	1,426	8%
5	1,542	1,774	0	1,658	8%
6	1,774	2,006	3	1,890	13%
7	2,006	2,237	1	2,121	15%
8	2,237	2,469	0	2,353	15%
9	2,469	2,701	1	2,585	17%
10	2,701	2,933	4	2,817	23%
11	2,933	3,165	3	3,049	28%
12	3,165	3,397	2	3,281	32%
13	3,397	3,629	1	3,513	33%
14	3,629	3,860	2	3,744	37%
15	3,860	4,092	2	3,976	40%
16	4,092	4,324	3	4,208	45%
17	4,324	4,556	3	4,440	50%
18	4,556	4,788	2	4,672	53%
19	4,788	5,020	3	4,904	58%
20	5,020	5,252	1	5,136	60%
21	5,252	5,483	2	5,368	63%
22	5,483	5,715	1	5,599	65%
23	5,715	5,947	1	5,831	67%
24	5,947	6,179	4	6,063	73%
25	6,179	6,411	0	6,295	73%
26	6,411	6,643	0	6,527	73%
27	6,643	6,875	1	6,759	75%
28	6,875	7,106	1	6,991	77%
29	7,106	7,338	0	7,222	77%
30	7,338	7,570	3	7,454	82%
31	7,570	7,802	2	7,686	85%
32	7,802	8,034	1	7,918	87%
33	8,034	8,266	1	8,150	88%
34	8,266	8,498	3	8,382	93%
35	8,498	8,730	0	8,614	93%
36	8,730	8,961	3	8,845	98%
37	8,961	9,193	0	9,077	98%
38	9,193	9,425	0	9,309	98%
39	9,425	9,657	0	9,541	98%
40	9,657	9,889	1	9,773	100%

Fuente: Elaboración procia con base en información proporcionada por CNA

Gráficamente la distribución de frecuencias anterior se observa a continuación:

Gráfica II.8. Distribución de frecuencias de las recuperaciones de agua

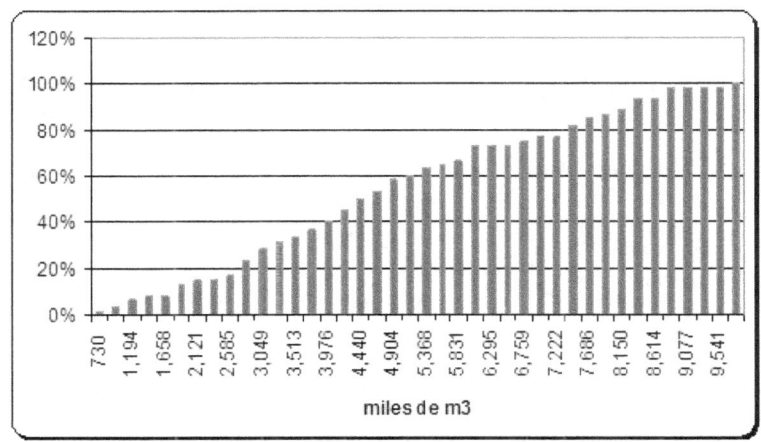

Se generaron 100 números aleatorios[25] para simular igual número de recuperaciones de agua, con lo que se obtuvo el mismo número de simulaciones del valor actual de los beneficios sociales (VABS). En este caso no se calculó directamente el VAN probabilístico porque en el momento de la evaluación había dudas respecto al monto de inversión. Un análisis probabilístico de los beneficios sociales permitió en este caso estimar el monto de inversión máximo que se debería erogar para que el proyecto fuera rentable. La distribución de frecuencias asociada es la siguiente:

Cuadro II.16. Distribución de frecuencias del VABS (miles de pesos a precios de junio de 1998)

Intervalo	Límite inferior	Límite superior	Frecuencia	Marca de clase	Frecuencia acumulada superior	Frecuencia acumulada inferior
1	8,237	8,464	1	8,351	0.03%	99.97%
2	8,464	8,692	1	8,578	0.07%	99.93%
3	8,692	8,920	7	8,806	0.30%	99.70%
4	8,920	9,148	5	9,034	0.47%	99.53%
5	9,148	9,375	10	9,262	0.80%	99.20%
6	9,375	9,603	10	9,489	1.13%	98.87%
7	9,603	9,831	16	9,717	1.67%	98.33%
8	9,831	10,059	33	9,945	2.77%	97.23%
9	10,059	10,286	36	10,173	3.97%	96.03%
10	10,286	10,514	56	10,400	5.83%	94.17%
11	10,514	10,742	58	10,628	7.77%	92.23%
12	10,742	10,970	99	10,856	11.07%	88.93%
13	10,970	11,197	114	11,084	14.87%	85.13%
14	11,197	11,425	113	11,311	18.63%	81.37%
15	11,425	11,653	151	11,539	23.67%	76.33%
16	11,653	11,881	147	11,767	28.57%	71.43%
17	11,881	12,108	176	11,995	34.43%	65.57%
18	12,108	12,336	185	12,222	40.60%	59.40%
19	12,336	12,564	209	12,450	47.57%	52.43%
20	12,564	12,792	162	12,678	52.97%	47.03%
21	12,792	13,019	198	12,906	59.57%	40.43%
22	13,019	13,247	179	13,133	65.53%	34.47%
23	13,247	13,475	156	13,361	70.73%	29.27%
24	13,475	13,703	163	13,589	76.17%	23.83%
25	13,703	13,930	145	13,817	81.00%	19.00%
26	13,930	14,158	120	14,044	85.00%	15.00%
27	14,158	14,386	92	14,272	88.07%	11.93%
28	14,386	14,614	92	14,500	91.13%	8.87%
29	14,614	14,841	59	14,728	93.10%	6.90%
30	14,841	15,069	59	14,955	95.07%	4.93%
31	15,069	15,297	52	15,183	96.80%	3.20%
32	15,297	15,525	28	15,411	97.73%	2.27%
33	15,525	15,752	20	15,639	98.40%	1.60%
34	15,752	15,980	14	15,866	98.87%	1.13%
35	15,980	16,208	12	16,094	99.27%	0.73%
36	16,208	16,436	10	16,322	99.60%	0.40%
37	16,436	16,663	2	16,550	99.67%	0.33%
38	16,663	16,891	2	16,777	99.73%	0.27%
39	16,891	17,119	7	17,005	99.97%	0.03%
40	17,119	17,347	1	17,233	100.00%	0.00%

Fuente: Elaboración propia con base en simulación hidrológica

El valor máximo de VABS resultado de las simulaciones fue de 17 millones de pesos, mientras que el valor mínimo fue de 8 millones. El monto de inversión propuesto originalmente era de 15.7 millones y observando el monto de los beneficios máximos pudiera parecer que el proyecto era rentable. Sin embargo se debe recordar que las cifras de beneficios son resultado de simulaciones y asociado a ellas existe cierta probabilidad. Así, un análisis probabilístico mostró que existía casi un 99% de probabilidad de que el proyecto no fuera rentable con el monto de inversión propuesto.

---

[25] En la fecha de elaboración de la evaluación del proyecto la capacidad de procesamiento de datos fue limitada, por lo que únicamente se hicieron 100 simulaciones pero aun así se obtuvo un VAN probabilístico aceptable.

Otra conclusión interesante fue que con un 90% de confianza el VAN sería positivo si el monto de la inversión no fuera mayor a 10.9 millones de pesos.

Gráficamente se muestra la distribución de frecuencias del VABS y se puede observar que la probabilidad de que el VABS fuera menor a 15.7 millones de pesos (monto de inversión propuesto) resultó de 98.87%.

Gráfica II.9. Distribución de frecuencias del VABS

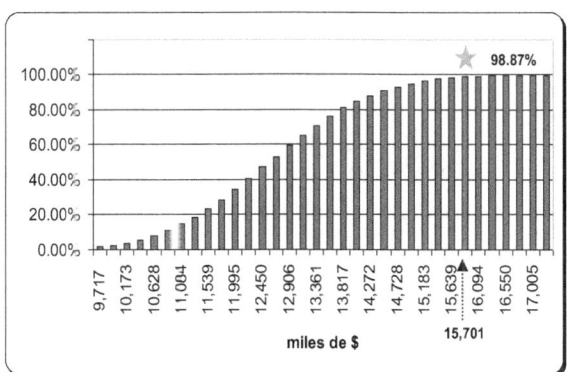

Notas:

La **distribución de frecuencias** de una variable muestra en orden ascendente los distintos valores que la variable ha tomado y la frecuencia con que los ha tomado. De esta información se puede calcular la probabilidad de que la variable tome alguno de los valores del listado, dividiendo las veces que la variable ha tomado dicho valor entre el número total de observaciones. Por último, la distribución de frecuencias debe incluir la **probabilidad acumulada**, es decir, la probabilidad de que la variable sea de un valor determinado o menor, esto se hace sumando las probabilidades mencionadas anteriormente.

El **intervalo de confianza** es un intervalo de valores que, con una determinada probabilidad, tomará cierta variable. La probabilidad de que la variable esté dentro del intervalo, o lo que se denomina confianza, la asigna el analista. Para construir un intervalo de confianza se debe conocer de qué tipo es la distribución de probabilidad de la variable, en el caso de las simulaciones Montecarlo que se describe aquí, un número "elevado" de simulaciones nos permite utilizar a distribución normal.

Las hojas de cálculo más comunes incluyen fórmulas estadísticas para calcular intervalos de confianza.

2.6 El análisis de sensibilidad de los indicadores de evaluación de un proyecto

Los indicadores generalmente utilizados para aceptar o rechazar un determinado proyecto (VAN, TIR, TRI, CAE) son el resultado de cálculos numéricos relativamente simples; sin embargo, son a base principal para aceptar o rechazar su realización. Por ello es que lo más importante no es el valor mismo de dichos indicadores, sino la fortaleza y calidad de la información utilizada y la validez relativa de los supuestos en los que se basaron los cálculos de costos y beneficios del proyecto. De nada sirve un valor "alto" de tales indicadores si su cálculo estuvo basado en cifras irreales o en supuestos sin fundamento. O lo que es peor, si no se consideraron alternativas al proyecto que pudieran haber sido más rentables.

Los indicadores calculados (valores o tasas) son resultado de una serie de supuestos que se hicieron a lo largo de la identificación, cuantificación y valoración de los costos y beneficios atribuibles a la realización de un proyecto, y de la información que el equipo de trabajo haya podido conseguir. Por lo tanto, surgen las preguntas lógicas como ¿qué tanto cambian tales indicadores ante cambios en alguno o algunos de los supuestos utilizados? ¿Cuáles son los supuestos más importantes que podrían cambiar los indicadores de rentabilidad del proyecto, y en cuánto lo harían? ¿Qué pasaría con la rentabilidad de un proyecto si el tiempo de ejecución de las obras se extiende más allá de lo planeado, o si el costo de inversión aumenta más de un determinado porcentaje? Todas estas preguntas se tratan de responder con el análisis de la sensibilidad de un proyecto, y pretenden ayudar a planear y establecer medidas preventivas para atenuar su posible impacto.

El análisis de sensibilidad de un proyecto consiste en calcular el impacto de cambios en los supuestos sobre los valores del VAN, la TIR, la TRI o en su caso el CAE, comparándolos con los datos de la situación "base".

Para hacer estos cálculos se toma el cálculo del VAN presentado, como la "situación base", a partir de la cual se estima el efecto de variaciones en:

a. El monto de inversión estimado,
b. Los beneficios estimados, uno a uno y quizá una combinación de los más críticos,
c. Los costos de operación y mantenimiento estimados,
d. El tiempo de terminación de las obras y de inicio de operación del proyecto,
e. Los precios de los principales insumos, o del bien producido,
f. El tipo de cambio del peso mexicano utilizado en los cálculos, entre otros.
g. Cualquier otra variación en alguna variable que el equipo evaluador considere crítica.

Igualmente, los lineamientos publicados por la Unidad de Inversiones de la SHCP de México piden conocer el monto de cualquiera de estas variaciones ante las cuales el VAN del proyecto (situación base) se volvería cero.

2.7 Evaluación del proyecto con existencia de impuestos

Volvamos al ejemplo del proyecto de construcción del puente para ahondar un poco el análisis del proyecto, suponiendo ahora la existencia de un impuesto sobre la renta que gravará a las utilidades del empresario inversionista. Este impuesto no significará una distorsión en el mercado de cruces por el nuevo puente, ya que el precio pagado por los consumidores será igual al precio recibido por el empresario.

Para ilustrar el efecto del impuesto tenemos que partir de la situación "base", o sea la que existía previamente, ilustrada por el siguiente cuadro (parte baja del cuadro II.5)

Flujo neto	-$ 360,000	$ 131,000	$ 131,000	$ 131,000	$ 131,000	$ 131,000	$ 10,000
VAN	$142,238						
TIR	24.3%						

Ahora haremos los siguientes cambios:

1. Existe un impuesto sobre la Renta (30%) que grava las utilidades del dueño del puente.
2. Para fines fiscales el dueño del puente puede deducir la depreciación del monto invertido, a una tasa del 25% anual,
3. Los impuestos se generan y se pagan en el mismo año calendario. Esto es ligeramente distinto en la realidad, pero simplificaremos los cálculos porque el objetivo de este ejercicio es incorporar al gobierno en el análisis.

4. El inversionista utiliza su propio dinero para financiar el proyecto, por lo tanto no se "generan" intereses sobre el préstamo y no se pueden deducir para efectos fiscales.

El primer paso será calcular el pago anual de impuestos. Para ello elaboramos un estado de pérdidas y ganancias, con el propósito de calcular el flujo de caja del proyecto, el cual en este caso es el siguiente:

Cuadro II.17. Cálculo del impuesto sobre la renta del proyecto del puente
Cifras expresadas en pesos a precios del año 2015

Concepto	año uno	año dos	año tres	año cuatro	año cinco
Ingresos totales	511,000	511,000	511,000	511,000	511,000
Pago de peajes	511,000	511,000	511,000	511,000	511,000
Menos:					
Costos operativos	360,000	360,000	360,000	360,000	360,000
Costos de mantenimiento	20,000	20,000	20,000	20,000	20,000
Depreciación (lineal)	100,000	100,000	100,000	100,000	
Utilidad bruta	31,000	31,000	31,000	31,000	131,000
Impuesto sobre la renta	9,300	9,300	9,300	9,300	39,300

A continuación podemos hacer el flujo de caja del proyecto del puente, una vez que se han calculado los impuestos anuales que habrá que pagarle al gobierno.

En el siguiente cuadro se presentan las cifras resultantes. El proyecto continúa siendo rentable para el inversionista, ya que el VAN que se ha calculado indica una cifra positiva y la TIR sigue siendo mayor que la tasa de descuento.

Cuadro II.18. Rentabilidad del puente con impuesto sobre la renta a las utilidades del inversionista
Cifras expresadas en pesos a precios del año 2015

FLUJO DE CAJA DEL PROYECTO DEL PUENTE (punto de vista del inversionista)							
pesos expresados a precios promedio del año 2015							
CONCEPTO	año cero	año uno	año dos	año tres	año cuatro	año cinco	año seis
Salidas de dinero	$ 400,000	$ 389,300	$ 389,300	$ 389,300	$ 389,300	$ 419,300	$ -
Inversión	$ 400,000						
Gastos de operación		$ 360,000	$ 360,000	$ 360,000	$ 360,000	$ 360,000	0
Gastos de mantenimiento		$ 20,000	$ 20,000	$ 20,000	$ 20,000	$ 20,000	0
Pago de impuestos		$ 9,300	$ 9,300	$ 9,300	$ 9,300	$ 39,300	
Entradas de dinero	$ 40,000	$ 511,000	$ 511,000	$ 511,000	$ 511,000	$ 511,000	$ 10,000
Subsidio	$ 40,000						
pago de peajes		511,000	511,000	511,000	511,000	511,000	0
Valor de desecho							$ 10,000
Flujo neto	-$ 360,000	$ 121,700	$ 121,700	$ 121,700	$ 121,700	$ 91,700	$ 10,000
VAN	$88,356						
TIR	19.39%						

Como se observa, la existencia del impuesto sobre la renta evidentemente baja la rentabilidad del proyecto para el inversionista, pero continúa mostrando un VAN positivo y una TIR superior a la tasa de descuento.

En este caso hay un tercer actor en nuestro ejemplo, que es el gobierno ¿cómo luce el proyecto desde el punto de vista social ahora? Tendremos que sumar tres componentes: las comunidades, el inversionista privado y el gobierno. Teóricamente la intervención del gobierno no deberá haber cambiado la evaluación social ¿no es así? Vamos a comprobarlo calculando los flujos de caja del gobierno y del inversionista, más el flujo de costos y beneficios de las comunidades:

Flujo de costos y beneficios de las comunidades: No cambia respecto a lo mostrado en el cuadro II.3, o sea:

Cuadro II.19. Flujo de costos y beneficios de las comunidades beneficiarias del proyecto del puente

FLUJO DE CAJA DEL PROYECTO DEL PUENTE (punto de vista de las comunidades)							
pesos expresados a precios promedio del año 2015							
CONCEPTO	año cero	año uno	año dos	año tres	año cuatro	año cinco	año seis
Gastos totales	$ 40,000	$ 511,000	$ 511,000	$ 511,000	$ 511,000	$ 511,000	$ -
Subsidio al inversionista del puente	$ 40,000						
Peajes pagados		$ 511,000	$ 511,000	$ 511,000	$ 511,000	$ 511,000	0
Beneficios totales	$ -	$ 1,022,000	$ 1,022,000	$ 1,022,000	$ 1,022,000	$ 1,022,000	$ -
Personas que cruzan		51,100	51,100	51,100	51,100	51,100	
Tiempo ahorrado en obras		51,100	51,100	51,100	51,100	51,100	0
Valor del tiempo ahorrado		$ 1,022,000	$ 1,022,000	$ 1,022,000	$ 1,022,000	$ 1,022,000	0
Flujo neto	-$ 40,000	$ 511,000	$ 511,000	$ 511,000	$ 511,000	$ 511,000	$ -
Valor Actual Neto	$1,897,092						

Por su parte, el flujo de caja del gobierno, por este solo caso, es el siguiente:

Cuadro II.20. Flujo de caja del gobierno al aplicar el impuesto al inversionista del puente
Cifras expresadas en pesos a precios del año 2015

Flujo de caja del gobierno						
Concepto	año cero	año uno	año dos	año tres	año cuatro	año cinco
Impuestos recibidos		9,300	9,300	9,300	9,300	39,300
Valor Actual Neto	$53,881.96					

Ahora vamos a sumar los tres flujos de ingreso-gasto (costo-beneficio), obtenemos lo siguiente:

Cuadro II.21. Flujo de ingreso-gasto para cada entidad y total para la sociedad
Cifras expresadas en pesos a precios del año 2015

Concepto	año cero	año uno	año dos	año tres	año cuatro	año cinco	año seis
Comunidades	-$ 40,000	$ 511,000	$ 511,000	$ 511,000	$ 511,000	$ 511,000	$ -
Inversionista	-$ 360,000	$ 121,700	$ 121,700	$ 121,700	$ 121,700	$ 91,700	$ 10,000
Gobierno	$ -	$ 9,300	$ 9,300	$ 9,300	$ 9,300	$ 39,300	$ -
Suma global	-$ 400,000	$ 642,000	$ 642,000	$ 642,000	$ 642,000	$ 642,000	$ 10,000
Valor Actual Neto	$ 2,039,330						

Como se puede comprobar, este último cuadro es exactamente igual al que se obtuvo en la sección 1.12 (cuadro I.5) con la excepción de que en ese cuadro no se había calculado el VAN. La lectora, lector, puede comprobar que las cifras de flujos netos de este cuadro II.21 son iguales a los del cuadro I.5, por lo tanto, los indicadores de rentabilidad social tampoco habrán cambiado.

En este ejemplo hemos hecho varios supuestos que hacen que la suma de los flujos de caja (o costos-beneficios) desde cada punto de vista, sea igual al punto de vista social. Como se observa, todo lo que ha ocurrido ha sido una transferencia de recursos, del inversionista privado hacia el gobierno, pero el global no cambió.

Si existieran daños ambientales que pudiesen ser valorados, y cobrados al empresario, tampoco cambiaría la conclusión. El VAN social es igual a la suma de los VAN de cada actor involucrado. Esto no sería cierto si el gobierno es incapaz de cobrar el daño ambiental a quien lo ocasiona, entonces el VAN social sería inferior a la suma de los VAN individuales. Tampoco sería cierto si hubiese al menos un precio "mentiroso". También este resultado sería diferente si se aplicara un impuesto al cobro de peaje que pagan los habitantes de estas comunidades, ya que como veremos más adelante, la existencia de impuestos distorsionantes ocasiona un desperdicio social neto.

2.8 Puntos adicionales sobre la evaluación social

Como seguramente ya se habrán imaginado las lectoras, lectores, estamos haciendo el supuesto de que el aumento en el bienestar de la población de los dos municipios involucrados significa un aumento equivalente en el bienestar nacional, y que, debido a que no hay otros efectos del proyecto, y no hay precios mentirosos, los costos de ejecutar el proyecto para el inversionista privado, son equivalentes a los costos para el país.

Si bien a este análisis le hemos denominado "social", la verdad es que deja mucho que desear debido a que se trata realmente de una aproximación muy simple. En la gran mayoría de los casos reales no hay tiempo para realizar una investigación profunda sobre los probables cambios sociales que la realización de un proyecto puede traer como consecuencia. Por ejemplo, no se hace una estimación, aunque sea simple, de quiénes serán los beneficiarios de los proyectos, ni de su clasificación, digamos por niveles de ingresos. En muchos casos se estiman las cifras del aumento en la provisión de bienes o servicios públicos, pero no sabemos las características de la población beneficiada. Esto significa que valoramos igual un aumento en el bienestar de un peso para un pobre que para un rico.

Supongamos un proyecto que aumentará la cantidad de agua disponible para una cierta ciudad. Digamos que en el escenario A, toda el agua adicional irá a los domicilios que en la situación actual reciben agua cada tercer día. En el escenario B, toda el agua adicional irá a los domicilios que en la situación actual reciben agua cada semana. Intuitivamente podríamos decir que el proyecto del escenario B es más rentable que en el escenario A ¿Cierto? ¿Incierto? ¿Usted qué opina?

De hecho, en la realidad, los proyectos se aprueban y se llevan a cabo, muchas veces con financiamiento público (generalmente deuda pública) lo que propicia que las personas que realmente pagan por la realización del proyecto no tienen nada que ver con los que resultan beneficiarios. En el caso del puente, por ejemplo, supongamos que el documento del proyecto se lleva a las autoridades nacionales, quienes resultan entusiasmadas por la rentabilidad del mismo, y lo incluyen en su "cartera" para después incorporarlo en el presupuesto nacional de egresos. Esto llevaría a la realización del puente, con cargo a la población total del país, presente y futura, pero, si no se instrumenta un mecanismo de cobro, los beneficiarios del proyecto resultan afortunados porque el beneficio les llega por cuenta del país.

Más aún, si pudiéramos desglosar qué proyectos no se incluyen en el presupuesto nacional probablemente encontraríamos que se dejaron de hacer otros proyectos muchas veces más urgentes para el desarrollo nacional, pero que por las circunstancias, se prefirió construir otro como el puente. Esta es una de las grandes deficiencias del actual "sistema" nacional de inversiones puesto que la capacidad para identificar, formular y evaluar proyectos de infraestructura física es mucho mayor en algunas dependencias públicas como la Secretaría de Comunicaciones y Transportes, que en otras como la de seguridad pública, salud, de educación o del medio ambiente, por citar solamente algunas.

2.9 Ejercicio sobre agua potable rural (continuación)

Regresemos al ejercicio 1.14 de capítulo 1. Usted debe tener ahora un cuadro donde se muestran los valores estimados de costos y beneficios del proyecto de dotación del servicio de agua potable con llaves públicas. Ahora se pide calcular los indicadores de rentabilidad VAN y TIR.

Una vez que sabemos que el proyecto es rentable queda la decisión de asignar el contrato. Supongamos que se hace una licitación con las siguientes características:

Las ofertas económicas deberán ser totales, es decir, que deben incluir la utilidad de las empresas y todos los cargos por realizar las obras. Para simplificar el escenario supondremos que el tamaño de la población no cambia, y tampoco cambian los niveles de consumo deseados, es decir, en todo el tiempo la demanda por agua en la situación con proyecto será la misma. Veamos las ofertas económicas:

Empresa A: Establece un monto de inversión por 12 millones de pesos, gastos de operación y mantenimiento por 125 mil pesos para el primer año, los cuales crecerán a un promedio anual de 2% durante el resto del periodo de evaluación. No hay valor de rescate.

Empresa B: Establece un monto de inversión por 14 millones de pesos, gastos de operación y mantenimiento por 120 mil pesos anuales fijos durante los años restantes de la vida útil del proyecto. Tampoco hay valor de rescate.

Para simplificar las cosas supondremos que no existen impuestos ni cargos por el agua extraída del subsuelo. No hay precios mentirosos y tampoco existen efectos indirectos ni externalidades. Ambas opciones tampoco tienen efectos "intangibles". La única diferencia entre las ofertas es en cuanto a su costo.

Usando los datos anteriores la tarea consiste en seleccionar a la empresa ganadora, calcular la tarifa por litro de agua que pagaría los costos totales del sistema (inversión, operación y mantenimiento) y determinar si la población estaría dispuesta a emprender el proyecto sin ayuda del gobierno. Alternativamente, supongamos que no es posible establecer una tarifa por litro de agua consumida, y que en su lugar se establece una cuota fija por familia, ¿de cuánto tendría que ser la cuota fija mensual para pagar el costo total del sistema? Aquí hacemos el supuesto, adicional de que todo mundo paga la cuota establecida (algo difícil en el mundo real).

¿Qué empresa es la ganadora del contrato?

Elabore los flujos de costos y beneficios desde el punto de vista de la comunidad, una vez que se ha asignado el contrato a la empresa que ofrece el servicio al precio más bajo. Calcule los indicadores de rentabilidad del proyecto desde el punto de vista de la comunidad.

Elabore el flujo de caja para la empresa ganadora y calcule sus indicadores de rentabilidad VAN y TIR. Al igual que en el resto de este libro, por favor remita su respuesta al correo ya señalado y posteriormente recibirá la respuesta que se considera correcta.

2.10 Ejercicio de electricidad rural (continuación)

Regresemos al ejercicio 1.15 del capítulo anterior. Ahora se pide que Usted haga el cálculo de los indicadores de rentabilidad del proyecto desde el punto de vista de la comunidad.

A continuación elabore el flujo de costos y beneficios desde el punto de vista de la Comisión Nacional de electricidad y calcule los indicadores de rentabilidad del proyecto VAN y TIR.

2.11 Ejercicio del servicio de transporte (continuación)

Regresemos al ejercicio 1.16 del capítulo 1. Usted tiene su hoja Excel donde ha calculado los costos y beneficios del proyecto de emprender un servicio de transporte de pasajeros.

Ahora se pide hacer el cálculo de los indicadores de rentabilidad del proyecto suponiendo que al término del año 10 Usted cierra el negocio y que el valor de desecho del equipo usado es de $50 mil pesos.

Alternativamente, plantee ahora un proyecto que dure para siempre, haciendo una nueva adquisición de otro autobús cuando se termine la vida del autobús "viejo" y lo venda en un valor de desecho de $50 mil pesos. Esto mismo ocurrirá al término de la vida útil del segundo camión que operará, y así sucesivamente.

Suponga que se encuentra en el año seis de operación de su empresa ¿cuál sería el valor mínimo que Usted pediría si alguien le quiere comprar el negocio?

2.12 Ejercicio sobre tasa interna de rendimiento marginal

Usted es asesor de La Secretaría de la Defensa de México, la cual ha sembrado cien hectáreas de bosque en una zona del país. El valor del bosque, a fines del año 2016 (año cero) es de $100 millones de pesos. Durante los siguientes años el valor del bosque se encuentra en el siguiente cuadro. La tasa de descuento es del 5%.

Cuadro II.22. Ejercicio sobre el valor de un bosque
Cifras expresadas en millones de pesos a precios del año cero

	AÑOS												
	0	1	2	3	4	5	6	7	8	9	10	11	12
Valor del bosque al final del año	100.0	105.0	112.3	123.5	139.6	153.8	167.7	181.1	192.0	201.6	210.6	218.8	225.3

a) Calcule la tasa interna de rendimiento marginal,
b) Determine el año en que conviene vender la madera del bosque.

Envíe su respuesta al correo del IMCI. A vuelta de correo recibirá la respuesta que se considera correcta.

2.13 Ejercicios sobre costo anual equivalente

a. Postes de madera o de concreto

Usted es asesor financiero del organismo de agua del municipio de Toluca. El organismo ha comprado una extensión de tierra que tiene un perímetro de 3,000 metros lineales para construir almacenes. Es preciso delimitarla con una cerca, lo cual se puede hacer con postes de concreto o con postes de madera.

Los postes de concreto duran para siempre, mientras que los de madera duran 5 años en promedio. La mano de obra para instalar cada poste es de $40 de madera y de $80 para los de concreto. Los postes de madera se pueden conseguir a $10 cada uno mientras que los de concreto cuestan $110 cada uno. En cada caso se requieren 1,000 postes. La tasa de descuento es del 10% anual. Determine cuál es la alternativa más conveniente.

¿Cambiaría su respuesta si la duración (vida útil) de los postes de concreto fuera sólo de 10 años? Justifique su respuesta. ¿Cambiaría su respuesta si la tasa de descuento fuera del 20% anual?

b. Pintura de buena o de mala calidad

Usted está a cargo del mantenimiento del edificio de la dependencia donde trabaja. Durante varios años no se ha pintado el interior del edificio y las autoridades le piden preparar un proyecto para ponerlo a consideración de la oficina nacional de inversiones. Se trata de una superficie de 10,000 metros cuadrados que hay que pintar. Existen al menos dos opciones de pintura, la de "buena" calidad que tiene una garantía de 10 años cuesta $500 pesos un bote de 20 litros, y la de calidad "normal" que tiene una garantía de solamente 3 años cuesta $175 un bote del mismo contenido. Para pintar toda la superficie se necesitan 100 botes de la pintura de mayor calidad, o 125 botes de la de menor calidad. La apariencia interna del edificio sería la misma independientemente de la calidad de la pintura que use. El costo total de la mano de obra es de $30,000 sin importar qué pintura se utiliza. Suponga que la tasa de descuento aplicable es del 10%. ¿Qué proyecto propondría Usted? ¿Qué pasaría si la tasa de descuento aplicable fuera del 15%?

2.14 Ejercicio de reemplazo de equipo

La Dirección de Agua Potable, Alcantarillado y Saneamiento de su municipio está estudiando la conveniencia de reemplazar un equipo de cuatro bombas que operan con diésel de un sistema de bombeo de aguas residuales (AR).

La opción es comprar dos bombas eléctricas que tienen la misma capacidad que las cuatro bombas de diésel existentes. De acuerdo con el experto técnico de la Dirección, se conservarán 2 bombas de diésel para tener un respaldo en caso de alguna falla técnica o por falta de energía eléctrica.

En el cuadro siguiente se muestra la inversión y los costos de operación de las 2 bombas eléctricas nuevas, los costos de operación y mantenimiento de las 4 bombas (diésel) que operan actualmente y de las 2 bombas diésel que se conservarán en el sistema.

Cuadro II.23. Ejercicio sobre reemplazo de equipo.
Cifras expresadas en pesos a precios del año 2018

Concepto	2 bombas eléctricas nuevas	4 bombas diésel	2 bombas diésel que seguirán utilizándose en el sistema
Inversión (año cero)	$100,000		
Costos de operación y mantenimiento anual	$10,000	$30,000	$1,500

Suponga que las dos bombas que se conservarán en el sistema se usarán a lo más una vez por año y sus costos de operación y mantenimiento equivalen a 1,500 pesos anuales. Además, las bombas eléctricas nuevas no tienen valor de recuperación y las bombas diésel no tienen ningún uso alterno y tampoco tienen valor de recuperación. La vida útil del equipo nuevo es de 10 años. Para este ejercicio suponga que las bombas diésel también durarían ese tiempo, y que los equipos se cambian en un solo día. La tasa de descuento es del 10%. ¿Es conveniente reemplazar el equipo?

2.15 Ejercicio de sensibilidad del proyecto del puente

A los efectos de ejercitar el análisis de sensibilidad, se pide calcular los valores del VAN y de la TIR en el proyecto del puente que resultan cuando se hacen los siguientes cambios, tomados cada uno de manera separada:

    a. No hay subsidio al inversionista,
    b. El valor del tiempo en realidad es de $15 pesos por hora,
    c. El costo de inversión del puente aumenta en 25%,
    d. El presidente municipal decreta que el peaje no puede ser más que $5 pesos por cruce (suponga que esto no afecta el número de personas que desean hacer el cruce por medio del puente),
    e. En realidad se requiere contratar a tres operadores y no dos,
    f. El salario mensual de los operadores aumenta en 10% anual,
    g. Los costos de mantenimiento son del doble de lo planeado,
    h. No hay valor de desecho.

Haga sus cálculos en una hoja Excel y envíe sus respuestas al correo del IMCI. A vuelta de correo recibirá las respuestas que se consideran correctas.

Capítulo III: El análisis costo-beneficio de un proyecto de inversión

Como ya hemos mencionado, todos los proyectos de inversión tienen tres grandes etapas. La primera es la de preinversión, donde se hacen todos los estudios que permitan prever el probable resultado que tendrá el nuevo emprendimiento en términos de riqueza o bienestar para el promotor del proyecto, o para los habitantes nacionales del país como un conjunto. Esta etapa nace cuando surge la idea de realizar un proyecto de inversión como respuesta a un problema sentido por la población, y termina cuando se ha preparado y presentado un documento de análisis del proyecto debidamente elaborado, con todos los elementos que lo soportan y le dan credibilidad. Por lo tanto, constituye el cimiento de todo lo que vendrá después, por lo que su correcta elaboración, basada en el profesionalismo del equipo de proyecto tendrá un papel determinante. Si aquí existen fallas, lo más probable es que el proyecto fracase. Si no hay una correcta definición de las causas del problema que se quiere tratar de resolver, entonces seguramente el remedio no será efectivo, igual que en el caso de una enfermedad que nos afecte.

La segunda etapa inicia cuando el proyecto es aprobado y se le da financiamiento, por lo que se lleva a cabo la licitación de las obras y empieza la construcción de los componentes físicos que requerirá. Esto dura hasta que todas las obras están construidas, se instalan los equipos y se cuenta con todos los componentes que servirán para llevar a cabo las operaciones que le dieron razón de existir.

La etapa final inicia cuando se inauguran las instalaciones y se empiezan a brindar los bienes y/o servicios que se establecieron en su diseño. Esta es la etapa en que se generarán los beneficios planeados. Todo lo anterior significó costos netos, ahora esperamos que existan beneficios netos en los años de vida útil del proyecto. Es difícil decir cuando termina esta etapa, salvo en casos muy especiales como la explotación de un pozo petrolero o de una mina, que tienen una vida finita. En otros casos los proyectos pueden durar muchos años, siempre y cuando se realicen los gastos de mantenimiento preventivo y correctivo requeridos. Piense la lectora, lector, en proyectos realizados hace muchos años, como algunos puentes y obras que hicieron los romanos antiguos a lo largo de Europa, o algunos puentes que se construyeron en México en la etapa colonial. Desde luego, también tenemos casos en los que, por falta de mantenimiento, se han tenido que derribar edificios que de otra forma habrían continuado funcionando por mucho tiempo más.

El análisis costo-beneficio deberá existir en cada una de esas tres etapas. La primera, denominada evaluación "ex ante", servirá para decidir si el proyecto se lleva a cabo; la segunda, denominada evaluación "concurrente" se hace mientras las obras están en construcción, y servirá para ratificar o rectificar el alcance, diseño e incluso la rentabilidad de seguir adelante con el proyecto, y la última, denominada evaluación "ex post" servirá para comprobar que efectivamente se estén teniendo los resultados planeados, o en su caso tomar acciones correctivas, así como para retroalimentar el sistema de inversiones. Este capítulo (y todo el presente trabajo) se enfoca en la evaluación ex ante de un proyecto de inversión

3.1 Costos y beneficios sociales de un proyecto de inversión

En términos generales se puede decir que los costos sociales corresponden al valor monetario del uso de recursos nacionales, de todo tipo, que requiere la realización de un proyecto de inversión. Este uso de recursos puede ocurrir en términos de gastos en dinero (cuando el proyecto involucra la compra de bienes y/o servicios en el mercado) o en especie (la utilización de bienes para los que a veces no existe un mercado específico, como puede ser el uso de recursos naturales, o el tiempo de las personas). Lo que es importante comprender es que si un recurso se utiliza para llevar a cabo un proyecto, ya no estará disponible para usarlo en otro lado, es decir, siempre (o casi siempre) existirá un costo de oportunidad.

En el ejemplo del puente que hemos venido usando, los materiales para su construcción se dedican precisamente a ello, es decir, ya no se podrán usar para otro propósito. Igualmente, cuando el puente ya no se necesita, los materiales de desecho quedan "libres" para otros usos que les pueda dar la sociedad y por lo tanto representan un beneficio. Hay que resaltar lo anterior porque deberíamos estar seguros de que los recursos disponibles se utilizarán precisamente en la mejor alternativa que tenemos (costo de oportunidad) ya que de otro modo estaríamos perdiendo dinero.

Pongamos por caso el uso de un terreno para construir un proyecto carretero ¿Qué sacrifica la sociedad cuando acepta usar un cierto terreno para construir tal obra? Obviamente sacrifica el mejor uso alternativo que hubiera tenido dicho terreno (costo de oportunidad). Si se trata de un buen terreno, por ubicación o por capacidad productiva, entonces será obvio que habrá un sacrificio mayor que si se tratara de un terreno desértico o alejado de los centros de población.

Normalmente esta diferencia en calidad del terreno estará reflejada en los precios, en cuyo caso se tratará de precios "verdaderos", pero es posible que esto no sea así, que aún un terreno desértico donde no exista ningún vestigio de vida útil, tenga un precio de mercado debido a que se trata de áreas de propiedad privada (o colectiva), por lo que habría necesidad de pagar un precio. Sin embargo, podría ser cierto que no exista ningún sacrificio social por destinar el terreno para la construcción de la carretera y que por lo tanto su verdadero costo de "oportunidad" pudiera ser de ¡cero! por lo que el precio pagado a los propietarios legales de la tierra será una simple transferencia. Para fines de la evaluación privada del proyecto el precio pagado a quien posee el terreno sí que afecta el flujo de caja del proyecto, y por lo tanto debe legítimamente incorporarse en los costos monetarios del mismo.

Ejemplo: Supongamos que se va a construir una carretera en una zona productiva que es propiedad de los ejidatarios locales. Sin embargo, debido a la conveniencia de la construcción, los ejidatarios deciden "donar" el terreno. Evidentemente en los costos de inversión de la carretera, desde el punto de vista del gobierno no existirá pago por "derechos de vía" ¿será lo mismo cuando se hace la evaluación "social" del proyecto carretero? ¿Usted qué piensa?

Lo mismo puede ocurrir con la mano de obra o con cualquier otro insumo que se requiera para la construcción de un proyecto. Es posible que el precio de mercado no corresponda a su precio "social", debido a la existencia de distorsiones como impuestos o subsidios, o al efecto del poder de un monopolio (o de un monopsonio[26]) en los mercados relevantes. Peor aún, es posible que no exista un mercado que refleje razonablemente el efecto de la oferta y la demanda.

---

[26] En el caso de un monopolio hay un solo vendedor en el mercado. En un monopsonio hay un solo comprador. Los dos representan distorsiones que generalmente conducen a una pérdida social neta.

Uno de estos mercados imperfectos se refiere a los derechos de extracción de agua en nuestro país. Aunque en la práctica existen ciertos lugares donde se compran y venden derechos de agua, esto no es un mercado competitivo que podría ayudar a resolver el gravísimo problema de sobre explotación de los acuíferos en algunas zonas. La acción gubernamental para fortalecer mercados competitivos de derechos de extracción de agua es una de las tareas más importantes que tenemos como país en la actualidad, pero para ello se requiere inevitablemente que exista la capacidad para medir y controlar de manera efectiva la cantidad de agua que se extrae del subsuelo, algo que parece que nuestras instituciones no pueden lograr. Mientras tanto el precio social del agua seguirá siendo uno de los temas pendientes que no hemos solucionado y tenemos que buscar medios alternos para estimarlo.

Por su parte, los beneficios sociales de un proyecto corresponden al mayor bienestar social, o riqueza que los bienes o servicios generados por el proyecto traen como consecuencia. En ocasiones estos bienes o servicios generados se pueden valorar en dinero (cuando existen mercados específicos y los precios son "verdaderos") o en especie (producción de bienes para los que no existe un precio de mercado) como en nuestro ejemplo del puente, y se tiene que usar un símil, como lo es el valor social del tiempo.

Es muy importante destacar aquí que en ocasiones el bienestar y la riqueza pueden ir en sentido contrario. Por ejemplo[27] pongamos el caso de una joven que trabaja en una empresa recibiendo muy buen salario, pero que al momento de casarse y empezar una familia decide renunciar a su empleo para tener el tiempo que considera apropiado para atender y cuidar a sus pequeños hijos. Evidentemente el ingreso monetario de la familia disminuye, y así también disminuye la medición monetaria del ingreso nacional. Pero sin embargo ¡el bienestar aumenta! Es más, podemos presumir que el aumento en el bienestar es superior a la reducción en el ingreso monetario ¿Por qué? Por la sencilla razón de que esto responde a la decisión de la persona involucrada, que considera de mayor valor el tiempo dedicado a su familia, que la reducción en su ingreso monetario ¡el bienestar aumenta más que la reducción en la riqueza medida en pesos y centavos! Por lo tanto se trata de un proyecto privada y socialmente rentable. Si bien es muy difícil medir el "bienestar", o el "malestar", habrá ocasiones donde podremos afirmar, como en este ejemplo, que el aumento en el bienestar es superior a la reducción en el ingreso (algo que si sabemos).

3.2 ¿Qué significa y para qué sirve la evaluación ex ante de un proyecto?

La evaluación ex ante significa llevar a cabo la identificación, cuantificación y valoración de los costos y beneficios que la realización de un nuevo proyecto de inversión traerá como consecuencia, con el propósito de emitir un juicio, lo más informado posible sobre la conveniencia de llevarlo a cabo. Como ya hemos mencionado, siempre existirá un cierto grado de incertidumbre puesto que estamos tratando con hechos que ocurrirán en el futuro. Minimizar el grado de error será una tarea importante del equipo de proyecto, aunque por supuesto, en el caso de proyectos de inversión pública existirán las instrucciones o las órdenes del jefe de la oficina (o de las autoridades superiores) y esto puede complicar significativamente el trabajo técnico a realizar, por ejemplo cuando existe prisa por realizar las obras y no se tiene el suficiente tiempo para subsanar cualquier posible falla técnica, operativa o de mercado, en su diseño. Aparentemente fueron las prisas lo que complicó el diseño y la construcción de la Línea 12 del Metro de la Ciudad de México, entre otros casos de proyectos no exitosos.

Los tres elementos fundamentales para hacer la evaluación ex ante de un proyecto son, primero, identificar qué costos y qué beneficios son genuinamente atribuibles a su realización; segundo,

---

[27] Texto adaptado de uno de los ejemplos que citaba el Profesor A. C. Harberger en su clase.

calcular las cantidades que serán utilizadas o producidas por el mismo, expresadas en las unidades aplicables: litros de combustible, kilogramos o toneladas de materiales, horas o días de uso de mano de obra (clasificada en al menos tres categorías: calificada, semi calificada y calificada), cantidades de moneda extranjera (si se requiere), metros cuadrados de pavimento, kilómetros de distancia, entre otros. Finalmente, la tercera parte consiste en convertir todas estas unidades a valores en moneda nacional (o extranjera), para lo cual tendremos que contar con los precios correspondientes a cada uno de ellos.

Como ya hemos mencionado en el caso de la evaluación privada de proyectos se utilizarán los precios de mercado aplicables a los ingresos y gastos, y en el caso de la evaluación social de proyectos se deberán usar los precios verdaderos (también llamados precios "sociales" o precios "sombra") de cada uno de esos componentes. Evidentemente, si un precio de mercado no refleja el verdadero costo o beneficio que su producción, o su utilización significa para la sociedad, no servirá para hacer la evaluación social porque arrojará un resultado "mentiroso" también. En cambio, la evaluación privada será correcta porque los precios usados en el cálculo de su rentabilidad son los que rigen en el mercado. A pesar de ello, sería muy útil realizar la evaluación privada usando precios sociales porque en cualquier momento la autoridad del país podría corregir los precios mentirosos y afectar severamente un proyecto privado que fuese rentable solamente por la existencia de tales precios. En México tuvimos el caso de una empresa pública que produciría aluminio usando Bauxita procedente de Jamaica y electricidad local (que supuestamente era "barata" en nuestro país). Afortunadamente esta iniciativa fue desechada[28].

Es muy importante analizar detalladamente si acaso los precios de mercado pudieran estar sujetos a alguna distorsión que los hiciera diferentes a los precios "sociales", como pueden ser impuestos, subsidios, efectos de monopolios o de monopsonios, o simplemente casos donde no exista un precio de mercado utilizable, por lo que se tendrá que usar algún "símil" que se aproxime lo más posible a su valor social real (por ejemplo el valor social del tiempo de los habitantes de un país). Lo anterior dependerá del tipo de proyecto que esté bajo evaluación, así como del nivel del estudio que se está realizando. Al principio, cuando se trata de una idea general, las cifras serán muy aproximadas, pero en la medida en que se avanza en el nivel del estudio, paulatinamente se deberá tener mejor información.

De este modo, la evaluación ex ante debe servir para que las autoridades de un país, o el promotor de un proyecto decidan si conviene emprenderlo, ponerlo en espera, descartarlo por algún tiempo, o mejorar cualquier aspecto que se haya considerado "riesgoso". Evidentemente, para que el estudio de evaluación sea realmente útil, debe ser realizado de manera objetiva y profesional, es decir, debe contener la mejor información disponible (de acuerdo al nivel del estudio) aplicada de acuerdo con una metodología moderna "generalmente aceptada", y revisada por personal de mayor experiencia o conocimiento sobre el tema relativo al proyecto.

Si la información de un estudio de evaluación se manipula para entregar al promotor del posible proyecto el resultado que desea, entonces evidentemente el "estudio" no habrá servido de nada. Sería como si un médico cambiara su diagnóstico para satisfacer los deseos de su paciente, lo cual sería inútil para ambos. El tema de evaluación (cualquiera que sea su nivel o su etapa) siempre tendrá un profundo significado real que requiere total profesionalismo de sus autores y de todos los involucrados en el ciclo de vida de los proyectos de inversión.

Regresemos al ejemplo del proyecto del puente sobre el río Santiago y a la alternativa de proyecto de uso de lanchas. Según los resultados que Usted obtuvo ¿cuál es el más rentable? ¿Cuál

---

[28] https://www.proceso.com.mx/123244/anulan-el-proyecto-de-la-aluminiadora

proyecto se llevaría a cabo si se permite libre entrada al mercado? ¿Bajo qué condiciones existiría la posibilidad de que ambos proyectos se llevaran a cabo? ¿Quizá uno antes que el otro? De lo que sí estamos seguros es que ambos proyectos parecen rentables ¿o no? Sin embargo, es muy probable que si se emprende el proyecto de las lanchas, el promotor del proyecto del puente decida cancelarlo, modificarlo para poder captar a otro segmento del mercado que no fuese atendido por las lanchas, o esperar algún tiempo en tanto que cambien las condiciones del mercado.

3.3 ¿Qué significa y para qué sirve la evaluación concurrente?

Como ya se dijo, la evaluación concurrente significa una comprobación de que un proyecto que se encuentra en construcción sigue siendo rentable, tal como se diseñó en la evaluación ex ante, o si acaso existen razones para modificarlo o incluso para suspenderlo ¿Con qué propósito?

El propósito principal consiste en ratificar (o rectificar) cualquier aspecto técnico, de alcance, de impacto social o ambiental, o de rentabilidad social (y privada) de un proyecto de inversión que se encuentra en proceso de construcción. Por ejemplo, quizás en este momento (primer semestre del año 2018) habría razones para modificar el alcance del proyecto del Nuevo Aeropuerto Internacional de la Ciudad de México para limitarlo solamente a las tres pistas que ya están en construcción, o incluso para terminar solamente dos de ellas, así como el resto de las construcciones complementarias para que pueda operar, pero dejar pendiente la terminación del aeropuerto en construcción "más grande del mundo". Ante las dudas de los costos de mantenimiento que esta obra tendrá durante su operación (casi a perpetuidad) que han surgido recientemente, habría que calcular los costos "hundidos" actuales y compararlos con el costo de una o más posibles alternativas. Todo esto para reducir la incertidumbre de lo que puede ocurrir en el futuro.

Otro proyecto que probablemente, si se realizara este tipo de evaluación, podría cambiar en su alcance es el tren México a Toluca, para privilegiar la terminación de uno de sus tramos (tal vez el que va de Santa Fe a la estación Observatorio) y dejar pendiente el resto de la obra. En fin, la moraleja de este tipo de evaluación es que siempre conviene ratificar o rectificar lo que estamos haciendo, con el propósito de evitar "echar dinero bueno al malo". Piense Usted en lo útil que esto hubiera sido en el caso de la construcción de la línea 12 del Metro de la Ciudad de México, entre otros muchos proyectos que no han rendido los frutos esperados.

La utilidad de la evaluación "concurrente" es extraordinaria. Desafortunadamente ni se requiere en México ni se le ha considerado importante.

3.4 Precios utilizados en los análisis costo beneficio

Para hacer el cálculo del valor monetario de los costos atribuibles a la realización de un proyecto de inversión, así como de sus beneficios, tendremos que utilizar precios ¿Cuáles son tales precios? ¿Los que existen actualmente en el mercado? Eso estaría bien para el momento en que se hace la evaluación, pero ¿Cómo proyectamos los precios que estarán vigentes durante el horizonte de evaluación del proyecto?

Una convención utilizada en el análisis costo-beneficio es que tanto para el año en que se hace el estudio como para todo el horizonte de evaluación, se utilizarán los precios de una fecha determinada, con el propósito de no hacer ningún supuesto adicional respecto a la inflación que existirá en la economía en los años futuros, o de algo todavía más complicado, sobre las variaciones en los precios "relativos", es decir, las que ocurren por otras razones diferentes a la inflación. La convención actual es de utilizar los precios de la fecha en que se formula y se evalúa el proyecto. Digamos que esto se hace a precios promedio del año en que se elabora el estudio de evaluación del proyecto, lo que significa que todos los costos y beneficios proyectados también estarán valorados a esos mismos precios.

Esto nos da consistencia en cuanto al punto de partida, pero se basa en algo completamente irreal, ya que supone que la estructura de los precios involucrados ¡no va a cambiar en un cierto número de años! Este tema constituye uno de los retos más importantes en el análisis costo-beneficio desde el punto de vista "social", porque suponer ¡a veces por treinta años! que los precios relativos se mantendrán fijos (en términos reales) es simplemente una exageración. Por el contrario, en un proyecto de inversión privada lo más probable es que su propietario trate de estimar con mayor cuidado qué precios (del bien o servicio que va a producir, de los insumos que utilizará y de sus factores de producción) enfrentará en los años de su horizonte de evaluación, simplemente porque ahí radicará uno de los factores más importantes de su éxito o fracaso. Quizá también en este caso las evaluaciones ex post de proyectos de inversión pública que en su momento se realicen en México podrían ayudar a despejar un poco este complicado problema.

3.5 Precios de mercado, precios sociales y ajustes en la valoración.

Como ya hemos mencionado, los precios de mercado que se utilizarán en las evaluaciones privadas, se refieren a los precios de los bienes o servicios que se observan de manera directa en la realidad, como en catálogos, páginas de Internet de quienes los venden, o en los reportes de cotización que se solicitan de manera específica. En ocasiones tales precios incluirán los impuestos aplicables (ya sea por la venta, por el Valor Agregado, o por algún impuesto especial como el que se aplica a las bebidas alcohólicas y en algunos lugares a la ocupación hotelera o a la gasolina). Por su parte, los precios que se utilizarán en las evaluaciones "sociales" tendrán que reflejar, lo más posible, el precio "verdadero" que representa para la sociedad su producción o su utilización.

México es un ejemplo de país donde existen muchos precios "mentirosos" a nuestro alrededor, en ocasiones porque es el gobierno el que se encarga de fijar un precio artificial para lo que producen sus "empresas" o en cualquier otro mercado donde (el gobierno) considere que el mercado no puede fijar un precio "justo". El agua, la electricidad y los combustibles son ejemplos frecuentes; sin embargo la lista puede ser mucho más grande y encontrarse en lugares insospechados. Por ejemplo, un precio "fijo" del agua en una determinada población que pudiera ser correcto en época de lluvias, podría no reflejar el verdadero valor social en época de secas. El precio de la electricidad que permanece constante durante las 24 horas del día tampoco sería "verdadero" simplemente porque su costo de producción no es fijo a lo largo de esas mismas horas. La tarifa de estacionamiento en las calles de una ciudad podría no ser "verdadera" simplemente porque la congestión vehicular es variable a lo largo de un mismo día. Y así sucesivamente en muchísimos casos.

Normalmente los principales precios sociales en cualquier país se refieren al uso de capital para financiar un proyecto, a las divisas que algunos proyectos producen o utilizan, a la mano de obra para la construcción de las obras, o al "tiempo" que se tiene que utilizar como parte del costo de realizar alguna actividad. En cada proyecto de inversión los analistas deben revisar cuidadosamente la situación de los precios de los bienes que se van a producir, o de los que se van a utilizar como insumos, así como de sus mercados relacionados a fin de decidir si conviene o no hacer estimaciones de su probable precio "verdadero" y con ello ajustar las cifras de sus costos y/o beneficios.

En el ejemplo del puente que hemos utilizado no existe un dato específico para el valor del tiempo de las personas, aunque es evidente que cada uno de nosotros tiene en su mente la conveniencia de hacer o no hacer determinada actividad en que se va a utilizar el tiempo. El tiempo, de hecho, es un "insumo" que utilizamos los humanos prácticamente en todo lo que hacemos, y por lo tanto tenemos una idea de su costo de "oportunidad", y en base a ello tomamos muchas decisiones.

¿Utilizo o no la carretera de peaje versus la carretera "libre"? si la diferencia es muy pequeña en términos de tiempo, y si el costo de operación del vehículo fuera más o menos el mismo, probablemente utilizaría la carretera "libre", pero si esta decisión se tiene que hacer en un momento de urgencia (mayor costo de oportunidad) es claro que el valor del tiempo aumentaría, y por lo tanto se preferirá el uso de la carretera de "peaje". En México se han hecho varios estudios que tratan de calcular el "valor social del tiempo", debido a que muchos proyectos (carreteras, hospitales, oficinas públicas, entre otros) impactan en el tiempo de espera de las personas. En ese sentido el precio del tiempo que se usa en la evaluación social de proyectos es un valor promedio, puesto que está claro que será diferente para cada persona, pero sería imposible su estimación para cada tipo de proyecto, en cada hora del día, en cada lugar del país. Por esta razón hemos indicado anteriormente que el valor social del tiempo para el proyecto del puente es de $20 pesos por hora, sin importar si se trata de un niño, de una mujer o de un hombre, o el motivo de su viaje.

Algunos autores[29] han propuesto diferentes valores del tiempo, según la región del país, del propósito del viaje, de si se trata de un pasajero o de un operador de un autobús, pero esto es altamente cuestionable porque se abre la puerta a un gran número de temas, incluso impositivos, que pudieran establecer diferentes tasas a las personas según el género, la edad o la región de que se trate. Por ejemplo, un mismo tipo de proyecto, realizado en una zona "rica" del país tendría un valor del tiempo superior al valor del tiempo en una zona "pobre", lo cual resultaría en una rentabilidad más alta en la región "rica", lo cual es altamente discutible. Por esta razón se sugiere que se utilice un "promedio" nacional y de esta forma se evite cualquier sesgo para preferir proyectos que ahorren el mismo tiempo, pero valorado a diferentes precios en diferentes regiones del país o en diferentes épocas del año.

Ejercicio:

Utilice el ejemplo del proyecto de la construcción y operación del puente sobre el río Santiago. Suponga que existen diferencias en los precios de mercado y los precios sociales, que se muestran en la siguiente tabla:

Cuadro III.1. Ejercicio sobre proyecto del puente con precios sociales
Cifras en pesos a precios del año 2015

Concepto	Precio privado	Precio social
Costo social de la construcción del puente	$ 400,000	$ 450,000
Precio social de la mano de obra empleada en la operación del puente	$ 15,000	$ 10,000

Elabore el flujo de caja para el inversionista, así como el de costos y beneficios para las comunidades y para la sociedad en su conjunto utilizando los precios relevantes en cada caso. Al igual que en los demás ejercicios, elabore su respuesta y remítala al correo del IMCI. A vuelta de correo recibirá la respuesta que se considera correcta.

---

[29] http://www.cepep.gob.mx/work/models/CEPEP/metodologias/VST2017.pdf. En este documento el CEPEP actual propone que en los estudios de proyecto al nivel de prefactibilidad se debe usar un análisis del valor social del tiempo particular de la zona de influencia de cada proyecto

3.6 Costos y beneficios relevantes e irrelevantes

Aunque parece un juego de palabras, un costo o un beneficio es relevante para la decisión de llevar a cabo un proyecto cuando dicho costo, o beneficio, ocurre solamente si se hace el proyecto, pero no ocurre si no se hace. También parece increíble que esta regla sea muchas veces erróneamente aplicada en la evaluación de proyectos reales de inversión. Por ejemplo, recuerdo el proyecto de una planta de tratamiento de aguas residuales en la que no se incluyó el costo de un colector que evidentemente se requería para su funcionamiento. Un costo relevante en el proyecto del nuevo aeropuerto de la CDMX será el mayor tiempo de traslado de pasajeros, empleados, mercancías y servicios, respecto al que se utiliza en el aeropuerto actual.

Cuando se hace un estudio de costo-beneficio de un posible proyecto, a un cierto costo para cubrir los honorarios de la consultora, con el fin de decidir si conviene o no realizarlo, dicho costo se vuelve irrelevante una vez que se ha tomado la decisión, puesto que se haga o no se haga el proyecto, dicho costo ya fue incurrido. Se volvió un costo "hundido". Pregunta: ¿si se decidiera cambiar el sitio de construcción del nuevo aeropuerto de la CDMX se debería incluir en los costos relevantes el importe de los gastos ya realizados en Texcoco? ¿Usted qué opina?

Lo contrario normalmente ocurre con la realización del "proyecto ejecutivo" de una determinada construcción, que ya ha sido decidida con el estudio de costo-beneficio. El costo del "proyecto ejecutivo" (normalmente bastante "alto") se puede atribuir a la realización del proyecto, porque solamente se debería contratar si se realiza el proyecto, pero no debería ocurrir si se ha decidido no llevarlo a cabo. Supongamos que ya se contrató y se hizo el "proyecto ejecutivo" de un determinado proyecto, y que por alguna razón el proyecto no se realiza, o se pospone (por ejemplo el proyecto del tren de alta velocidad México-Querétaro) ¿Qué ocurre con el costo de dicho "proyecto ejecutivo"? Es claro que una vez realizado, y pagado, no hay manera de volver atrás, se vuelve un costo "hundido" que la sociedad ha cubierto ¿Qué pasaría si dentro de tres años se decide llevar a cabo este proyecto, el costo del proyecto ejecutivo se incluirá en el costo de construcción del tren? Evidentemente que no, ya que dicho costo se ha vuelto irrelevante, quizá la parte adicional, digamos que la actualización si debería incluirse dentro de los costos relevantes de la construcción del tren.

Supongamos en nuestro ejemplo del río Santiago que el proyecto del puente no sea una idea nueva, sino que se trata de un viejo proyecto planteado años atrás por otra administración municipal, la cual había avanzado hasta tener un diseño, un sitio de construcción y un "proyecto ejecutivo" con planos detallados para un puente que duraría muchos años porque no existía el proyecto de la presa. Pongamos por caso que todo esto se hizo a un costo de $100 mil pesos, pero que por razones inexplicables el proyecto no se ejecutó. Obviamente, si esos estudios tienen alguna utilidad práctica para el nuevo proyecto, podrían ahorrarse algunos recursos que de otra forma tendrían ahora que gastarse, sin embargo los $100 mil pesos ya se erogaron y no hay forma de recuperarlos.

Al hacer un estudio de costo-beneficio de un determinado proyecto, es sumamente importante que los analistas encargados revisen de manera muy detallada cada concepto que se incluirá tanto en los costos como en los beneficios del mismo, y se pregunten cuidadosamente si algún costo, o algún beneficio es realmente relevante para ser incluido en sus hojas de cálculo.

Tomemos el caso del proyecto del nuevo aeropuerto de la CDMX y hagamos la pregunta anterior ¿qué costos y qué beneficios deberían incluirse en su evaluación? Para responder debemos analizar con cuidado qué partes de cada elemento del enorme complejo de un aeropuerto internacional se modificará al trasladar las operaciones al nuevo sitio. Ciertamente habría que incluir el costo del cambio en las instalaciones, equipo, y demás componentes de los servicios, como los de inmigración, aduanas, sanidad animal y vegetal, policía, agua, alcantarillado, electricidad, entre otros. ¿Qué pasa con los servicios como restaurantes, tiendas, oficinas bancarias, y demás instalaciones que también se van a trasladar? ¿El costo de las carreteras que habría que construir? ¿El mayor tiempo de traslado de los viajeros? Nuevamente, se deberán incluir los costos y beneficios que ocurran en la situación con proyecto, menos los que ocurrían en la situación sin proyecto, es decir, los diferenciales en cada caso.

Regresemos al caso del tren de la Ciudad de México a Querétaro, y supongamos por un momento que no fuera de "alta velocidad", y que fuese factible que se utilizaran las vías existentes (pensemos por ahora que tales vías se encuentran en buen estado) para la circulación del "nuevo" tren ¿Cuál sería el costo relevante de las vías para el proyecto del nuevo tren?

Ejercicio

Usted es el dueño de una fábrica de zapatos y está contemplando la posibilidad de abrir una nueva línea para producir tenis, dentro de las mismas instalaciones. Usted comisiona a uno de sus asesores para que lleve a cabo, junto con un equipo de consultores externos, la planeación de la puesta en marcha del nuevo negocio.

Según el estudio de mercado se podrían vender 1,000 pares de tenis diarios a diferentes clientes potenciales que ya han sido identificados. El estudio de mercado y de factibilidad técnica y financiera tuvo un costo de $100,000 pesos. Si no se realiza el proyecto de ampliación dicho estudio no tendrá uso. Debe tomarse en cuenta que si se producen tenis se tendrá que reducir en 500 unidades diarias la producción actual de zapatos.

Del listado de los siguientes costos, mencione cuáles son relevantes y cuáles son irrelevantes para tomar la decisión de abrir la nueva línea para producir tenis:

a) Vigilancia del edificio,
b) Agua potable y electricidad,
c) Servicio de Internet,
d) Costos del departamento de contabilidad,
e) Salario del asesor,
f) Costo del estudio de mercado y factibilidad,
g) Pólizas de seguros,
h) Impuesto predial,
i) Menor producción de zapatos,

Envíe su respuesta al correo ya señalado y recibirá la que se considera correcta.

3.7 La tasa de descuento que se aplica para evaluar un proyecto

En materia de inversión pública en México la tasa de descuento oficial aplicable es actualmente del 10%, y se usa para traer a "valor presente" los flujos de ingresos y gastos, o costos y beneficios de los proyectos de inversión pública. La regla general es aplicar esta tasa anualmente a todos los proyectos de inversión sin importar el número de años del horizonte de evaluación; es decir, estamos suponiendo que dicha tasa no va a cambiar en el futuro. Se supone que este valor también representa el costo promedio de oportunidad del uso de los recursos públicos, es decir, cuando se acepta un proyecto de inversión pública que es rentable a una tasa de descuento del 10%, se está suponiendo que el mejor proyecto alternativo rinde exactamente esa misma cifra, lo cual no es totalmente cierto. Eso se puede atribuir en realidad a dos factores. El primero es que no todas las entidades y dependencias tienen la misma capacidad para formular y evaluar proyectos y presentarlos a la oficina nacional de inversiones para su posible aprobación y financiamiento por lo que posibles proyectos más rentables no llegan ni siquiera a ser planteados. El segundo es que en México se asigna el presupuesto para inversiones de una manera tendencial para cada entidad o dependencia pública, lo que evita que los proyectos compitan entre sí para aprobarse y recibir recursos. Esto plantea la conveniencia de eliminar el método tradicional y en realidad poner a competir a los proyectos para que sean los más rentables los que se aprueben y reciban recursos. Este es uno de los temas más importantes que debemos resolver en nuestro país, y una forma de corregirlo es ampliar y profundizar la capacitación de nuestros funcionarios públicos en este delicado tema de la evaluación "social" de proyectos.

Por el contrario, para proyectos de inversión privada no existe un factor determinado, sino que cada inversionista potencial aplica lo que para él (ellos) pueda representar su costo de oportunidad. Algunos autores la denominan TREMA (Tasa de Rendimiento Mínima Aceptable) a la cual los inversionistas estarían dispuestos a llevar a cabo un determinado proyecto[30].

La tasa de descuento es sumamente importante en la evaluación de proyectos, porque es la que nos sirve para determinar cuáles proyectos serían preferibles sobre cuáles otros. En ocasiones una decisión importante podría depender de la tasa de descuento vigente en la actualidad, y la que se espera que ocurra en el futuro.

Para fines de simplificar los cálculos utilizaremos por ahora las mismas tasas de descuento para la inversión pública y para la inversión privada, pero esto no necesariamente es así.

3.8 El horizonte de tiempo en el análisis costo beneficio

Otro tema muy importante es el horizonte de evaluación ¿cuántos años de operación deberá considerar el estudio? En el ejemplo del puente esto es muy sencillo porque se está previendo que durará solamente cinco años; sin embargo, en el análisis de proyectos reales de inversión el tema del horizonte de evaluación puede ser complicado. La regla general que se utiliza es que el horizonte de evaluación sea igual al tiempo de vida esperado del activo más importante del proyecto, pero esto no necesariamente es así.

Supongamos que un inversionista privado está evaluando un proyecto para emprender una empresa arrendadora de coches. Digamos que la vida útil económica de tales coches sea de cinco años, y por lo tanto podría hacer el análisis del proyecto con un horizonte de cinco años. Esto sin duda será correcto, ya que podría suponer que al término de los cinco años vende los coches a su valor de mercado (valor de rescate) y cierra el negocio. Pero podría también considerar que el proyecto es repetible, que en la medida en que los coches van llegando al término de su vida útil económica (medida en kilómetros), los va sustituyendo, de modo que el negocio perdure en el tiempo. ¿Cuál será el horizonte de evaluación de tal proyecto?

En la vida real difícilmente los promotores de la construcción de una presa, o una carretera, o un hospital, podrían pensar que los proyectos terminarán su existencia al final del periodo de horizonte de evaluación.

Además, existirán proyectos reales donde será difícil precisar la vida útil del activo más importante, ya que en general, un adecuado programa de mantenimiento podría hacer durar muchos años a las obras construidas (como los puentes construidos por los Romanos, o más cerca de nosotros, los puentes construidos durante la época colonial, como el Puente de Atongo en el Estado de México). En mi percepción este tema tiene que ver más con lo "razonable" que puede

---

[30] En este caso no se han puesto referencias. Se pide a la lectora, lector, que en cualquier buscador de Internet escriba la palabra TREMA para ver la gran cantidad de referencias que existen.

ser una proyección de flujos de caja más allá de un cierto horizonte en el futuro[31], después de eso hay que tratar de hacer los mejores supuestos para los años siguientes, pero la realidad es que después de un cierto número de años es realmente irrelevante cuántos más se le pongan en la hoja de cálculo, porque esto simplemente es un "juego" aritmético que no tiene sentido ¿Realmente tenemos elementos para poder estimar, de un modo "razonable" lo que ocurrirá en un horizonte de evaluación de 56 años como en el caso del nuevo aeropuerto internacional de la Ciudad de México? En mi opinión la respuesta es que no, y que deberíamos centrarnos quizá cuando mucho en los siguientes 10 o 15 años dependiendo del tipo de proyecto y de lo "razonable" del comportamiento estimado de los costos y beneficios de un proyecto.

3.9 Estructura y contenido del estudio de evaluación de un proyecto

En esta sección utilizaremos los "Lineamientos para la elaboración y presentación de los análisis costo y beneficio de los programas y proyectos de inversión" que publicó la Unidad de Inversiones de la Secretaría de Hacienda y Crédito Público de México el 30 de diciembre de 2013[32]. El propósito es tratar de apoyar a los equipos de proyecto que tienen a su cargo la elaboración y presentación de este tipo de documentos, aunque evidentemente habrá puntos donde podrían existir discrepancias con los puntos de vista de los analistas de la Unidad de Inversiones. Lo que se expone a continuación se refiere a la parte relativa al "análisis costo-beneficio".

Según los citados Lineamientos, el documento a presentar debe contener los siguientes apartados:

i. Resumen ejecutivo,
ii. Situación actual,
iii. Situación sin proyecto,
iv. Situación con proyecto,
v. Evaluación del proyecto,
vi. Conclusiones y recomendaciones,
vii. Anexos,
viii. Bibliografía.

Resumen Ejecutivo: Como su nombre lo indica es un resumen de todo lo que se presenta en el documento completo, así que no debería haber mucho problema en escribirlo. Sin embargo, es muy importante que su redacción sea sencilla, para que todo mundo la entienda, y no solamente el analista de la Unidad de Inversiones. Esto no es fácil porque muchos autores (consultores) tratan de mostrar su gran "sabiduría" complicando una redacción que debería ser sencilla por lo que una buena cantidad de documentos que están disponibles en el portal de la SHCP no son fácilmente entendibles, pero es algo que se puede ir corrigiendo paulatinamente. El contenido obligatorio de esta sección está descrito en los Lineamientos y no lo repetiremos aquí.

Se recomienda que aunque este apartado lo escribe por lo general el "líder del proyecto", conviene que todos los miembros del equipo lo revisen con detalle, para asegurar que contiene los elementos críticos del estudio que se está presentando (muchas veces el "resumen ejecutivo" es la única parte que leen, si acaso, los funcionarios de "alto" nivel).

---

[31] Ver por ejemplo la resolución de Perú, de usar generalmente no más de diez años en el futuro como horizonte "razonable" de proyección.
https://www.mef.gob.pe/contenidos/inv_publica/docs/instrumentos_metod/Pautas_para_la_I,FyES_de_PIP,_perfil.pdf
[32] http://www.shcp.gob.mx/LASHCP/MarcoJuridico/ProgramasYProyectosDeInversion/Lineamientos/costo_beneficio.pdf

a. Situación actual

Este apartado se dedica a describir con detalle todos los elementos que sirvan para tener claro el problema (o la oportunidad) que el proyecto tratará de resolver (aprovechar), o contribuir a resolver. Constituye la base de todo lo que sigue después, si está equivocado, todo lo que sigue estará equivocado. Si bien la profundidad de este análisis puede ser diferente según el nivel del estudio que se está realizando, se podría afirmar que es virtualmente imposible tener un buen diagnóstico de la situación actual sin realizar trabajo de campo y dialogar directamente con la población afectada y con las autoridades locales responsables. Es un trabajo que se puede iniciar y documentar desde un escritorio, pero no es suficiente para tener una visión completa de la problemática que se pretende resolver ni de sus consecuencias. Por esta razón se considera que no es conveniente aprobar el uso de recursos sobre la base de estudios hechos totalmente desde un escritorio, como lo define la propia UI en lo que se considera un estudio al nivel de "perfil"[33].

El diagnóstico de la situación actual debe realizarse con el suficiente tiempo y dedicación, consultando e intercambiando ideas con la población involucrada, con sus representantes relevantes, con otras agencias gubernamentales que estuvieran involucradas, en ocasiones con académicos o personas que conocen el tema que será abordado, revisando expedientes o experiencias pasadas en el mismo lugar sobre proyectos similares, y con las que han existido en otros lugares. Este análisis debe servir para identificar y formular correctamente el proyecto que se quiere hacer, su diseño y dimensión óptima, sus componentes, su momento de operación óptimo, y sobre todo si en verdad es el proyecto apropiado, o si es solamente una posible alternativa entre muchas que podrían haber sido realizadas, quizás a un menor costo.

El análisis de la situación actual debe permitir identificar posibles medidas de "optimización" que pudieran realizarse para atenuar (a veces para eliminar) la problemática percibida y por lo tanto para liberar los escasos recursos disponibles en el país para que se usen en otros proyectos con mayor rendimiento social. Estas medidas de "optimización" solo se pueden identificar y analizar si se tiene un buen conocimiento del problema objeto del estudio y de la lluvia de ideas que pueden surgir, lo cual no es posible si solo se usa información secundaria, o solo se siguen las instrucciones del jefe administrativo.

Un correcto diagnóstico de la situación actual es la base fundamental para una buena selección de las alternativas de acción, formulación, evaluación, realización y seguimiento del proyecto seleccionado. En la mayoría de las ocasiones esto no es un asunto sencillo y no debe tratar de simplificarse a lo que una persona, por mayor autoridad jerárquica que tenga, o a veces un grupo de personas de una cierta área de gobierno, pretenda definir como tal. No es suficiente saber que existe un problema, ya que en la gran mayoría de las veces no se tienen claras sus causas. Si no existe un correcto análisis de la problemática existente el proyecto se puede llevar a cabo, se pone a funcionar, pero el problema persiste, simplemente porque no se revisaron correctamente sus causas y no se diseñaron medios para su solución.

El análisis correcto de un determinado problema requiere tiempo y paciencia, no importa si se trata de una persona, familia, empresa, o gobierno. Además, la mayoría de las veces requiere que

---

[33] *Estudio al nivel de perfil*: Evaluación de un programa o proyecto de inversión en la que se utiliza la información disponible con que cuenta la dependencia o entidad, tomando en cuenta la experiencia derivada de proyectos realizados y el criterio profesional de los evaluadores. También se puede utilizar información proveniente de revistas especializadas, libros en la materia, artículos contenidos en revistas arbitradas, estudios similares, estadísticas e información histórica y paramétrica, así como experiencias de otros países y gobiernos. LINEAMIENTOS para la elaboración y presentación de los análisis costo y beneficio de los programas y proyectos de inversión. https://www.gob.mx/shcp/documentos/lineamientos-para-elaboracion-y-presentacion-de-los-analisis-costo-y-beneficio-de-los-programas-y-proyectos-de-inversion

sea un equipo multidisciplinario y no una sola persona, la que trate de esquematizar y definir las causas, directas e indirectas de un determinado problema percibido, así como de sus consecuencias. Esto no se logra hacer en unos días y a veces ni siquiera en semanas, lo cual va a contraponerse con la urgencia que tienen los políticos por realizar (e inaugurar) obras de infraestructura, muchas veces sobre bases totalmente frágiles. En ocasiones las obras de "infraestructura" ni siquiera deberían haberse construido, como en el ejemplo que describe el Profesor Ernesto Fontaine sobre un proyecto de ampliación de muelles en un puerto Chileno[34]

En ocasiones las autoridades (locales, regionales y aún federales) piensan primero en la solución (a un problema imaginado por ellos) y después en cómo llevar a cabo un proyecto previamente seleccionado, tratando de adecuar el problema a la solución, en vez de hacerlo al revés.

En lo particular, encuentro un ejemplo, desafortunadamente ya realizado, que ilustra la importancia de realizar un buen análisis de las causas de los problemas. Me refiero al proyecto de planta de tratamiento de aguas residuales en la ciudad de Progreso, Yucatán.

Hace varios años la autoridad nacional en materia de agua planeó (imaginó), diseñó y realizó un proyecto destinado a tratar el agua residual domiciliaria en ese lugar, mediante un sistema de alcantarillado de "alto vacío". El problema, según ellos, consistía en que la laguna de Yucalpetén (en el puerto de Progreso, Yucatán) se estaba contaminando debido a la inexistencia de un sistema de tratamiento de las aguas residuales domiciliarias en la ciudad. Por lo tanto la solución consistía en construir dicho sistema para tratar las aguas residuales y después verterlas en la laguna. Una buena cantidad de dinero fue desperdiciada en ese "proyecto". En la actualidad (2018) las construcciones están abandonadas y han servido como basurero municipal. Nuestra Península de Yucatán impone un serio reto para identificar, formular y llevar a cabo proyectos correctos en el sector de agua, debido a su orografía.

El protocolo a seguir parecería claro. Primero hay que realizar un análisis cuidadoso, detallado, del problema percibido, de sus causas directas, e indirectas, y de sus efectos, de modo tal que sea posible plantear alternativas de solución correctas (como si se tratara de una enfermedad). En muchos casos, dependiendo del problema percibido y de su magnitud, el equipo de evaluación del proyecto debería hacer una tarea previa de "planeación", para analizar el problema, sus causas y consecuencias, así como de las alternativas posibles para resolverlo, o contribuir a resolverlo. Este trabajo de "planeación" debería ser cotidiano en las entidades encargadas de cada sector en que se divide al gobierno, para tener siempre un escenario actual y futuro de posibles iniciativas de inversión, recordando que esto se puede hacer desde un escritorio solamente para tener una panorámica general, pero no para formular correctamente un proyecto, no importa el nivel de autoridad del ocupante.

Desafortunadamente la práctica actual en México es que se hace un concurso para asignar el estudio de evaluación de un proyecto donde la alternativa ya ha sido seleccionada, dejando poco o ningún espacio al consultor para llevar a cabo un diagnóstico al menos general sobre lo que conviene hacer y para plantear alternativas.

También es importante tener en cuenta que en ocasiones la solución de un problema puede requerir la acción de varios proyectos. Eso ocurre en todas las sociedades, cambiantes siempre con el tiempo. Lo más frecuente es que se soluciona un problema en un momento dado, solamente para dar origen a otro problema más adelante, quizás de diferente naturaleza. Es por

---

[34] Evaluación Social de Proyectos, 12a Edición, Alfaomega, Universidad Católica de Chile, página 24.

ello que no existe un proyecto "integral" que resuelve todo, sino más bien un conjunto de proyectos que aspiran a resolver un problema percibido en un cierto momento.

Hace más de una década integramos un equipo de "planeación" para analizar el problema de la basura en la ciudad de Uruapan, Michoacán. Después de varias semanas de trabajo de un equipo multidisciplinario se identificaron catorce proyectos específicos para contribuir a resolver dicho problema. En el inicio, algunas personas pensaban que este problema se resolvía con un solo proyecto, lo cual resultó equivocado.

El análisis de la situación actual debe concluir identificando correctamente el problema a resolver, su magnitud, sus causas y consecuencias, así como los medios que serán producidos por el proyecto para contribuir a la solución. Se deben identificar posibles medidas de optimización que pudieran atenuar, o resolver en alguna medida la magnitud del problema sentido. Esto con el propósito, como se verá en seguida, de definir la situación "sin proyecto".

Finalmente, es importante subrayar que la profundidad del análisis que se debe realizar en este capítulo dependerá en gran medida de la complejidad del problema a resolver o del tamaño de la inversión prevista. Un macro proyecto como el nuevo aeropuerto de la Ciudad de México debió haber empezado con un diagnóstico de las condiciones generales de la demanda y oferta de transporte aéreo nacional e internacional de nuestro país, con el propósito de identificar posibles medidas de optimización (como podría haber sido volver a utilizar la capacidad instalada del aeropuerto de Toluca, entre otros) de la infraestructura regional disponible actualmente y de las tendencias regionales en materia económica y poblacional.

De acuerdo con los "Lineamientos", en este apartado se debe presentar un análisis de la oferta, o infraestructura existente, un análisis de la demanda actual, y un diagnóstico de la interacción de la oferta y la demanda a lo largo del horizonte de evaluación. Estos tres aspectos no son sencillos de elaborar, especialmente si no se hace trabajo de campo. Afortunadamente en la literatura existe un buen número de metodologías de evaluación de proyectos de diferente tipo, tanto en México como en otros sitios del mundo, que explican con detalle la forma de elaborar lo que se requiere en los Lineamientos mexicanos.

Es importante subrayar que lo que se pide aquí es un diagnóstico y proyecciones bajo el supuesto de que no se hace nada, ni siquiera optimizaciones. Esto es ciertamente toda una adivinanza, pero se pueden establecer los supuestos que pudieran soportar tales proyecciones, aunque quizás no sean creíbles. Imagine Usted qué proyecciones haríamos para estimar el congestionamiento, o la contaminación en la Ciudad de México ¡si no hacemos nada en los siguientes 20 o 25 años!

Las proyecciones de la situación actual deben tomarse con mucha reserva, porque de otro modo casi cualquier ocurrencia se puede convertir en un proyecto real. Y sin embargo hay que hacerlas, porque serán la base de lo que se haga después. El buen juicio profesional será muchas veces la base de estas proyecciones porque no hay una receta infalible para proyectar lo que ocurrirá en 15 o 20 años. En mi opinión una herramienta muy útil, que apenas inicia en nuestro país es la evaluación ex post de proyectos, que puede servir como referencia para mejorar los estudios que se harán después, sobre todo del mismo sector al que se refieran tales evaluaciones.

b. *Situación sin Proyecto*

Como se mencionó anteriormente, el análisis de la situación actual debe permitir identificar posibles medidas de "optimización", que sirvan para atenuar la problemática detectada, tanto por el lado de la oferta como de la demanda del bien o servicio que refleja el problema detectado, y que será enfrentado por el proyecto propuesto. Supongamos que el problema que se intenta resolver es la "baja" disponibilidad de agua en una determinada localidad. Posibles optimizaciones a esta situación podrían ser la actualización de las tarifas o instalación de medidores (por el lado de la demanda) y la reparación de fugas (por el lado de la oferta). Otro ejemplo: supongamos que se quiere reducir el congestionamiento en la zona sur de la Ciudad de México en los días de vacaciones cuando hay "mucho" tráfico hacia Cuernavaca. Una medida podría ser la reducción (o eliminación) del peaje si se viaja en la madrugada (por el lado de la demanda), o el cambio de sentido de un carril de circulación para adecuarlo a la mayor demanda en horas "pico" (por el lado de la oferta). Una medida aún más drástica sería eliminar las casetas de cobro e implementar un sistema de "foto peaje" o modernizar los sistemas de pago para no requerir que los vehículos se detengan ni que bajen su velocidad.

Lo importante es plantear posibles acciones incluso si a veces los jefes pudieran pensar que son imposibles de realizar. Un ejemplo que nos ocurrió hace tiempo fue nuestra propuesta para establecer vagones de "primera" clase (con aire acondicionado por ejemplo) y eliminar la mitad de los asientos en el resto de los vagones del Metro de la Ciudad de México, lo que podría reducir las molestias en las horas "pico" cuando es prácticamente imposible abordarlos en la situación actual. Estas acciones no le gustaron al entonces funcionario encargado del asunto, pero no parecerían tan complicadas para incentivar un mayor uso de un transporte que paulatinamente ha venido cayendo en su calidad de servicio.

El siguiente paso consiste en hacer cálculos numéricos de cómo cambiarían las proyecciones de la oferta y de la demanda que se estimaron en el apartado anterior, cuando supusimos que no se haría nada, ni las optimizaciones. La intención es, desde luego, mostrar que las optimizaciones pueden tener un efecto en el mejoramiento de la situación "actual", a veces de manera muy importante.

Una vez que se han identificado las posibles optimizaciones, el siguiente paso consiste en recalcular las proyecciones que se hicieron de la situación actual, utilizando para ello el posible efecto de tales optimizaciones, con el propósito de establecer la "situación sin proyecto" que será la base de comparación con la situación "con proyecto". Definir la situación sin proyecto no es asunto sencillo. Aunque se podría hacer un primer ejercicio "a distancia", tendrá después que rehacerse, para tener una base realista y creíble, puesto que será determinante para la correcta evaluación del proyecto propuesto. Si nos equivocamos aquí, el resto de la evaluación no tendrá sentido porque la línea "base" estará distorsionada. En el ejemplo que antes referimos sobre la construcción de muelles en el puerto chileno, los cálculos del efecto de las medidas que propuso el equipo de trabajo (aumento en las tarifas de almacenaje en las instalaciones del puerto, y aumento a dos y después a tres turnos de servicio) permitirían posponer por quince años el proyecto de ampliación de muelles[35].

La situación "sin" proyecto se define como la "situación actual optimizada". Esto debe siempre recordarse; la situación "actual" no es el punto de comparación para evaluar un proyecto, el punto de partida es la situación actual, pero "optimizada", es decir, ajustada por cualquier medida de "bajo" costo, ya sea financiero o administrativo, así como por el efecto de cualquier proyecto que esté aprobado o en ejecución, que modifique lo que entendemos por la "situación actual". Nuevamente, todo esto se hace con el propósito de no asignarle al proyecto un beneficio que se podría obtener con medidas de "optimización".

Definir y simular el efecto de las "optimizaciones" no es fácil, pues requiere conocer muy bien las condiciones de funcionamiento de la situación "actual", y esto solo es posible hacerlo si se ha

---

[35] Ernesto R Fontaine, obra citada, página 25.

hecho un extenso trabajo de campo para conocer el funcionamiento de la situación "actual", el detalle de cómo funciona el sistema o la operación de las condiciones que queremos cambiar con el proyecto. Esto no se puede hacer a distancia, no se puede hacer desde el escritorio, aunque sea el del "jefe" de la oficina de inversiones.

Ejemplos abundan por todos lados de cosas que se hacen, o medidas que se toman para buscar el mejor aprovechamiento de los recursos disponibles. Uno de los más antiguos se refiere a las citas por teléfono, en lugar de las filas ("colas") de personas que buscan "sacar una ficha" en hospitales o en embajadas. Otra excelente medida de optimización es la ampliación de turnos de servicio en hospitales o en escuelas, en vez de construir nuevas instalaciones. Una extraordinaria optimización es la prohibición efectiva del estacionamiento en las vías primarias en horas de alta circulación de vehículos. Y así sucesivamente, miles más que pueden ser llevadas a cabo, muchas veces a "bajos" costos, dependiendo de las circunstancias y condiciones de cada caso.

Un extraordinario ejemplo de cómo impactan las medidas de "optimización" en el análisis de un proyecto de inversión es el estudio denominado "Evaluación social del proyecto de descongestionamiento vehicular del boulevard de Actopan, Hgo.", disponible actualmente en la página de Internet del CEPEP. Dicho estudio analiza la problemática del congestionamiento en un crucero de la ciudad de Actopan, en el estado de Hidalgo, y plantea una serie de medidas de "gestión vial" (optimizaciones) que reducían significativamente el problema detectado, recomendando que la construcción de un "libramiento" (proyecto planteado por las autoridades), se volviera a estudiar diez años hacia adelante. Para realizar estas recomendaciones de gestión vial el equipo de trabajo se instaló varios días en el sitio del problema, y dialogó con los involucrados a fin de plantear medidas factibles de realizar y de "bajo" costo.

Todo lo anterior llevará a definir una nueva situación en cuanto a la oferta y demanda del bien o servicio que será producido por el proyecto propuesto. Obviamente será diferente respecto a lo que se obtuvo en el análisis de la situación actual, porque habrá medidas que modificarán la magnitud de la problemática a ser resuelta con el nuevo proyecto. Es decir, la demanda insatisfecha que se habría detectado y medido en la situación actual, será diferente cuando se han hecho las medidas de optimización. En algunos casos, como el citado puerto en el ejemplo del Profesor Fontaine, la demanda insatisfecha habría desaparecido, y por lo tanto ya no habría que dedicar recursos a resolver un problema que las medidas de optimización eliminaron.

Finalmente, en los "Lineamientos" se pide que en este apartado también se describan las alternativas de solución que pudieran resolver la problemática detectada, explicando las razones por las cuales no fueron seleccionadas.

El espíritu de esta sección es totalmente correcto, siempre y cuando se hubiese seguido el orden que establece la teoría del "ciclo de vida" de los proyectos de inversión, es decir, si primero se hubiese hecho un análisis técnico, económico, legal y ambiental, al nivel de idea, o perfil, para cada una de las alternativas más prometedoras para resolver o contribuir a resolver a problemática percibida que se quiere atacar con el proyecto en cuestión. Desechar una alternativa de solución no es algo sencillo, requiere tiempo, dedicación y trabajo, pero es extremadamente importante porque una vez que se hacen las obras es prácticamente imposible dar marcha atrás. Tal vez algunos lectores conozcan el sitio conocido como la glorieta de "vaqueritos", en el sur de la Ciudad de México. Hablando sobre este proyecto con un personaje relevante del Colegio de Arquitectos de esa época nos centramos discutiendo si no hubiese sido mejor, más barato y rápido, haber hecho la obra al revés, elevando el periférico y no la súper complicada conexión que se hizo en el segundo piso. Recuerdo que después de la discusión me dijo que quizá yo tenía razón.

Desafortunadamente en el mundo real actual (2018), en la gran mayoría de las veces las entidades públicas le dan al consultor los términos de referencia que se refieren al proyecto ya seleccionado y definido por las autoridades. La tarea del consultor se restringe a buscar la forma de hacer rentable el proyecto ya definido, so pena de que no lo vuelven a contratar. Entonces se inventan una serie de razones para decir que cualquier alternativa a la elegida por las autoridades no se puede llevar a cabo.

c. *Situación con proyecto*

La situación con proyecto trata de describir qué ocurriría en la situación sin proyecto, una vez que las obras de infraestructura, o las acciones administrativas, técnicas, o legales que se diseñaron en el proyecto, se encuentren construidas y funcionando, en beneficio de la población y/o de las actividades económicas afectadas.

La situación con proyecto es obviamente planteada para resolver o contribuir a resolver, el problema detectado, lo cual podría significar una reducción en el precio de adquisición, expresado en dinero o su equivalente en tiempo y molestias (como en el ejercicio de agua potable rural o en el caso de la construcción del puente), o una reducción o eliminación de alguna demanda insatisfecha (como en el caso del ejercicio de agua potable urbana, o de carreteras). No sólo debe contener la descripción física y operativa del proyecto, sino también de sus efectos sobre la situación sin proyecto; es decir, cómo cambian la oferta y la demanda por los bienes y/o servicios producidos por el proyecto entre una y otra situación. Lo que interesa no es el aumento en la infraestructura o servicios disponibles, sino cómo se traduce esto en un mejoramiento en la calidad de vida, o en la productividad de la población beneficiada.

Todo el trabajo anterior se debe reflejar en valores monetarios distribuidos a lo largo del tiempo, como ya hemos visto en los diferentes ejercicios, de modo que se tenga un resumen de todos los costos (inversión física, equipamiento, gasto de operación y mantenimiento) y todos los beneficios sociales (o privados) que el proyecto va a significar, a lo largo del periodo de evaluación. El medio idóneo por supuesto es una hoja de cálculo, que contenga, de la manera más clara posible, todas las fórmulas utilizadas para estimar los valores monetarios que se están presentando. Asimismo, para facilitar el análisis de sensibilidad que se debe hacer en la sección de riesgos del proyecto, se puede utilizar un formato que permita rápidamente calcular las variaciones en los indicadores de rentabilidad del proyecto ante cambios en las variables clave de su probable éxito.

Los "Lineamientos" actuales requieren la descripción de trece aspectos específicos de la situación con proyecto, incluyendo obviamente su descripción física y componentes, así como otros detalles como su alineación con los documentos oficiales de la planeación del desarrollo, localización geográfica, etc. Se sugiere a los equipos de proyecto que traten de describir con detalle lo que ocurriría en los años de vida útil proyectados, y de proponer algunas metas de desempeño a lo largo del tiempo que debieran cumplir los proyectos. Las metas de desempeño correctamente establecidas servirán para comprobar si efectivamente los proyectos están logrando los beneficios planeados, o para "reforzarlos" en caso de que sea conveniente.

Dos puntos débiles en la actualidad se refieren a la "factibilidad técnica" y a la *Metodología de evaluación*. En mi opinión, la "factibilidad técnica" no se refiere solamente a que el proyecto sea factible desde el punto de vista técnico, sino también a su diseño. Quizás lo que ocurrió con la Línea 12 del Metro de la Ciudad de México es un ejemplo claro de que a pesar de haber elaborado un documento de "factibilidad técnica", no se contemplaron todos los detalles del diseño mismo del proyecto. También hay que señalar que la factibilidad técnica también debe acotarse por consideraciones económicas, es decir, que no es suficiente el diseño de un proyecto con la mejor tecnología existente, porque podría no ser rentable. La factibilidad técnica debería contemplar todos los aspectos constructivos, diseño, materiales, calidad del terreno, estudios de "mecánica" de suelos, ubicación física, que caractericen al proyecto propuesto, y sujetar este conjunto de atributos al análisis de su rentabilidad social. Probablemente no sea conveniente utilizar la mejor tecnología mundial si estuviera fuera de las posibilidades económicas del país.

Actualmente los Lineamientos no requieren una exposición metodológica sobre la forma en que será evaluado el proyecto que se está presentando. Esto implica desde luego un conocimiento más profundo sobre las técnicas de costo-beneficio que lo que actualmente se exige. Peor aún, en algunos casos (veremos más adelante algunos comentarios a proyectos reales de la Cartera de la SHCP) denotan severas deficiencias que conducen a aprobar proyectos con bases metodológicas sumamente frágiles.

Se recomienda, aunque no sea requerimiento oficial en la actualidad, que los equipos de proyecto elaboren y presenten la metodología a utilizar, porque al hacerlo se pueden dar cuenta de si en verdad están haciendo un trabajo correcto. Es una forma de demostrar la validez de los cálculos que en el siguiente capítulo se van a presentar.

d. Evaluación del proyecto

En esta sección se debe hacer la identificación, cuantificación y valoración de los costos y beneficios sociales que acarreará el proyecto planteado. Será preciso no solo describir los costos y beneficios, y estimar su valor monetario en el horizonte de evaluación, sino también hacer supuestos respecto a todas las variables, reales y monetarias, que afectarán al proyecto que estamos planteando. Esto no será fácil si se hace de manera profesional, pero por el contrario, será muy fácil para quienes desean simplemente mostrar una hoja de cálculo donde se copian las mismas cifras de costos y beneficios y se "pegan" para muchos años en el futuro. O cuando se utilizan cifras de otros proyectos y se "pegan" para hacer los cálculos de proyectos parecidos.

El propósito de este apartado es presentar el flujo de costos y beneficios estimado para el horizonte de evaluación atribuible a la realización del proyecto en cuestión, y calcular los indicadores de rentabilidad aplicables. Aunque la práctica generalizada actualmente es presentar uno o más indicadores de rentabilidad del proyecto, se sugiere destacar cuál indicador es el apropiado que deba servir para tomar la decisión de seguir adelante con el proyecto, o volver a analizar alguno de los aspectos que hayan quedado en duda.

A lo largo de la experiencia que he tenido en esta materia me doy cuenta de que muchas veces la forma de cálculo de los beneficios de un proyecto deja mucho que desear, o bien, simplemente es incomprensible para quien lee los documentos. Por ello sugiero que los Lineamientos establezcan el requisito de que los estudio de costo-beneficio expresen, de forma matemática, cuál es la fórmula de cálculo de cada beneficio, y o ejemplifiquen con al menos un año dentro del horizonte de evaluación[36]. Esto facilitaría la labor de los técnicos que tienen que revisar las hojas de cálculo que les presentan los consultores, además de que facilitaría la tarea de los observadores independientes que estamos interesados en saber si el cálculo de los supuestos beneficios de un proyecto son realmente aceptables. Con todos los años de mi experiencia debo confesar que muchas veces encuentro totalmente imposible rehacer los cálculos de los beneficios que los consultores atribuyen a la realización de un proyecto.

---

[36] Esto no es una idea mía, sino un requisito en proyectos del Banco Interamericano de Desarrollo.

En este mismo apartado se debe presentar un "análisis de sensibilidad" para identificar cuáles factores afectan de mayor manera la rentabilidad calculada anteriormente, haciendo cambios porcentuales en las variables que se cuantificaron y valorizaron previamente.

Para terminar este apartado los Lineamientos piden que en el documento se describan cuáles son los principales riesgos asociados al proyecto, tanto en su etapa de construcción como de operación, proponiendo medidas para su mitigación. Debo decir que en la gran mayoría de los casos que he leído, estos riesgos son casi "genéricos" como la oportuna entrega de los recursos, la inflación, cambios bruscos en el "tipo de cambio del peso", entre otros. Esto indica que en realidad los riesgos relevantes de cada proyecto son atendidos de manera muy simple. Los evaluadores de la Línea 12 del Metro de la CDMX pudieron haber descrito cuáles serían los riesgos de su construcción y operación, entre otros muchos ejemplos. Lo mismo podría decirse en el caso del proyecto del nuevo aeropuerto de la CDMX y del tren México a Toluca.

e. *Conclusiones y recomendaciones*

En este apartado se pide a los autores que presenten, de forma clara y precisa, los argumentos por los cuales el proyecto deba realizarse. Sin embargo, hay dos aspectos importantes que deberían resaltarse. Primero las recomendaciones. Actualmente la única recomendación en la gran mayoría de los casos es que el proyecto se lleve a cabo, debido a que los resultados de los indicadores son "positivos". Todavía no he visto un estudio que recomiende ahondar en el análisis de alguna parte de un proyecto, técnica, legal, administrativa o de mercado.

El segundo aspecto que no se pide es mencionar cuáles fueron las limitaciones del trabajo presentado, y qué posible impacto podrían haber tenido en la evaluación. Un trabajo profesional debe señalar qué factores llevaron a las cifras obtenidas y cuáles serían las recomendaciones aplicables para un mejor desempeño del proyecto, o incluso, cuáles serían las principales dudas o factores de riesgo que deben ser solucionadas antes de ir adelante con la realización del mismo.

Señalar las limitaciones del trabajo realizado es también un aspecto muy profesional de quienes lo hayan realizado. Siempre hay limitaciones, pero casi nunca se reconocen. Esto va en deterioro de la calidad del estudio, pero más que nada, puede ir en deterioro del éxito del proyecto porque el mayor interés no está en que se obtengan los beneficios descritos en las secciones respectivas, sino en que sea aprobado, se le asignen recursos, y sea inaugurado oportunamente por el promotor.

Por la razón anterior es que se recomienda que todos los documentos de proyecto incluyan, cuando son aprobados, una matriz de indicadores de desempeño en donde se describan las metas calendarizadas de cumplimiento en la entrega de los bienes y/o servicios que fueron planeados en su diseño, de la misma forma que en la actualidad se requiere para los llamados "programas presupuestarios" en México.

El definir y establecer metas de desempeño podría, con la legislación adecuada, obligar a una mayor profesionalización en la elaboración de los estudios de costo-beneficio. Un defecto significativo del sistema actual mexicano es que no existe un medio de control de calidad de los estudios de costo-beneficio que se están aprobando. En consecuencia, una gran cantidad de tales estudios contienen defectos de fabricación, en detrimento de una buena calidad de los proyectos que estamos haciendo.

En el capítulo VI de este libro se presentan comentarios a cuatro proyectos que fueron aprobados por la Unidad de Inversiones de la Secretaría de Hacienda y Crédito Público. El propósito es contribuir de algún modo, a que la calidad de los estudios que se aceptan vaya mejorando poco a poco y eventualmente lograr construir un moderno sistema de inversión pública en México, lo cual requerirá entre otros factores, que se reactive el sistema de capacitación al nivel de especialización en esta materia que existió hasta el año 2012.

3.10 El posible conflicto privado y social entre los proyectos

Como hemos mencionado, todos los proyectos que se llevan a cabo en un país pueden analizarse desde los dos puntos de vista más importantes, el privado y el social. Aquí, como es lógico, los resultados podrían no coincidir. Si un proyecto privado tiene externalidades negativas y el gobierno no establece una forma para internalizar dicho costo en el propietario del negocio, la evaluación privada mostrará un resultado "mentiroso" para la sociedad. El negocio privado gana y la sociedad pierde. También puede ocurrir lo contrario, que un proyecto muestre rentabilidad social positiva pero resulte negativa desde el punto de vista privado. Si se trata del primer caso, el país pierde porque la evaluación privada muestra ganancias artificiales que no existen para la sociedad. Si se trata del segundo caso, el país también pierde porque no se llevan a cabo proyectos socialmente rentables que no lo son desde el punto de vista privado. En ambos casos existe una gran área de acción para que las políticas públicas corrijan esas desviaciones.

En el México actual, y ya desde hace décadas, las extraordinarias deficiencias en los servicios de agua potable en prácticamente todo el país, han ocasionado que las familias y las empresas inviertan recursos para solucionar un problema que no existiría si tales servicios fuesen eficientes y eficaces. La discontinuidad del servicio y la falta de presión en las redes de agua hacen rentable el proyecto de construir una cisterna, adquirir un sistema eléctrico de bombeo, y comprar e instalar un tanque almacenador de agua en el techo de las casas. Este proyecto es privadamente rentable, pero socialmente no rentable porque sería más barato, y eficaz, que el organismo encargado del servicio cumpliera estándares de calidad en sus servicios. Con ello las instalaciones en las casas serían completamente inconvenientes.

Algo similar ocurre con los sistemas de transporte público en la gran mayoría de las ciudades de México. Su extraordinaria deficiencia, y peligrosidad, incentivan a la población a buscar la forma de comprar un automóvil para su transporte (privadamente rentable), pero incrementando el costo social por contaminación, congestionamiento y accidentes. Y así podríamos seguir con otros ejemplos donde las rentabilidades de los mismos proyectos son diferentes bajo las dos ópticas. En todos estos casos el país pierde. La situación ideal es aquella donde la realización privada de un proyecto enriquece o mejora el bienestar de su dueño y enriquece o mejora el bienestar social.

Lo anterior se ilustra con la siguiente gráfica. El país debe tratar de evitar la realización de todos los proyectos que caen en las zonas B y D, y procurar los que se sitúan en las zonas A y C. En ambos casos es posible (y deseable) la acción de políticas públicas mediante reglamentaciones efectivas, impuestos, subsidios, eliminación de precios "mentirosos", entre otros.

Gráfica III.1. Escenarios de rentabilidad privada y social de los proyectos de inversión

	RENTABILIDAD SOCIAL POSITIVA	RENTABILIDAD SOCIAL NEGATIVA
RENTABILIDAD PRIVADA POSITIVA	A	B
RENTABILIDAD PRIVADA NEGATIVA	C	D

Desde luego, la zona D es relativamente sencilla puesto que ningún agente privado estaría dispuesto a invertir en proyectos que les resulten no rentables. La zona A es también relativamente sencilla porque los proyectos son rentables desde los dos puntos de vista. Por el contrario, proyectos socialmente rentables como los de la zona C no serían llevados a cabo por los inversionistas privados porque no les son rentables, pero esto se puede corregir mediante la acción de políticas como subsidios focalizados, como sería el caso en escuelas o clínicas de salud en zonas pobres.

3.11 Ejercicios[37]

- Primera parte:

    a. A Usted le dan los siguientes datos sobre los costos de un proyecto cuya realización ya se ha aprobado, debido a que se trata de un proyecto de "seguridad nacional":

Concepto	ALTERNATIVA UNO	ALTERNATIVA DOS
Valor actual de costos de inversión	1,500	1,750
Valor actual de costos de operación	3,000	3,250
Valor actual de costos de mantenimiento	2,500	2,000
Tiempo de vida útil del equipo principal	10 años	12 años

    Según los lineamientos oficiales de la Unidad de Inversiones de la SHCP, ¿Qué tipo de análisis aplica para decidir la alternativa a elegir? ¿Cuál es el criterio de decisión? ¿Cuál es el valor del CAE de cada alternativa?

    b. Usted es dueño de una empresa que posee varios camiones de mudanza, los cuales fueron comprados hace 2 años por $60,000 cada uno. Actualmente se planea conservar los camiones durante 10 años más. El precio de mercado de un camión de dos años es de $42,000, y los costos anuales de operación son de $12,000. Alternativamente, se tiene la opción de rentar camiones a un costo de $9,000 anuales con pago anticipado, y los costos

---

[37] Al igual que en las demás secciones de este libro, la lectora, lector pueden remitir sus respuestas al correo ya señalado. A vuelta de correo se remitirá la respuesta que se considera correcta.

de operación son de $8,000. ¿Debe la empresa rentar camiones si su tasa de interés relevante es 12% anual? Haga el ejemplo para un camión.

- Segunda parte. Para cada una de las afirmaciones que siguen, marque con una "X" la respuesta que Usted considera correcta

    1. Todos los proyectos implican costos y beneficios, pero algunas veces los beneficios son muy difíciles de valorar en pesos y centavos. En ese caso se debe aplicar el método de "costo-eficiencia".
        Verdadero _____, Falso _____,

    2. En el enfoque de Costo-Beneficio socioeconómico es requisito indispensable la identificación, cuantificación y valoración de todos los costos y todos los beneficios que conlleva un proyecto para la sociedad en su conjunto. Aquí el IVA que se paga en la compra de materiales representa un costo para el proyecto, que impacta los costos de inversión, operación y mantenimiento, y por lo tanto se deben reflejar en su evaluación socioeconómica.
        Verdadero _____, Falso _____,

    3. En el enfoque de Costo-Beneficio es requisito indispensable la identificación, cuantificación y valoración de todos los costos y todos los beneficios que conlleva un proyecto. Aquí el IVA que se paga en la compra de materiales representa un costo para el proyecto que se debe reflejar en su evaluación financiera.
        Verdadero _____, Falso _____,

    4. La definición de un proyecto de inversión según la SHCP es: "Erogaciones de gasto de capital destinadas a obra pública en infraestructura, así como la construcción, adquisición y modificación de inmuebles, las adquisiciones de bienes muebles asociadas a estos proyectos, y las rehabilitaciones que impliquen un aumento en la capacidad o vida útil de los activos de infraestructura e inmuebles".
        Cierto _____ Falso _____

    5. Los precios sociales se utilizan en la evaluación socioeconómica porque son un indicador de la reducción de la pobreza.
        Cierto _____ Falso _____

    6. Los precios de mercado siempre reflejan el costo de oportunidad (precio social) para la sociedad de utilizar un bien o servicio.
        Cierto _____ Falso _____

    7. La Evaluación socioeconómica es la evaluación del proyecto desde el punto de vista de la sociedad en su conjunto; para conocer el efecto neto de los recursos utilizados en la producción de los bienes o servicios sobre el bienestar de la sociedad.
        Cierto _____ Falso _____

    8. La Evaluación financiera es aquella que permite determinar si el proyecto es capaz de generar un flujo de recursos positivos para hacer frente a todas las obligaciones del proyecto y alcanzar una cierta tasa de rentabilidad esperada.
        Cierto _____ Falso _____

9. La evaluación a nivel perfil utiliza información de estudios técnicos, cotizaciones y encuestas específicamente elaborados para llevar a cabo la evaluación del proyecto en cuestión

    Cierto _____ Falso _____

10. los precios sociales de bienes y servicios, representan el verdadero costo o beneficio que obtiene la sociedad por el uso o por el consumo de un bien o servicio. Esto no siempre está reflejado en los precios de mercado debido a las distorsiones, o simplemente porque no hay precios de mercado (por ejemplo en la contaminación).

    Cierto _____ Falso _____

11. En el ciclo de vida de los proyectos primero se debe tener la información de una idea de proyecto, luego se debería realizar una evaluación a nivel perfil, después una de pre factibilidad y si el caso lo amerita una factibilidad.

    Cierto _____ Falso _____

12. De los siguientes, cuál(es) es(son) un efecto(s) intangible(s) del proyecto del tren suburbano de la Ciudad de México:

    Reducción de la contaminación _____
    Reducción en el uso del automóvil _____
    Aumento de transporte a los nuevos sitios de llegada de pasajeros _____
    Reducción de la incomodidad en los viajes de pasajeros _____
    Imagen de un transporte moderno en la ciudad _____

13. El análisis costo eficiencia se realiza cuando se sabe de antemano que el proyecto es rentable socialmente (beneficios mayores a costos) y por tanto se busca la manera más barata de obtener el mismo beneficio.

    Cierto _____ Falso _____

14. Usted está evaluando un proyecto de construcción de un centro de cómputo en una universidad estatal. Para que rinda los servicios requeridos, el centro requiere, entre otras cosas, la adquisición de equipo de cómputo. La adquisición del equipo debe clasificarse como:

    Un proyecto separado _____
    Un componente del proyecto del centro de cómputo _____
    Un proyecto complementario _____
    Incluirse dentro de los costos relevantes del proyecto del centro de cómputo _____

15. Usted está evaluando un proyecto de adquisición de equipo de cómputo, pero ahora se sustituirá otro equipo anticuado en las oficinas administrativas de la misma universidad. Dicho proyecto debe clasificarse como:

    Un proyecto independiente, que tiene costos y beneficios por sí mismo _____
    Un proyecto complementario que no debe discutirse puesto que el equipo disponible está "obsoleto" _____
    Un programa de mantenimiento _____

Capítulo IV: Elementos de teoría económica para la evaluación de proyectos

Una de las bases más importantes para el análisis costo-beneficio de los proyectos de inversión es la teoría económica[38]. Desde luego que se requiere la participación de otras especialidades como la ingeniería, la contabilidad, así como de las relevantes en cada sector o área en la que se llevará a cabo un proyecto. Si se trata de un proyecto relativo al sector salud será preciso contar con alguien experto en ese tema, y lo mismo aplica si el proyecto se refiere a la educación, transporte, seguridad pública, etc. A veces es conveniente incluso contar con varios especialistas en el tema respectivo cuando el proyecto es "complicado", como el caso del nuevo aeropuerto de la CDMX.

Sin embargo el equipo de trabajo siempre requerirá a un economista que tenga experiencia en los temas de identificación, cuantificación y valoración de costos y beneficios que ocurren en la sociedad en diferentes momentos del tiempo. Esto hace que el análisis costo-beneficio sea una actividad sumamente interesante, porque siempre habrá cosas nuevas que aprender no importa en qué sector o región se pretenda llevar a cabo un proyecto. El resultado correcto de un estudio de evaluación depende de la adecuada integración de su equipo de trabajo.

En lo personal yo he encontrado que el análisis costo-beneficio es uno de los campos de aplicación práctica más importantes de lo que aprendemos los economistas en nuestras diferentes escuelas. De aquí la extraordinaria y amplia área de aplicación de lo que llamamos la "economía de la educación", "economía de la salud", "economía del crimen", "economía de la pobreza", y así sucesivamente, todos ellos campos donde tenemos mucho que aprender, y aplicar, en nuestro país.

Es así que en el fondo los factores técnicos, legales o incluso ambientales de los proyectos de inversión recaen finalmente en consideraciones económicas. De poco serviría por ejemplo definir el sitio "ideal" para construir un aeropuerto, un puerto, un hospital, una carretera, entre otros muchos, si finalmente no resultan rentables para la sociedad. Es decir, la selección de la tecnología, sitio de construcción, impacto ambiental, entre otros, recaerá en consideraciones económicas ¿Cuál es el sitio más **conveniente** para ubicar un nuevo hospital? ¿Qué tipo de ruedas, de fierro o de neumáticos, **conviene** incluir en el diseño de los trenes en una nueva línea del Metro de la CDMX? ¿Qué tecnología **conviene** aplicar en la nueva planta de tratamiento de aguas residuales de la ciudad? ¿Cuál es el sitio más **conveniente** para ubicar el nuevo aeropuerto de la CDMX? La respuesta a estas preguntas requerirá de una buena integración del equipo de trabajo, incluyendo a alguien que sepa de cuestiones económicas, en resumen de ¡costo – beneficio!

En este capítulo se revisan los temas básicos de teoría económica que tienen que ver con la identificación, cuantificación y valoración de los costos y beneficios de los proyectos de inversión, o sea la oferta y la demanda, así como la interacción que existe entre estas dos fuerzas. En la redacción he tratado de ejemplificar los significados de cada tema, pero es probable que no tenga éxito, por lo que se pide a las lectoras, lectores de este trabajo, que remitan sus dudas o comentarios a la dirección del IMCI. A vuelta de correo se tratará de contestar cada pregunta, o ejemplificar cualquier tema que no resulte claro cuando se lean los textos que se presentan a continuación.

Debido a problemas de espacio he decidido no incluir aquí algunos aspectos más técnicos que tienen que ver con los impuestos especiales. Las personas interesadas en estos temas pueden escribir un correo a la dirección ya mencionada para recibir tales materiales.

---

[38] Cuando hablamos de costo-beneficio de hecho estamos haciendo alusión a las dos fuerzas más importantes que existen en cualquier mercado: la oferta y la demanda.

En este tema tampoco aspiro a tener alguna originalidad. Lo único diferente respecto a la gran mayoría de los libros de texto existentes, es que trato de referirme a algún ejemplo práctico que ilustre el significado de cada tema.

4.1 Teoría de la curva de demanda

La razón principal por la que se pretende llevar a cabo un proyecto de inversión es porque existe una demanda insatisfecha de un determinado bien o servicio, o porque su precio es considerado "alto". El proyecto pretenderá reducir o eliminar la demanda "insatisfecha", o reducir el precio del bien o servicio de que se trate. En otros casos, más frecuentes en los proyectos de inversión privada, un proyecto de inversión puede emprenderse para aprovechar alguna oportunidad de negocio que se presenta al promotor o interesado.

En la realidad, existen demandas insatisfechas, y precios "altos", en una gran cantidad de bienes o servicios que ofrece o pretende ofrecer el gobierno en México, como es el caso de la educación y salud pública, justicia, vialidades, agua potable, seguridad pública, entre otros muchos. Por el contrario, las demandas insatisfechas o los precios "altos" en otras cosas como hamburguesas, tacos o tortas, computadoras o automóviles, entre cientos de miles o millones de bienes o servicios en una sociedad, son resueltas a través del funcionamiento de los mercados, a veces "libres" y a veces no tan "libres".

Existe una oferta y una demanda prácticamente para todo bien o servicio que nos podamos imaginar. Ambas fuerzas, la oferta y la demanda, en todas las sociedades, ejercen un poder formidable para determinar qué se produce, cuando se produce, qué precio regirá en el mercado, cuánto ganan los trabajadores, qué trabajadores se requieren, cuál será la tasa de interés vigente, entre muchas otras variables.

En general el gobierno interviene cuando se trata de bienes que denominamos "públicos" como la seguridad, los derechos de propiedad, las carreteras y los caminos, la salud y la educación pública, entre otros. Sin embargo, en algunos países como México el gobierno también interviene o ha intervenido en áreas que podrían ser atendidas de manera eficaz por el sector privado, como fábricas de bicicletas, energía eléctrica, petróleo, agua potable, recolección de basura, puertos, hoteles, aeropuertos, entre otros muchos.

Nuevamente, en todos los casos habrá una demanda, satisfecha o insatisfecha, cambiante con el tiempo y con la hora del día, y existirá también una oferta, a veces limitada o "insuficiente", hecha por una entidad pública, o encomendada a algún inversionista particular.

Los proyectos de inversión pública tendrán que ver con la demanda que la población objetivo hace por el (los) bien(es) o servicio(s) que se va(n) a producir, y por los que va a utilizar directamente (insumos, mano de obra, capital, divisas, recursos naturales, entre otros) para entregar dichos bienes o servicios a la población. En ocasiones se afectarán mercados de bienes o servicios que pueden ser complementarios (como el agua y el alcantarillado de una ciudad) o sustitutos (como una carretera de peaje versus una carretera "libre") de los que producirá el proyecto, o de los que utilizará para producirlos. A veces ocurrirán efectos que conocemos como "externalidades" tanto en la producción como en el consumo de bienes o servicios relacionados con los que se van a producir, o con los que se van a utilizar para hacerlo. Este "encadenamiento" de ofertas y demandas por bienes y servicios ocurre todo el tiempo, se "solucionan" de una o de otra forma, dando como resultado final que unas sociedades sean más prósperas que otras, y que su población alcance mejores niveles de vida que otras, porque son más eficaces o más eficientes, o ambas cosas, para resolver problemas o aprovechar oportunidades.

Por ahora dejamos en claro que en el análisis costo-beneficio de un proyecto de inversión pública tenemos que tener una clara definición de qué mercados serán afectados por su realización, o por su no-realización. Para ello debemos entender los principios básicos que gobiernan a las dos fuerzas que hemos mencionado, la oferta y la demanda. Iniciaremos con la teoría de la demanda.

4.2 ¿Qué significa la curva de demanda?

La curva de demanda nos indica las cantidades de un bien o servicio que los compradores están dispuestos a adquirir ante diferentes precios que pudieran existir en el mercado, manteniendo constantes todos los demás factores que pudieran afectar su decisión, como pueden ser los precios de bienes complementarios o sustitutos, el nivel del ingreso, el clima o la estación del año de que se trate, entre otros. Esta curva nos indica, en términos generales, el beneficio marginal privado de consumir el bien o servicio de que estamos hablando debido a que está dispuesto a pagar el precio respectivo, es decir, hay una "disponibilidad a pagar". Los compradores pueden ser personas, familias, gobierno, e incluso las mismas empresas que demandan insumos, mano de obra y capital.

Se le llama curva porque se puede representar por una línea, la cual muestra una relación numérica entre el precio y la cantidad comprada. Esta relación generalmente es negativa, es decir, si sube el precio la cantidad comprada será menor, y si el precio baja la cantidad comprada será mayor. Cuando graficamos una curva de demanda, la convención es representar las cantidades en el eje horizontal y los precios en el vertical.

Cuando hablamos de una curva de demanda debemos aclarar en qué unidades se mide el bien o servicio de que se trate, como pueden ser: metros cúbicos, litros, kilowatts-hora, kilogramos, entre otros, así como la unidad de tiempo en que se está midiendo el consumo, ya sea horas, días, semanas, meses, etc. De este modo, en una gráfica de la curva de demanda, vamos a medir en el eje vertical el precio del bien o servicio, y en el eje horizontal las cantidades que se desean adquirir a tales precios por unidad de tiempo, manteniendo constantes todos los demás factores que pudieran afectar los deseos de los consumidores.

La razón por la que se mantienen constantes los demás factores es porque es más sencillo analizar un factor de cambio que varios al mismo tiempo. Además, sería prácticamente imposible graficar una línea que tuviera múltiples dimensiones.

Finalmente, es importante señalar que el "precio" de adquisición es en unidades monetarias (como lo es en la gran mayoría de los bienes y servicios que se compran en la realidad en cualquier país), pero en ocasiones podría ser la equivalencia monetaria del tiempo o el esfuerzo que se requiere para obtener un cierto bien o servicio. En ocasiones tendremos que incluir todo el costo en que incurrimos para obtener una unidad de un bien o servicio, como puede ser el costo monetario más el valor del tiempo invertido en conseguirlo. Por ejemplo el costo total de obtener una consulta médica en una clínica pública donde los servicios sean "gratuitos" pudiera incluir un pago monetario (transporte público) más el valor del tiempo requerido para el viaje, y la espera.

Es importante tomar en cuenta que en la realidad no existe una línea continua que relacione el precio con la cantidad que se desea comprar, sino más bien puntos que representan "deseos" de los consumidores, cuyo significado dependerá del bien o servicio del que estemos hablando. Por ejemplo, no habrá una demanda por comprar un automóvil y medio, o un viaje y tres cuartas partes de un boleto de avión entre México y Acapulco. Sin embargo, al usar una simple línea se simplifican las explicaciones, pero habrá que precisar las cantidades al momento de cuantificar la demanda esperada por el bien o servicio que producirá el proyecto que estemos analizando.

Regresemos al ejemplo de la sección 1.15 del capítulo I. Recordemos que se trata de una comunidad alejada que no tiene servicio de electricidad, por lo que los habitantes utilizan baterías para operar radios y linternas, gastando en ello diez pesos por kwh y consumiendo 40 kwh en promedio por familia al mes. Todo esto después de haber "optimizado" lo más posible su consumo, por lo que podemos decir que la situación actual es igual a la situación sin proyecto.

Ahora supongamos que la Comisión Nacional de Electricidad les instala el servicio y les cobra una tarifa de un peso por kwh (Oferta). La diferencia, o sea nueve pesos por kwh constituirá el beneficio directo a las familias por consumir cada kwh que se adquiría en la situación sin proyecto (liberación de recursos debido al menor precio para la misma cantidad consumida). Sin embargo, normalmente existirá un efecto adicional, habrá un mayor consumo en la situación con proyecto respecto al que existía en la situación sin proyecto debido a que el precio ha bajado. En la siguiente gráfica el punto A representa la situación sin proyecto (precio y cantidad), en tanto que el punto C representa la situación con proyecto:

Gráfica IV.1. Cantidad demandada sin y con proyecto de inversión

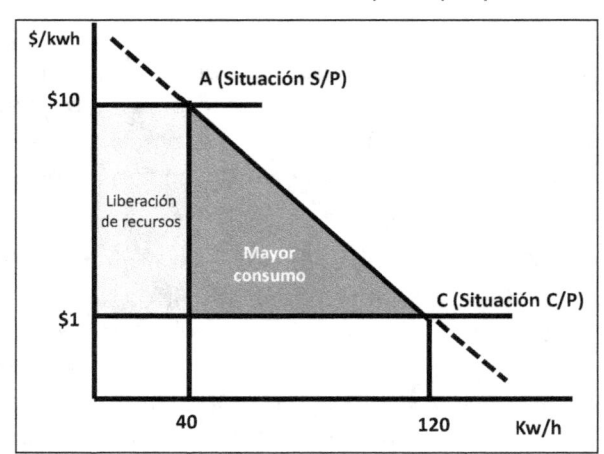

Si bien sabemos con cierta precisión el punto de partida (la situación "sin proyecto") debido a que se debe haber realizado una encuesta para preguntar a la población acerca de la cantidad de energía que consumen y su gasto en compra de baterías, el punto complicado es saber cuál será el punto que represente la situación "con proyecto". Una posible respuesta consiste en aplicar un método conocido como de "asimilación", que significa utilizar la información de lo que haya ocurrido en una población "similar" con un proyecto "similar". Esto puede servir cuando se habla de proyectos "pequeños", donde el margen de error podría no ser tan grave. En todo caso se podría posteriormente hacer un breve estudio de evaluación ex post, para saber qué ajustes convendrá hacer en el futuro, y de este modo ir "afinando" el método de estimación de la situación con proyecto en estos pequeños proyectos.

Una vez conocidos los puntos A y C de la gráfica anterior, los cálculos para estimar los beneficios directos son relativamente sencillos, suponiendo que la línea que los une es una recta[39]. Estos beneficios normalmente serán de dos tipos:

> La primera (área con color claro) se denomina "liberación de recursos", y está determinada por el ahorro de 9 pesos por kwh multiplicados por el consumo de 40 kwh mensuales de la situación sin proyecto. Se llama "liberación de recursos" porque representa un ahorro directo para la población, que puede hacer con ello lo que mejor le plazca.

> La segunda (área obscura) se denomina "beneficio por mayor consumo", y se deriva de la cantidad adicional que se demanda debido a la reducción del precio, a diferentes "disponibilidades" a pagar, algunas a $9.9, otras a $9.85 y así hasta llegar al precio de

---

[39] A veces se podría pensar que en realidad pudiera ser una hipérbola pero en principio no habría elementos para usar otro supuesto, hasta no hacer un estudio más complicado, como los realizados por la Comisión Nacional del Agua en relación a las curvas de demanda por agua.

$1.00 por kwh en la situación con proyecto (el supuesto de la línea recta). Según el dato de la gráfica anterior el consumo aumentará a 120 kwh al mes, es decir, habrá en promedio 80 kwh adicionales de consumo por familia al mes en la situación con proyecto. El valor del beneficio neto adicional está representado por el área ABC, el cual equivale a 80 kwh por 9 pesos entre dos (porque es un triángulo). El resultado es también, en este caso, de 360 pesos mensuales.

Ambos beneficios ascienden entonces a 720 pesos por familia al mes. Es importante notar que a Empresa de electricidad podrá captar de esta comunidad un ingreso por ventas de solamente $120 mensuales por familia (120 kwh consumidas en promedio, al precio establecido de $1 por kwh). En este caso el beneficio "social" es sustancialmente mayor ($720 mensuales) que el beneficio privado ($120 mensuales). Lo importante en relación a la "curva" de demanda es que el área bajo ella, que une la situación sin proyecto con la situación con proyecto, mide el beneficio social directo de la realización del mismo, como ya hemos mencionado. Como veremos en la siguiente sección, los 720 pesos (valor de las áreas sombreadas) representa la ganancia en el superávit del consumidor cuando ocurre el proyecto y mide los beneficios directos de su realización.

Analicemos un poco más lo que ocurre con los consumidores de electricidad cuando están "llegando" al precio de $1 por kwh. Digamos que un consumidor se encuentra consumiendo el kwh número 119 (gráfica IV.2). Según la curva de demanda, esta unidad le proporciona una utilidad marginal de $1.05, en tanto que su costo es de solamente $1.00. Esto significa que le "conviene" seguir adelante (beneficio mayor que costo). Sin embargo, la unidad 121 le proporciona una "utilidad" de solamente $0.95, en tanto que su costo sigue siendo de $1.00. Esto obviamente le significa una "pérdida" (triángulo obscuro), por lo que decide no consumirla. Es decir, la utilidad marginal ($0.95) es inferior al costo marginal ($1.00) y por tanto no le conviene consumir la unidad 121. Su consumo se mantiene en los 120 kwh antes señalados.

Gráfica IV.2

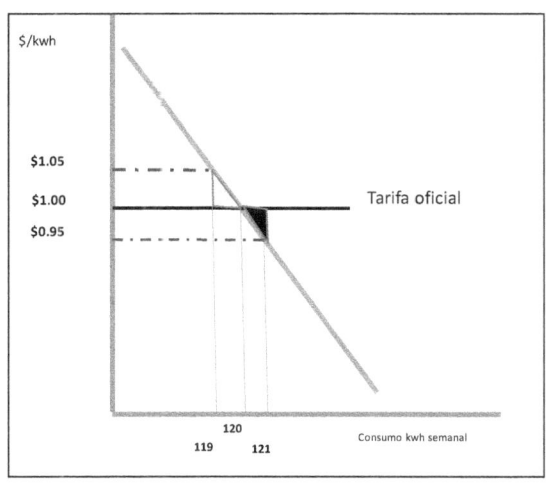

Hasta aquí estamos hablando de una relación directa entre las cantidades que se desean adquirir, y su propio precio. Es decir, estamos hablando de movimientos a lo largo de la **misma** curva de demanda, debido a que hemos dejado constantes todos los demás factores que la afectan.

Cambiemos ahora uno de esos factores, por ejemplo el clima. Supongamos que llega una onda de frío excepcional, y que esto motiva que la curva de demanda **se desplace** hacia la derecha, es decir, **al mismo precio** de $1.00 por kwh se desearán consumir 140 kwh. La "nueva" curva de demanda será D₁ en la gráfica IV.3 mientras dure el tiempo de frío. Algo similar ocurrirá si cambia alguna otra variable, como el nivel de ingresos de la población, que también desplazará la curva de demanda a la derecha.

Gráfica IV.3

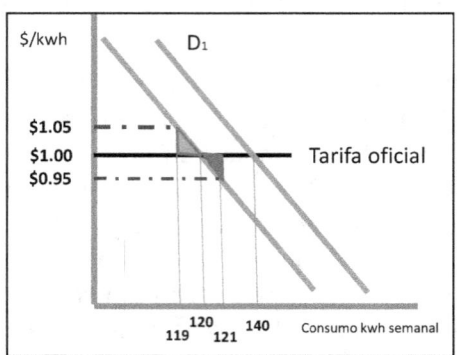

En el mundo real la demanda por electricidad oscila a lo largo del día, ya que las actividades que realizamos van cambiando. Normalmente durante la noche se reducen, en tanto que durante el día aumentan. Esto afecta la demanda por energía, lo cual ha llevado a que algunas tarifas se ajusten para "acomodar" los cambios debido a que en los momentos de "alta" demanda, se tienen que utilizar generadores de mayor costo marginal de operación. Algo parecido ocurre en algunas ciudades del mundo para el transporte público, las tarifas se ajustan para inducir a los usuarios a transportarse en horas de menor congestión (esto desafortunadamente no se hace en México). Nótese que en el caso de bienes o servicios proporcionados por el sector privado si ocurren cambios en precios y tarifas en épocas de "alta" demanda: pasajes en avión, hoteles, entre otros, lo cual tiende a "normalizar" y a acomodar a los pasajeros con mayor disponibilidad a pagar (y con mayor ingreso por supuesto).

Otros factores que afectarán a una curva de demanda son el nivel de ingreso de la población, los cambios tecnológicos, los precios de bienes complementarios o sustitutos, la moda, el clima, y así sucesivamente, dependiendo de qué bien o servicio estemos analizando. Por esta razón en la realidad hablamos de "modelos" de demanda, más que de una sola curva de demanda.

4.3 ¿Qué es el excedente del consumidor?

El excedente del consumidor representa el **bienestar o utilidad** que un consumidor percibe cuando el precio que paga en el mercado es inferior al precio máximo que hubiera estado dispuesto a pagar por adquirir una unidad adicional de un cierto bien o servicio. De este modo, si el precio que paga se reduce (situación con proyecto) respecto al que pagaba previamente (situación sin proyecto) existirá un aumento en dicho excedente, lo cual representará el beneficio directo de haber llevado a cabo el proyecto, tal como se vio en la gráfica IV.1 anterior.

La siguiente gráfica muestra la curva de demanda de la gráfica IV.1 indicando las cantidades que la población consumiría ante diferentes precios que se muestran en el eje vertical. Si sumamos estas "disponibilidades a pagar" entonces obtenemos como resultado toda el área sombreada de la siguiente gráfica, en la que empezamos suponiendo que el precio es cero.

Gráfica IV.4

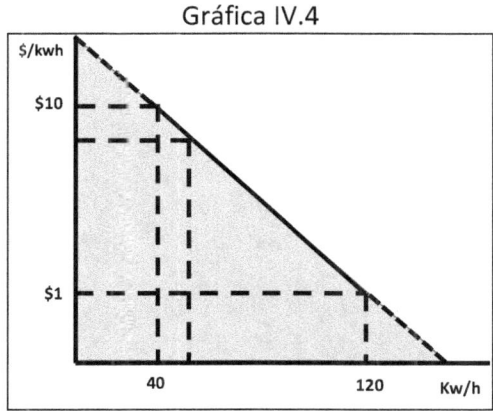

Si el precio fuera de $10 por kwh la población respondería consumiendo 40 kwh. Entonces el superávit del consumidor estaría representado por al área sombreada de la siguiente gráfica, donde hemos restado el costo del consumo.

Gráfica IV.5

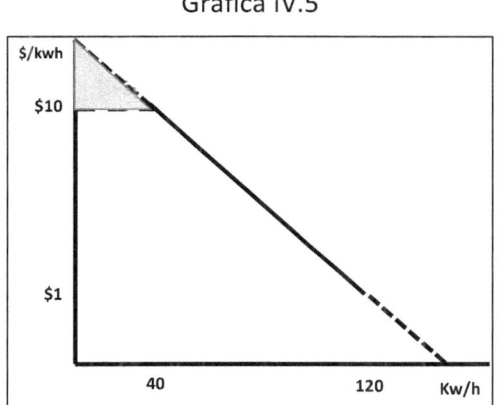

En la situación con el precio habrá bajado a solamente 1$ por kwh, por lo que el consumo aumenta hasta 120 kwh. Ahora el superávit del consumidor será representado por el área sombreada de la siguiente gráfica:

Gráfica IV.6

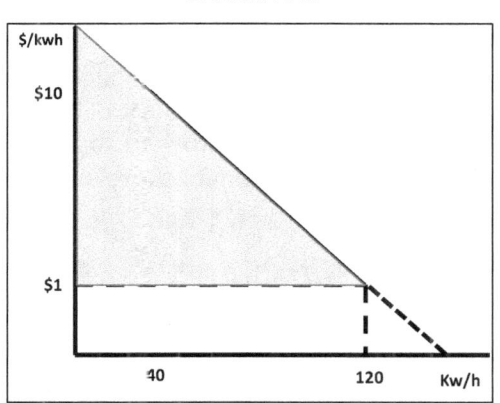

La pregunta ahora es ¿en cuánto cambió el superávit del consumidor entre la situación sin proyecto y la situación con proyecto? La respuesta es la diferencia entre el superávit del consumidor entre ambas situaciones, es decir, la diferencia entre las dos áreas sombreadas anteriores), o sea:

Gráfica IV.7

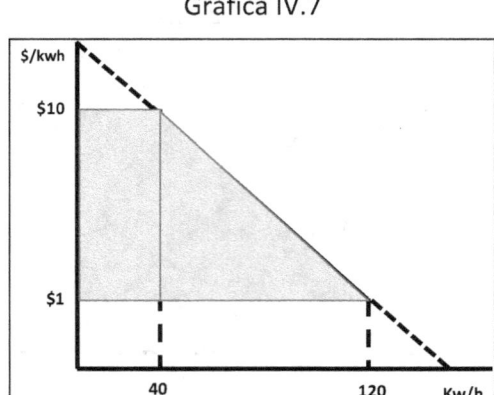

Que es igual a la mostrada en la gráfica IV.1, compuesta por las dos áreas que ya se explicaron: la que representa la "liberación" de recursos (rectángulo) y la que representa el valor del mayor consumo (triángulo). El cambio en el superávit del consumidor entre la situación con proyecto y la situación sin proyecto representa los beneficios netos directos de la implementación del proyecto de inversión.

Regresemos ahora al ejemplo del proyecto del puente sobre el río Santiago. Hasta ahora hemos supuesto que el número de cruces será el mismo en la situación sin proyecto y en la situación con proyecto, de 140 personas diarias. Como se ha mencionado en esta sección, al abaratarse el costo del cruce, lo más probable es que exista un aumento en la cantidad demandada. Digamos que ya se ha hecho el estudio de demanda del proyecto y se ha llegado a la conclusión de que en la situación con proyecto el número de cruces aumentará a 200 diarios en promedio anual.

Se pide a la lectora, lector, de este libro, elaborar el nuevo flujo de costos y beneficios del proyecto del puente y recalcular el nuevo escenario, bajo el supuesto de que el precio del cruce se reduce, de $20 en la situación sin proyecto, a $10 en la situación con proyecto, y que la cantidad demandada de cruces aumentará a 200 diarios en promedio anual. Una vez que haya hecho este ejercicio, por favor enviarlo por correo a la dirección del IMCI y a vuelta de correo se remitirá la solución que se considera correcta. Les sugiero empezar por hacer una gráfica que ilustre el punto de la situación "sin proyecto", y el punto de la situación "con proyecto". Esto le servirá para calcular correctamente los beneficios directos de la realización del proyecto.

Del mismo modo, se pide a las lectoras, lectores, volver a los ejercicios 1.14 y 1.15 del capítulo uno. Ahora el supuesto es que la cantidad demandada de agua en la situación con proyecto es el doble de la que existía en la situación sin proyecto, y lo mismo para el ejercicio de la demanda por energía. Vuelva a elaborar los flujos de costos y beneficios de ambos ejemplos. Calcule los indicadores de rentabilidad del VAN y de la TIR. Remita sus respuestas al correo del IMCI y a vuelta de correo recibirá las que se consideran "correctas".

4.4 ¿Qué es un modelo de demanda?

Como se ha mencionado, la cantidad de un bien específico que la población demanda en un cierto momento del tiempo depende de una serie de factores, además de su propio precio en el mercado. Por esta razón, los economistas han buscado una manera de relacionar todo esto a través de un "modelo" de demanda, donde la variable dependiente (la que se busca explicar) es la cantidad de un cierto bien o servicio que se demanda en un cierto momento del tiempo, lo que, como ya se dijo, estará en función de una serie de variables (a las que podemos denominar variables explicativas). Esto se representa por medio de una función como la siguiente[40]:

$$Q_x^d = f(P_x, P_s, P_c, P_f, M ó G, \#C, I)$$

Donde Q_x^d es la cantidad demandada del bien X que resulta de la interacción de las siguientes variables explicativas:

Px   su propio precio,
Ps   el precio de un bien sustituto,
Pc   el precio de un bien complementario,
Pf   el precio del mismo bien que se espera en el futuro,
M ó G   la moda o el gusto,
#C   el número de consumidores,
I   el nivel del ingreso,

A lo cual seguramente habría que incorporar algo así como:

O   Otras variables dependiendo del tipo de bien o servicio del que estemos hablando.

La interacción de todos estos elementos determinarán una cierta cantidad del bien X que los consumidores desean adquirir en un momento dado.

Como ya hemos dicho, la curva de demanda que representa la posición de los consumidores en la situación sin proyecto y la que tendrían con el proyecto, es la simple relación entre su precio y la cantidad que a dichos precios se demanda (como la gráfica IV.1). Los demás factores de un "modelo" de demanda que se mencionan anteriormente implicarán cambios en la **posición** de dicha curva. Por ejemplo, si el número de consumidores aumentara (en época de vacaciones habrá más personas en Acapulco) seguramente las curvas de demanda por alimentos, paseos, restaurantes, etc., aumentará (se desplazarán hacia la derecha) respecto a la situación "normal"

Para estimar y pronosticar las cantidades de demanda que tendrá un proyecto de inversión no será suficiente relacionarlas con su propio precio. Habrá que tomar en cuenta una serie de factores adicionales que muchas veces serán propias de cada posible proyecto, algo no fácil, pero tampoco tan difícil como para que no se pudiera precisar "razonablemente" por el equipo de proyecto. Aquí veremos algunas de las más frecuentes.

En los proyectos de vialidades, o de infraestructura como los aeropuertos, o de transporte público como el Metro, o de electricidad doméstica, la demanda debe analizarse de acuerdo al horario, ya que la curva de demanda, como ya se dijo anteriormente, muestre variaciones importantes a lo largo del día, de modo que comúnmente nos referimos al menos a dos tipos de horarios: horas "pico" y horas "no pico". En el caso de la energía eléctrica las horas "no pico" serán en la noche, cuando la mayoría de la población está durmiendo, en tanto que las horas "pico" serán quizás por la tarde, cuando la gente llega a sus casas y utilizan todos los aparatos eléctricos. En el caso del transporte público los horarios de mayor demanda de viajes quizás sean a ciertas horas de la mañana (viajes a las escuelas y al trabajo, principalmente) en tanto que avanzada la noche la demanda de viajes disminuirá. Esto se ilustra en la siguiente gráfica para el caso de las vialidades:

---

[40] Por supuesto, las variables que intervienen en este modelo serán distintas para diferentes bienes o servicios que serán producidos por el proyecto. Por ejemplo, la cantidad de agua que demanda la población depende de factores como los arriba mencionados, pero también se sabe que la disponibilidad de alcantarillado sanitario en las viviendas tiene un efecto sobre la cantidad de agua limpia que se demanda. En este último caso la disponibilidad de alcantarillado será una de las variables "explicativas" en el modelo respectivo.

Gráfica IV.8

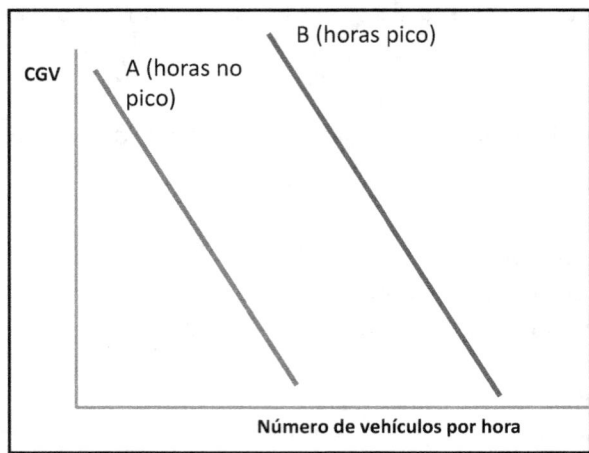

En esta gráfica el eje vertical se refiere, como de costumbre, al precio que enfrentan los demandantes por viajes, en este caso el que se denomina costo generalizado de viaje (CGV), que incluye todos los costos en que incurrimos cuando viajamos (valor del tiempo más costos monetarios y no monetarios de hacerlo) en tanto que en el eje horizontal medimos el número de vehículos por hora (normalmente en una determinada vialidad). La curva A se refiere a la demanda en horas "no pico" y la B a la demanda que ocurre en horarios "pico". Es probable, de acuerdo con el tipo de proyecto que se está evaluando que también pudiera existir un horario "intermedio", en cuyo caso existiría, en el mismo día, una curva de demanda adicional a las que se han graficado anteriormente, y quizá habría que agregar la demanda cuando no hay congestión.

Veamos otro ejemplo. Supongamos que estamos tratando de estimar la cantidad demandada de viajes mensuales entre la Ciudad de México y Acapulco. Aquí podríamos suponer las siguientes variables que podrían afectar su comportamiento:

- Precio del viaje (gasolina, peajes, desgaste del vehículo, tiempo),
- Precio de bienes complementarios (hoteles),
- Precio de bienes sustitutos (costo del viaje en camión o avión),
- Clima (si es época de calor o de frío),
- Temporada (tiempo de vacaciones o tiempo de escuelas),
- Moda o gusto (Acapulco versus otros sitios de "moda"),
- Nivel de ingresos (si sube el ingreso probablemente aumentará la demanda por determinados bienes o servicios, como los viajes por vacaciones),

El trabajo consistirá en investigar, y calcular, el posible efecto de estas variables en el número probable de viajeros, lo cual evidentemente será distinto para cada mes de un cierto año. El punto complicado será estimar esta misma demanda, pero para ¡20 años en el futuro!, o más, según el proyecto que estemos analizando.

Es importante señalar que es relativamente más sencillo estimar la función de demanda una vez que el proyecto está construido (por ejemplo una autopista), que cuando se hace para determinar si conviene o no hacerlo. Lo malo es que el momento más útil de contar con una "probable" función de demanda es precisamente antes de llevar a cabo el proyecto.

En México han ocurrido severos errores de proyección de la demanda en sectores como las carreteras, trenes, aeropuertos, entre otros (la lectora o lector puede consultar por Internet casos como el tren interurbano de la Ciudad de México, el aeropuerto de Chichén Itzá, el aeropuerto de

Palenque, entre otros). Por esta razón, es altamente recomendable que las proyecciones de la demanda, tanto en la situación actual, sin proyecto, y con proyecto, se realicen sobre la base de "modelos" de demanda, muy especialmente si se trata de proyectos "complicados" o de "alto" costo. En México todavía no se ha avanzado mucho en el tema de la evaluación ex post de proyectos pero seguramente tendrá una gran utilidad en el futuro debido a que una de las fallas más frecuentes, y graves, en el desempeño de los proyectos ha sido precisamente la debilidad de las proyecciones de la demanda.

4.5 Ejemplos de errores en la proyección de la demanda.

Como se ilustró en el ejemplo del suministro eléctrico de la sección IV.2 anterior, al contar con una estimación de la curva de demanda de un cierto bien o servicio, el cálculo de los beneficios sociales directos que tiene un determinado proyecto será relativamente sencillo. Lo difícil será, por supuesto, estimar una función de demanda que sea válida para describir lo que ocurriría en el horizonte de evaluación de un proyecto.

Algunos casos desafortunados donde la estimación de la demanda fue un factor clave en el mal desempeño de los proyectos fueron:

1. Caso Plantas de tratamiento de aguas residuales en el puerto de Progreso, Yucatán.

    Este caso debería representar una experiencia útil (para no repetirla) en la identificación y formulación de proyectos. Después de haber invertido una buena cantidad de recursos en el alcantarillado (de "alto" vacío) y de instalar los colectores en la ciudad, se pedía a la población que conectara la evacuación de sus aguas servidas y excretas al sistema recién construido. En esta zona del país la población ha construido su excusado en la parte trasera de los terrenos, por lo que la conexión al alcantarillado hubiera significado un costo muy alto, ya que se tenían que hacer excavaciones que cruzarían por sus habitaciones. Nadie se conectó al sistema, por lo que el "proyecto" resultó un completo fracaso.

2. El "rescate" carretero.

    En 1997 el gobierno de México "rescató" (compró las concesiones) a 23 carreteras de cuota que se habían construido bajo supuestos sumamente optimistas respecto a los aforos vehiculares (número de vehículos usuarios) que utilizarían esas autopistas. El principal factor que afectó este resultado fue la garantía que el gobierno había dado acerca de tales "aforos". El resultado neto fue una pérdida nacional que en esa fecha se estimó en cerca de 160 mil millones de pesos.

3. El tren "suburbano" en la Ciudad de México. Se esperaba una demanda de alrededor de 290 mil pasajeros diarios. En la realidad en los primeros años de su operación la cifra era de 130 mil[41]

¿Cuánto dinero hemos perdido por la realización de proyectos mal elaborados o ejecutados? Nadie sabe pero seguramente es una cifra gigantesca.

La estimación de la demanda será el punto crucial para el desempeño de un proyecto. Es evidente que la precisión de las proyecciones no puede ser del 100%, pero desviaciones del 50% o más no podrían ser consideradas como "razonables". A pesar de la evidencia que existe para destacar la extraordinaria importancia que tiene la estimación de la demanda en la evaluación

---

[41] http://archivo.eluniversal.com.mx/ciudad/106818.html

socioeconómica de proyectos, es notable que en México se hayan dedicado relativamente "pocos" recursos a este propósito.

4.6 Cambios en la curva de demanda

Para proyectar la demanda que tendrá un posible proyecto de inversión tenemos que analizar una serie de factores, incluyendo los mencionados en la sección IV.3 relativa al "modelo" de demanda, pero ampliando nuestra visión para no dejar fuera algún factor de riesgo importante. Los analistas deberán tener en cuenta que en el futuro existirán cambios, a veces predecibles, que podrán afectar la demanda por los bienes o servicios que el proyecto va a producir, o los que utilizará como insumos. Evidentemente los factores que afecten la demanda en un cierto lugar del país, o en un cierto sector, podrían no ser iguales a los que existirían en otros sitios o en otros sectores, por lo que no se puede generalizar una función de demanda para todos los proyectos, sino que tendrá que adaptarse según las condiciones particulares de la región o el sector de que se trate.

Es decir, podríamos plantear un "modelo" general, pero cada caso será diferente por lo que una buena parte del trabajo del equipo de proyecto debería ser dedicada a estudiar los factores que afectarán la demanda por el bien o servicio que va a ser producido, o demandado por un proyecto, en un cierto lugar del país, y no solamente para un momento del tiempo (el año cero, digamos) sino a lo largo del horizonte de evaluación del mismo. Recordemos, tenemos que plantear tres escenarios de lo que ocurrirá con la demanda por el bien o servicio que producirá el proyecto: la demanda en la situación actual, la demanda en la situación sin proyecto y la demanda en la situación con proyecto, y todo esto deberá proyectarse durante el "horizonte" de evaluación del proyecto.

En términos generales podemos decir que siempre existen cuando menos tres factores comunes en las definiciones de la mayoría de los modelos de demanda: los precios de los bienes o servicios que producirá (o utilizará) el proyecto, los precios de los bienes o servicios complementarios o sustitutos, y el nivel de ingresos de la población. En todos los casos, sin embargo, es preciso estudiar con más detalle qué factores pueden poner en riesgo nuestras proyecciones.

Por ejemplo, hace algunos años se planteó la posibilidad de llevar a cabo un proyecto en el Istmo de Tehuantepec, para modernizar y ampliar el servicio de traslado de contenedores entre los puertos de Salina Cruz y Coatzacoalcos, debido a que tanto el Canal de Panamá como los puertos de Los Ángeles y Long Beach en California (EUA) estaban congestionados y eso abría una posibilidad de negocio, según las autoridades mexicanas. Después de muchas discusiones el proyecto no se llevó a cabo debido, entre otros factores, al enorme diferencial en costos y tiempo que significaba el proyecto en comparación con los costos y tiempos de espera en los sitios antes señalados. Además por esas fechas los panameños decidieron ampliar el canal y se propusieron proyectos alternos tanto en México como en EUA. Con ese conocimiento ¿hubiera sido aconsejable que México se embarcara en ampliar la infraestructura de los puertos, vías de ferrocarril, grúas y otros componentes para llevar adelante la idea? Afortunadamente no se hizo, pero sigue latente, sobre todo porque en algún momento se pensó también en la posibilidad de construir "zonas especiales" donde se procesarían los materiales que los barcos transportaban, para posteriormente reenviarlos a otros países. Todos los ejercicios financieros que se hicieron en esos tiempos arrojaban resultados extremadamente desfavorables para la propuesta mexicana. A pesar de esto, de que hoy día el canal de Panamá ha sido ampliado y de que no existe congestión en los puertos de California, vuelve a surgir esta idea, declarada por el actual presidente electo de México como una de sus iniciativas.

La moraleja de este ejemplo es que en todo momento el equipo debe tener presente que aunque el futuro es incierto, existen factores conocidos previamente que deben tomarse en cuenta con el propósito de reducir el riesgo de emprender proyectos cuya rentabilidad esté en duda. Respecto a los factores desconocidos no tengo nada que decir pues es muy difícil preverlos.

4.7 Cambios en la demanda cuando cambia el precio de un bien complementario

Normalmente existen bienes o servicios que se llaman complementarios debido a que uno de ellos induce el consumo de otros. Por ejemplo los radios o las TV y la energía eléctrica, los automóviles y la gasolina, las cisternas que ponemos en nuestras casas y los equipos de bombeo, entre miles de ejemplos que podemos pensar.

¿Qué ocurrirá con la demanda por habitaciones en hoteles de Acapulco cuando **disminuye el peaje** de la autopista?, ¡obviamente tiende a aumentar! debido a que el precio del bien complementario ha disminuido, y viceversa. Esto se puede ilustrar en la siguiente gráfica:

Gráfica IV.9

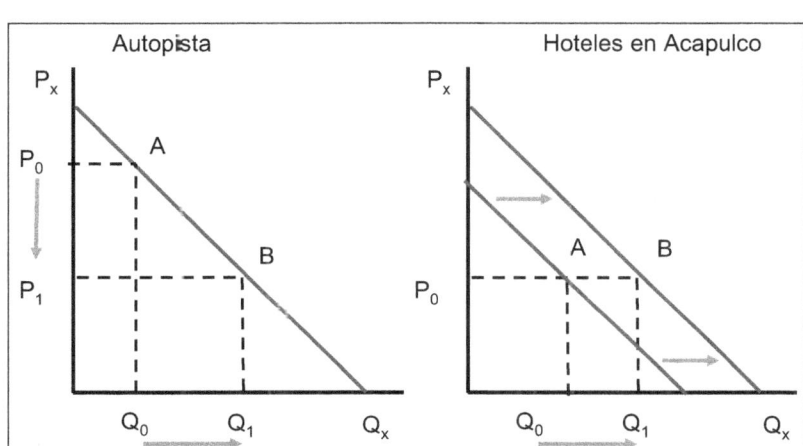

Es decir, existe una relación negativa entre el precio de un bien o servicio y la demanda del bien complementario. Evidentemente habrá que tomar en cuenta el resto de los factores que afectan la demanda, los cuales también podrían ocurrir al mismo tiempo. Por ejemplo una percepción de menor inseguridad en el Puerto, acompañada por una reducción en el peaje de la autopista podría ser un efecto doblemente reforzado, pero también podría ocurrir lo contrario. Nótese que en este caso estamos haciendo referencia a un movimiento en la **misma** curva de demanda de la autopista que ocasiona un **desplazamiento** en la curva de demanda por hoteles en Acapulco.

En la vida real existen muchos proyectos en operación que podrían ser reforzados con proyectos complementarios. Por ejemplo, algo que ocurrió hace muchos años, cuando se inauguró la primera línea del Metro en la CDMX, fue que en los puntos terminales se construyeron amplios estacionamientos que alentaban a los usuarios a manejar por las mañanas desde sus casas a la terminal del Metro más cercana, dejar ahí su vehículo y continuar su viaje en el Metro, y viceversa al regreso. Desafortunadamente esta situación cambió en perjuicio tanto de los usuarios directos de los servicios del Metro como del resto de los viajeros. Hoy en día las velocidades promedio en muchas ciudades son sustancialmente menores que las que ocurrían hace 50 años, ahora agravadas por la falta de acciones coordinadas en los servicios de transporte público, así como por el deterioro en la calidad de los servicios del Metro en el caso de la CDMX. Quizá hoy en día la idea de los estacionamientos sería muy difícil de llevarla a la práctica debido a la creciente reducción en la calidad del servicio del Metro.

4.8 Cambio en la demanda cuando cambia el precio de un bien sustituto

A diferencia de los bienes complementarios existen bienes denominados "sustitutos", porque el consumidor o usuario elige entre uno u otro. Por ejemplo la demanda por una determinada carretera federal ("libre" de cuota), cuando se modifica el peaje en una autopista, o viceversa.

En muchos casos en México ambos caminos, una carretera federal y una autopista, se pueden utilizar para transportarse de un determinado origen a un determinado destino, por ejemplo de Chilpancingo a Acapulco, de la Ciudad de México a Toluca, de la Ciudad de México a Puebla, entre otros muchos casos. La pregunta es ¿Qué pasa con el tráfico en la carretera federal, entre dos puntos, cuando se **aumenta el peaje** en la autopista entre esos mismos dos sitios?, no se requiere gran explicación para imaginar que los viajeros utilizarán en mayor medida las carreteras federales. El incremento en el peaje de la autopista conduce a un cambio sobre la **misma** curva de demanda por usarla, y a un **desplazamiento** hacia la derecha en la curva de demanda por la carretera federal. Es decir, al mismo costo de circulación[42], existirá un mayor volumen de tránsito en la carretera sustituta, y un menor volumen en la autopista.

Gráfica IV.10

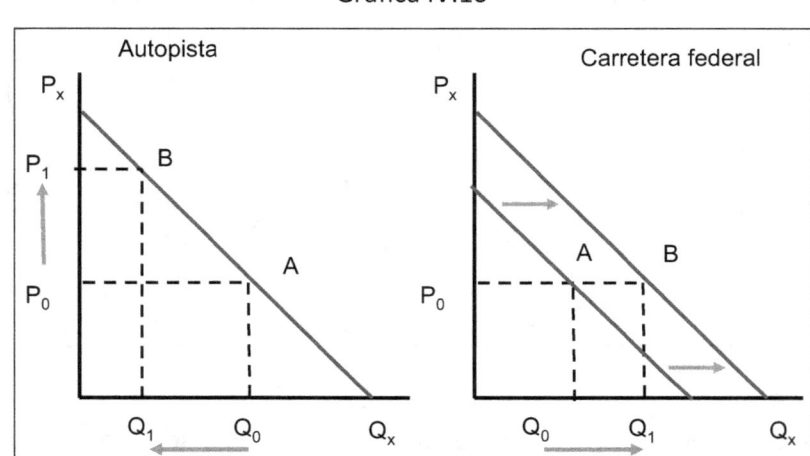

En la gráfica se muestra que el incremento en el peaje de la autopista de P_0 a P_1 provocó una disminución en la cantidad demandada de viajes por la autopista de Q_0 a Q_1 y un aumento en la **curva de demanda** por viajes en la carretera federal, ya que al mismo precio P_0 se demandan Q_1 y no Q_0 viajes.

El ejemplo anterior muestra que la relación entre la demanda y el precio de un bien o servicio sustituto es **positiva:** un incremento en el precio del bien sustituto aumentará la demanda por el bien o servicio analizado y viceversa.

En ocasiones puede no ser relevante el precio "directo" para mover una curva de demanda en uno u otro sentido. Por ejemplo, suponga Usted que en el puerto de Veracruz existe una cierta "congestión" ocasionada por la llegada de más buques de los que puede atender de manera simultánea. Esto aumentará el costo para el transportista debido a que tiene que esperar más tiempo para ser atendido respecto a una situación sin "congestión". El precio aplicable por tarifas (costo de maniobras de carga y descarga más estadía en el puerto) podrá no haber cambiado, pero debido al mayor tiempo utilizado el efecto final será un mayor CGV. Esto mismo ocurre en el transporte público de una ciudad. El precio efectivo será mayor cuando debido a la "limitada"

---

[42] En proyectos carreteros, el costo de circulación equivale al costo generalizado de viaje, su cálculo se explica en las metodologías publicadas sobre este tipo de obras. Véase la página del CEPEP

capacidad de oferta los demandantes tienen que esperar el camión más tiempo del "normal". Y así ocurre en el caso de muchos bienes y servicios ofertados por el gobierno. Piense la lectora, lector, en los casos reales de los servicios de agua, que solamente la entregan una o dos veces por semana (aunque la "tarifa" no cambie el costo marginal del agua será mayor), o los tiempos de espera en hospitales, oficinas públicas, entre otros casos, que finalmente encarecen el costo real de los servicios, aunque sean "gratuitos".

4.9 La demanda de mercado

La demanda de un mercado es igual a la suma de las demandas parciales. Dependiendo del tipo de proyecto tendremos que definir cuál es la curva de demanda relevante para el análisis de los beneficios. A veces podrá ser una demanda local por servicios, digamos de agua potable, o de disposición de residuos sólidos. En otras ocasiones podrá ser la demanda por viajes entre una localidad y otra en una cierta región, o la demanda por servicios de salud en una determinada población.

Por ejemplo, supongamos que existen dos comunidades, A y B. La primera cuenta con servicios de una clínica de salud pero la segunda no los tiene, por lo que la población que demanda servicios de salud en la comunidad B tiene que trasladarse a la comunidad A para recibir servicios médicos. Esto haría que la disponibilidad a pagar de los pobladores de la comunidad B tenga que incluir el costo del traslado, ida y vuelta, en dinero y en tiempo. Esto se ilustra en la siguiente gráfica:

Gráfica IV.11

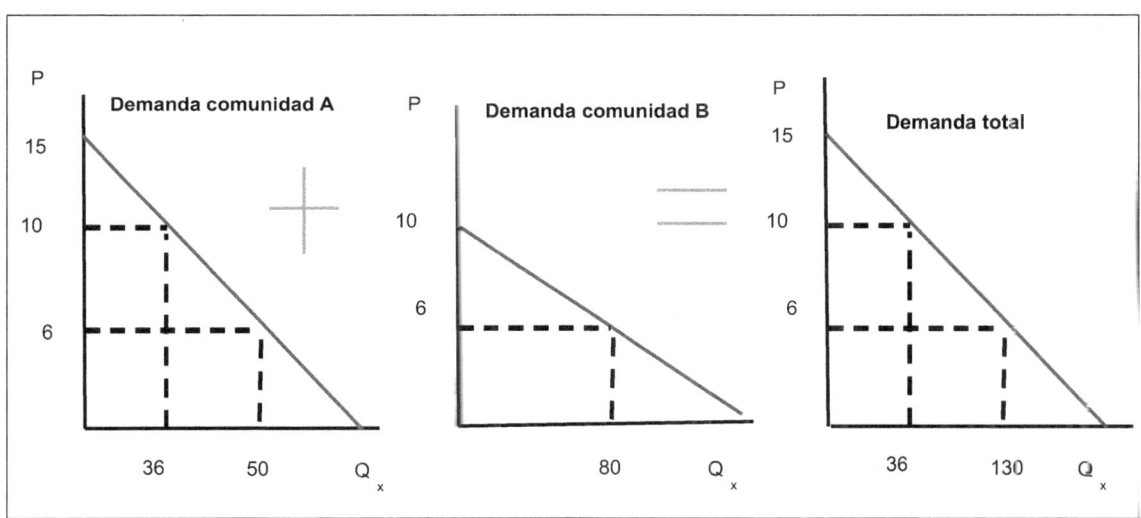

Ahora supongamos que la comunidad B logra la construcción y operación de una unidad médica en su propio territorio. Evidentemente en la situación con proyecto se esperaría que la población que anteriormente viajaba a la comunidad A para recibir servicios médicos, ahora los solicite en su propia localidad. Es decir, se esperaría que la demanda por servicios médicos en la situación con proyecto en la comunidad A se reduzca para reflejar que ahora la población de la comunidad B (o parte de ella) dejará de viajar para recibir estos servicios. En la evaluación del proyecto para la comunidad B habrá que considerar que la demanda potencial incluirá a quienes viajan a la comunidad A en la situación sin proyecto, lo cual podría reducir el tiempo de espera para los habitantes de la comunidad A.

4.10 La elasticidad de la demanda

La "elasticidad" de la demanda se refiere al efecto que tiene en la cantidad demandada de un cierto bien o servicio un cambio en alguna de las variables que se señalaron anteriormente dentro del "modelo" de demanda. Puede referirse al cambio en la cantidad demandada, como respuesta a un cambio en su propio precio (esto se llama "elasticidad propia"), o ante un cambio en el ingreso (esto se llama "elasticidad ingreso"), o ante un cambio en el precio de un bien sustituto (esto se llama "elasticidad cruzada") entre otras posibles relaciones. Veamos las más importantes

4.11 La elasticidad precio

En este caso nos referimos al cambio (porcentual) en la cantidad demandada de un cierto bien o servicio, en respuesta a cambios, también porcentuales, en su propio precio de mercado.

Por ejemplo, la reducción en el peaje de la autopista a Toluca realizada hace varios años trajo consigo un aumento en el número de viajes (manteniendo todo lo demás constante). Probablemente la misma reducción en el peaje de la autopista a Puebla provocará también un aumento en el número de viajes, pero en diferente proporción, debido a que las funciones de demanda de ambas carreteras son completamente diferentes, además de que las condiciones físicas de las carreteras federales México a Toluca y México a Puebla son también completamente diferentes.

¿Por qué es importante el concepto de la elasticidad-precio de la demanda de un bien o servicio en el tema del análisis costo-beneficio de proyectos? Para empezar, debemos reconocer que todos los bienes y servicios que existen en el mundo real tienen, aunque no lo sabemos con detalle, una función de demanda, lo cual tiene implicaciones sumamente importantes en la vida operativa de un proyecto de inversión. En algunos casos estas implicaciones podrían llevar al fracaso, como por ejemplo el ya mencionado "rescate" carretero que hizo el gobierno de México a un conjunto de concesiones donde los flujos de vehículos que se habían estimado en los estudios de demanda resultaron sobre estimados. ¿Sería que los peajes establecidos estaban muy por arriba de lo que la gente estaba dispuesta a pagar? ¿O al revés, se hicieron construcciones sobre dimensionadas que no podían pagarse con las tarifas establecidas correctamente? ¿O los dos factores al mismo tiempo? ¿O la construcción de las carreteras se hizo sobre bases falsas de los estudios de mercado?

En algunos casos podría ocurrir que una disminución en el peaje pudiera aumentar el ingreso del concesionario, si acaso la curva de demanda es lo suficientemente inelástica respecto a su propio precio. Por ejemplo que una reducción de un 5% en la cuota pudiera conducir a un aumento del 10% en el número de vehículos que usan la carretera, lo cual aumentaría el ingreso cobrado por los inversionistas y mejoraría la situación financiera de la concesión.

Supongamos que una reducción del 25% en el peaje de una autopista produce, dejando todo lo demás constante, un aumento exactamente del 25% en el número de viajes. En este caso la relación es unitaria, es decir la elasticidad es igual a **_menos_** uno debido a que los dos porcentajes son exactamente iguales (en sentido opuesto). Si el resultado fuera un aumento del 50% en el número de viajes, la elasticidad sería de menos dos. Lo anterior lo podemos ilustrar con ayuda de las siguientes gráficas:

Gráfica IV.12

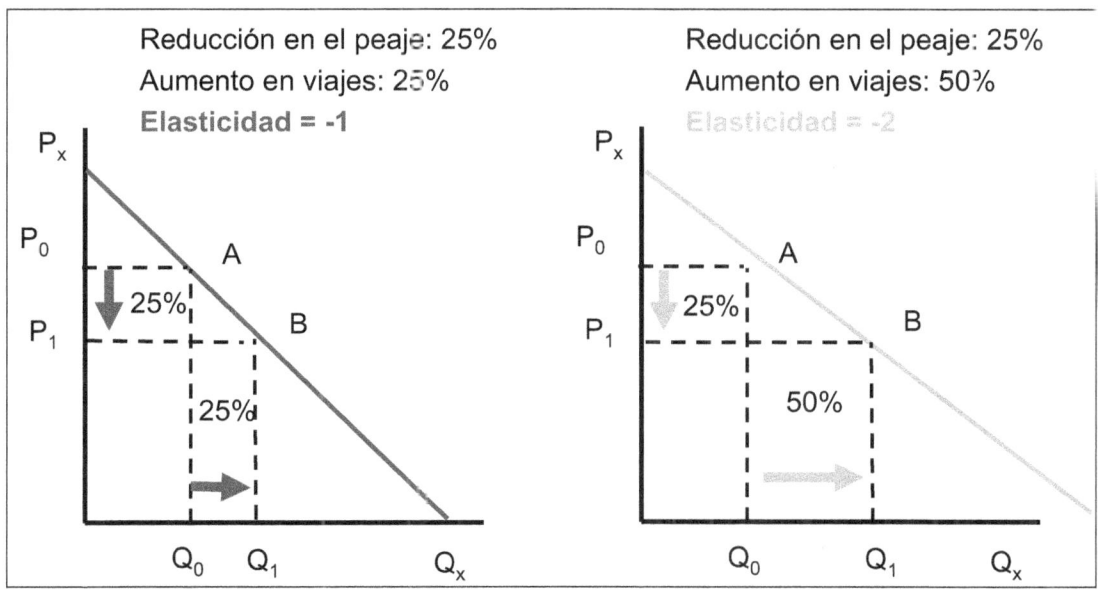

La fórmula de la elasticidad de la demanda de un bien X, respecto a su propio precio Px, es muy sencilla, se divide el cambio porcentual de la cantidad demandada entre el cambio porcentual en su precio:

$$E_{PX} = \frac{Cambio\% \, cantidad \, demandada \, X}{Cambio\% \, precio \, X}$$

Obviamente el porcentaje de cambio en la cantidad demandada no la podemos saber de antemano con certeza, así que podemos entender la dificultad para decidir que bajo ciertas condiciones pudiera convenir la reducción en algo como los peajes carreteros. Por ello es importante llevar a cabo estudios profundos, en los casos que merezca la pena, para estimar una función de demanda por algunos bienes importantes en la economía, o para casos de proyectos "complicados" o de "grandes" montos de inversión. Un ejercicio interesante podría ser calcular el efecto de cambiar los peajes en algunas autopistas, digamos que bajando a cero el peaje si los viajeros utilizan la autopista por la noche. ¿Qué efecto tendría esto en la congestión de la autopista acostumbrada durante el día de regreso a la ciudad origen? ¿Cuál sería el interés social de hacer algo como esto?

Como se puede apreciar de la fórmula anterior, a mayor grado de respuesta de la cantidad demandada ante un cambio en su precio, la elasticidad será mayor (en valor absoluto). Por el contrario, a menor grado de respuesta la elasticidad será menor (en valor absoluto).

En términos generales la forma de una curva de demanda nos indica su elasticidad. En la gráfica IV.13 debería ser claro que la curva A tiene una elasticidad menor, para el mismo precio, que la curva B (menor grado de respuesta de la cantidad demandada ante cambios en su precio). Sin embargo es muy importante que no se confunda la pendiente de las curvas con el concepto de elasticidad, debido a que la elasticidad cambiará a lo largo de cada curva, en tanto que la pendiente es constante en cada una de ellas.

Gráfica IV.13

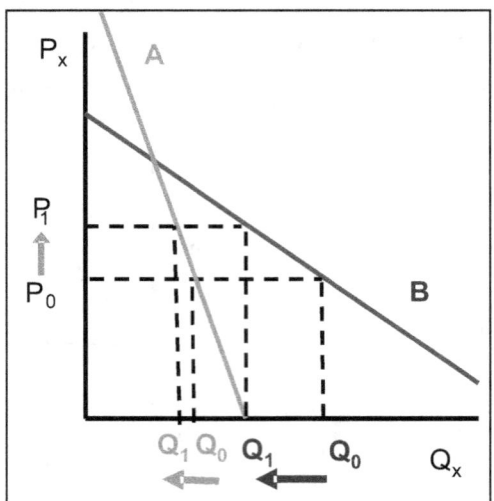

En México la Comisión Nacional del Agua (CNA) ha hecho esfuerzos por estimar las funciones de demanda por agua clasificando a nuestro país[43] en cuatro regiones: Cálido húmedo, cálido sub húmedo, seco o muy seco y templado o frío[44].

En su documento la CNA presenta los cálculos de las funciones econométricas obtenidas para las cuatro regiones en que divide al país, las cuales se presentan en la siguiente gráfica, obtenida de la página 200 del citado documento.

Gráfica IV.14

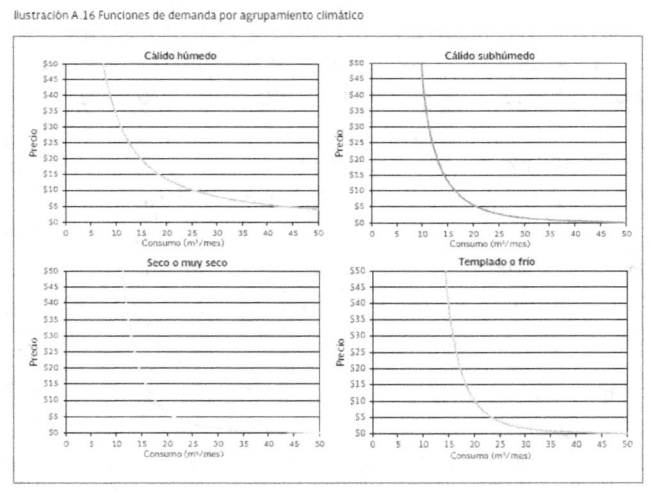

En general se puede decir que en la evaluación de proyectos de inversión pública en México no se han hecho estimaciones econométricas de sus respectivas funciones de demanda, ni siquiera en el caso de un megaproyecto como lo es el Nuevo Aeropuerto de la Ciudad de México, o el tren México a Toluca.

---

[43] Manual de Agua Potable, Alcantarillado y Saneamiento, Comisión Nacional del Agua.
http://www.mapasconagua.net/previ_max.aspx?nm=SGAPDS-1-15-Libro2.pdf&pg=
[44] Documento citado arriba, página 200

Un caso interesante que ocurrió hace poco más de 20 años fue el de un proyecto para construir un tren de pasajeros en la zona metropolitana del valle de México que uniría, con varias estaciones intermedias, un lugar denominado "Barrientos" en la zona del periférico norte de la Ciudad de México con el centro histórico de la misma ciudad (a este proyecto se le denominó "Ecotren"). Los promotores del proyecto habían comisionado a una empresa extranjera, asociada con una consultora nacional, para realizar un estudio de la posible demanda que tendría dicho tren. En la discusión del proyecto, realizado en el curso de especialización sobre evaluación de proyectos que en esa época se impartía en el ITAM, se mencionó que el costo del estudio de demanda había sido de un millón de dólares. Sin embargo, en el análisis y discusión de este proyecto se encontraron diversas fallas en la estimación de la demanda, que por cierto no llegaba a estimar un "modelo" propiamente dicho. La recomendación que se hizo en su momento fue de ahondar en la investigación para resolver las dudas encontradas en el estudio presentado. Esto es, se recomendó un estudio de demanda al nivel de factibilidad. Sin embargo, debido a que este proyecto no fue atractivo para las autoridades de la ciudad en esa época fue abandonado y no se procedió a realizar otro estudio de demanda.

De la misma manera que buscamos saber en cuánto cambiaría la cantidad demandada de un cierto bien o servicio cuando cambia su propio precio, también podríamos preguntar qué pasaría con la cantidad demandada cuando cambia el precio de un bien complementario o sustituto. A esto se le denomina elasticidad "cruzada", pero no abundaremos por ahora más en este tema, aunque por supuesto podría ser una pregunta muy relevante y útil en algunos casos. Piense Usted por ejemplo en la pregunta de ¿Qué pasaría con la cantidad demandada por viajes en el aeropuerto de la Ciudad de México si la TUA del aeropuerto de Toluca bajara a la mitad, a cero o incluso que fuese negativa (subsidiar los viajes desde y hacia Toluca para "descongestionar" el aeropuerto de la CDMX? Existen, por supuesto, muchísimas preguntas similares que podrían servir en la práctica para la implementación de políticas públicas.

4.12 Elasticidades extremas de la demanda

Existen dos casos extremos de la elasticidad de la demanda. El primero es cuando la cantidad demandada no cambia aunque el precio cambie (elasticidad cero), y el segundo es cuando a un mismo precio la cantidad demandada puede ser cualquier cantidad: "chica", "grande" o "muy grande" (elasticidad infinita).

El primer caso se representa por una línea completamente vertical, como podría ser el caso de la demanda por un bien cuyo consumo se considera indispensable (podría ser el caso de ciertos medicamentos, cigarros para quienes tienen esa adicción, entre otros). El segundo se representa por una línea completamente horizontal, a lo largo de un mismo precio, denotando que los consumidores detendrían completamente su consumo de este bien si hubiera cualquier intento de aumentarlo.

4.13 La elasticidad ingreso

Otra elasticidad, muy importante para los estudios de demanda que fundamentan la aprobación, y posible realización de un proyecto de inversión es la elasticidad-ingreso. Aquí la pregunta es ¿Qué pasa con la cantidad demandada por un bien o servicio cuando cambia el nivel del ingreso de la población? Esta pregunta es muy relevante cuando se hacen proyecciones de las cantidades demandadas del bien o servicio que producirá el proyecto de inversión, ya que uno de los factores cambiantes será el nivel de ingresos de la población.

La elasticidad ingreso puede tener signo positivo, negativo o ser cero. La demanda por bienes **normales o superiores** aumenta cuando aumenta el nivel de ingreso, esto quiere decir que su elasticidad ingreso tiene signo positivo. Por el contrario, en el caso de los **bienes inferiores** la elasticidad ingreso tiene un signo negativo, es decir, su demanda disminuye cuando aumenta el ingreso. Un caso interesante se refiere a la demanda por viajes en el Metro de la Ciudad de México. No sería sorprendente encontrar que tiene una elasticidad ingreso negativa, debido a que, siendo su servicio ineficaz, incómodo y peligroso, la población está deseosa por dejar de usarlo tan pronto como puede adquirir un automóvil propio. Finalmente, los bienes neutrales al ingreso tienen una elasticidad ingreso de cero.

4.14 Teoría de la oferta

Como se mencionó anteriormente, la principal razón por la que se pretende llevar a cabo un determinado proyecto es porque existe una demanda "insatisfecha", o porque el precio al que se enfrentan los consumidores de un determinado bien o servicio es considerado "alto". El medio de solución generalmente es a través de un proyecto que proporcionará una mayor (y a veces mejor) oferta de dicho bien o servicio, o en ocasiones también podría ocurrir que al menos parte de la demanda insatisfecha, o parte de una reducción en el precio, pudiera lograrse mediante medidas de "optimización", que pueden ocurrir tanto por el lado de la demanda como de la oferta.

La "oferta" constituye la cantidad de bienes o servicios que los productores están dispuestos a ofrecer en el mercado, en un cierto lugar, por unidad de tiempo, a un determinado precio. Por ejemplo litros diarios de agua por habitante a la tarifa establecida, número de consultas de medicina general diaria que puede entregar una clínica, número y calidad de carriles de circulación de una determinada vialidad, número de aeronaves que puede recibir una terminal aérea en una hora, entre otras muchas.

A diferencia de la demanda, en el caso de la oferta la información es "normalmente" menos complicada de obtener. Por lo general son "pocos" los oferentes mientras que los demandantes por los servicios de un proyecto serán numéricamente mayores. A continuación revisaremos los conceptos más importantes relacionados con la oferta de manera general.

4.15 ¿Qué representa la curva de oferta?

La curva de oferta representa los **costos marginales** de producción de un cierto bien o servicio. Nos indica la cantidad que los oferentes están dispuestos a producir a determinados precios, o dicho de otra forma, nos indica los precios mínimos a los que los productores están dispuestos a ofrecer diferentes cantidades de bienes o servicios en el mercado. El costo marginal se define como el aumento en los costos totales que ocurren cuando la producción aumenta en una unidad. El concepto de "marginal" se refiere al costo adicional por una unidad de producción. En términos generales, la curva de oferta representa el costo marginal privado de producción (que bajo ciertos supuestos puede ser igual al costo marginal social).

A diferencia de la demanda, que refleja el beneficio que obtienen los consumidores al adquirir un determinado bien o servicio (beneficio de consumir), la oferta representa el costo que enfrentan los empresarios (la población o la sociedad) para producir determinado bien o servicio (costo de producir). La demanda representará los beneficios de realizar un proyecto, la oferta significará los costos.

En este caso **la relación es positiva**. Si el precio aumenta, habrá un incentivo para que los productores ofrezcan una cantidad mayor de bienes o servicios en el mercado, y viceversa. Además, los costos marginales de producción en la mayoría de los procesos productivos son primero decrecientes, pero después de un cierto punto se vuelven crecientes, es decir, producir una unidad adicional va costando cada vez más, a menos que el tamaño de la planta productiva se aumente.

La gráfica siguiente ilustra una curva de oferta. La cantidad ofrecida a un precio P_0 es Q_0, pero si aumentara a P_1 se ofrecería una cantidad mayor en el mercado, Q_1.

Gráfica IV.15

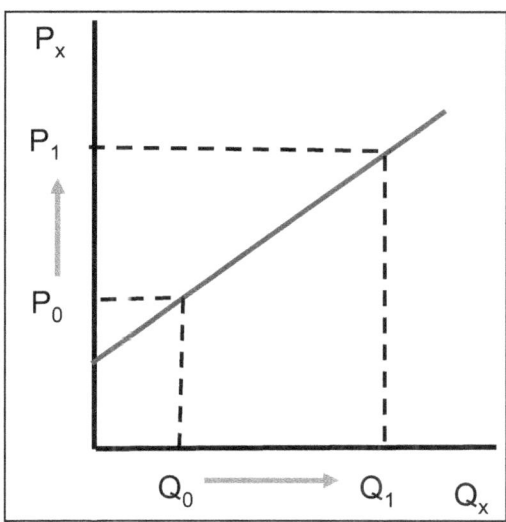

Al igual que la cantidad que la población demanda de un cierto bien o servicio, también la cantidad que los oferentes están dispuestos a producir es resultado de una gran cantidad de factores, como son el propio precio vigente del bien o servicio producido, los precios de los insumos que se utilizan, los precios de la mano de obra que tiene que contratar, la tasa de interés vigente en el mercado, los precios de bienes sustitutos o complementarios en la producción, la tecnología que aplica, en ciertas circunstancias incluso el clima o la paridad cambiaria de la moneda nacional pueden afectar la curva de oferta.

En términos generales esta curva reflejará el **costo marginal privado de producción** del bien o servicio de que se trate, es decir, el costo que enfrentan exclusivamente los productores del bien o servicio de que se trate. Puede, bajo ciertas condiciones, reflejar también el costo marginal social de producirlo, en caso de no existir distorsiones en la producción[45].

En la evaluación privada de proyectos nos importará el costo marginal privado de producción. En la evaluación social de proyectos nos interesa conocer el **costo marginal social de producción**. La diferencia entre ambos puede ocurrir si acaso existen distorsiones en los mercados (por ejemplo un monopolio) o bien, que existan externalidades en la producción, ya sean positivas o negativas. Así como la curva de oferta es el costo marginal de producción, el área bajo la curva de oferta refleja el **costo variable total** de producción, información que es de mucha utilidad en evaluación de proyectos.

Regresemos al ejemplo de agua potable que vimos anteriormente, donde en la situación actual el costo de acarreo (valoración del tiempo utilizado) es de $1 por litro y baja a solamente $0.01 por litro en la situación con proyecto ¿cómo podemos representar las curvas de oferta? Si recordamos que la curva de oferta muestra el costo de producir (y entregar) un bien o servicio, lo podemos hacer de la siguiente forma:

---

[45] Estas distorsiones pueden ser: impuestos y subsidios, externalidades, existencia de bienes públicos, imposición de precios máximos o mínimos por parte del gobierno

Gráfica IV.16

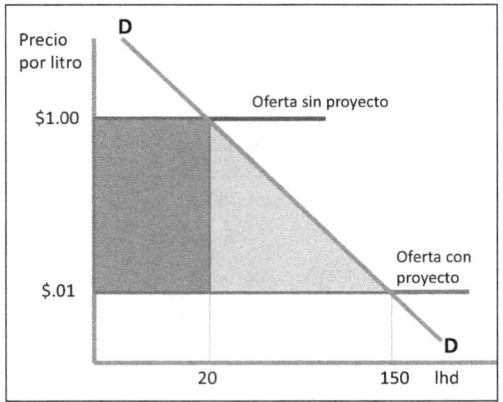

La curva de oferta sin proyecto está representada por la línea horizontal que indica que los habitantes pueden obtener agua pagando $1 peso por litro (en tiempo y molestias), pero esta curva de oferta (costo marginal privado) se reduce a solamente $0.01 en la situación con proyecto. Nótese que estamos hablando de dos curvas de oferta, en tanto que la curva de demanda es la misma en las dos situaciones.

Ejercicio: usando el ejemplo del río Santiago, haga una gráfica para representar la oferta en la situación sin proyecto y la oferta en la situación con proyecto. Para simplicidad suponga la misma curva de demanda en ambas situaciones. Envíe su respuesta al correo del IMCI. Como en los demás casos, a vuelta de correo le enviaremos la respuesta correcta.

4.16 ¿Qué es un modelo de oferta?

Al igual que existe un modelo de demanda, también existe un modelo de oferta, mediante el cual se establece una relación entre la cantidad de un cierto bien o servicio que los productores están dispuestos a ofrecer en el mercado (variable dependiente) y diversos factores que la afectan (variables independientes). Un modelo de oferta puede ser el siguiente:

$$Q_x^s = f(P_x, P_{ins}, P_{sust}, P_{comp}, T)$$

Donde:

Q_x^s = Cantidad ofrecida del bien X
P_x = Precio del bien X
P_{ins} = Precio de los insumos
P_{sust} = Precio de los bienes sustitutos en la producción
P_{comp} = Precio de los bienes complementos en la producción
T = La tecnología utilizada en el proceso de producción

Cambios en las variables explicativas (las que se encuentran dentro del paréntesis de la función anterior) implicarán cambios en la oferta del bien o servicio producido. Al igual que en el caso de la demanda, cambios en el precio provocan cambios en la cantidad ofrecida sobre la **misma** curva de oferta, y cambios en las otras variables provocan **desplazamientos** de la curva de oferta, ya sea a la derecha o a la izquierda.

La realización de un proyecto que ofrece cantidades adicionales de bienes y/o servicios a los que se producen en la situación sin proyecto se analiza como si hubiera un desplazamiento hacia la derecha de la curva original (al mismo precio se ofrece una mayor cantidad del bien o servicio). Sin embargo, es importante notar que esto no significa realmente una nueva curva de oferta, es decir, no significa que a cada precio se ofrezca una cantidad exactamente igual a la curva original más la producción del proyecto. Esta es solamente una forma de representar los probables efectos que tendrá la mayor producción que el proyecto traerá como consecuencia:

Gráfica IV.17

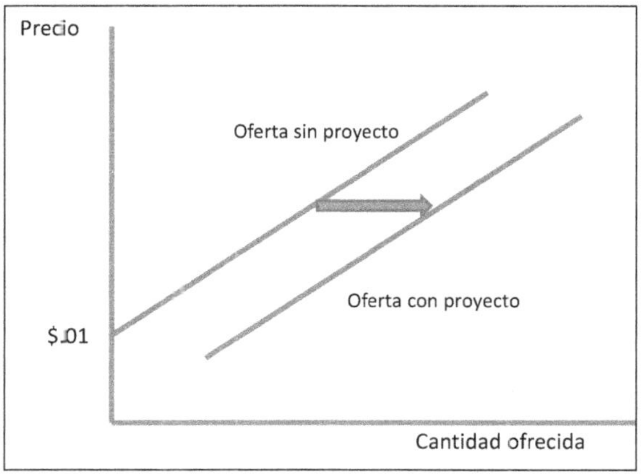

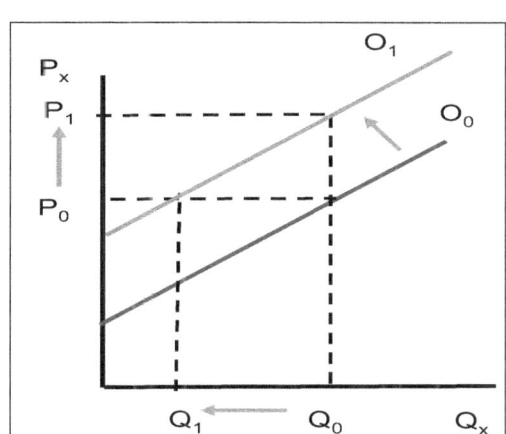

Veamos a continuación los cambios que pueden ocurrir y que ocasionarán movimientos de la **curva** de oferta. Como ya hemos dicho, los cambios en el precio de oferta del bien o servicio motivarán cambios en **la cantidad** ofrecida sobre la **misma** curva de oferta y cambios en otras variables ocasionarán **desplazamientos** de la curva de oferta, como los siguientes.

4.17 Cambios en el precio de los insumos

Dependiendo del bien o servicio de que se trate en un mercado, su producción requerirá de diferentes insumos. Toda producción requiere de algún o algunos insumos. No hay excepción.

Si **aumenta el precio de un insumo**, por ejemplo de la mano de obra utilizada en el proceso de producción, es lógico que el costo marginal de producción del bien o servicio producido aumente, encareciendo la producción del bien. Este aumento de costos se refleja en la oferta desplazándola hacia arriba y a la izquierda, como se muestra en la gráfica siguiente:

Gráfica IV.18

Como los costos se elevaron, los productores estarán dispuestos a ofrecer la misma cantidad Q_0 a un precio mayor, digamos P_1. Otra forma de explicar cómo **se contrae la oferta** es que al mismo precio P_0, los productores están dispuestos a ofrecer una cantidad menor, digamos Q_1. Cabe resaltar que los costos pueden incrementarse tanto que los productores podrían dejar de ofrecer el bien al precio P_0.

La contracción de la oferta (desplazamiento hacia la izquierda o hacia arriba) al aumentar el precio de los insumos utilizados en la producción del bien es evidente si se recuerda que la curva de oferta no es otra cosa que el costo marginal de producir, es decir, costará más producir la misma cantidad de bienes o servicios.

Ejercicio: volvamos a nuestro ejercicio del proyecto del puente sobre el río Santiago. Suponga la lectora, lector, que los trabajadores que operarán la caseta de cobro exigen un salario mensual mayor en 20% que lo que tenía contemplado el inversionista en sus planes iniciales. Elabore el nuevo flujo de caja del proyecto. Calcule el nuevo VAN del proyecto bajo este cambio.

Al igual que en ocasiones anteriores, envíe su respuesta al correo del IMCI, y a vuelta de correo se le remitirá la respuesta correcta. Para hacer este ejercicio Usted puede suponer dos escenarios: primero, que el inversionista no cambiará el peaje por lo que absorberá los mayores costos con una reducción de sus utilidades. Segundo, que en efecto aumenta el peaje en 5% ante lo cual los demandantes reducen su demanda por cruces en 10%. ¿Cuál es la elasticidad de la demanda? ¿Cuál será el efecto en la rentabilidad del proyecto?

4.18 La elasticidad de la oferta

La elasticidad de la oferta significa algo similar a la elasticidad de la demanda. Nos dice el grado de respuesta o cambio porcentual en la cantidad ofrecida de un cierto bien o servicio, cuando hay cambios porcentuales en otras variables.

Por ejemplo, si buscamos saber el impacto que tendrá un aumento en el precio del maíz sobre la cantidad ofrecida en el mercado, es probable que a corto plazo no ocurra ningún aumento, ya que para poder ofrecer mayor cantidad de maíz, los agricultores deben primero sembrar más hectáreas de dicho bien. Sin embargo, un mayor precio implica mayores incentivos a producir maíz y en el futuro cercano existirá un aumento en la producción. Esto nos indica que a corto plazo la oferta sería virtualmente inelástica, ya que el aumento en la producción sería nulo. Sin embargo, a mediano plazo el aumento en el precio del maíz provocará un incremento en la cantidad que los agricultores pueden y están dispuestos a ofrecer en el mercado.

La fórmula de la elasticidad de la oferta de un bien X, respecto a su propio precio P_x, es:

$$E_{PX} = \frac{Cambio\% \, cantidad \, ofrecida \, X}{Cambio\% \, precio \, X}$$

Al igual que en el caso de la demanda, la misma forma de la curva de oferta nos indica el grado de flexibilidad de la cantidad ofrecida ante cambios en los precios. En la siguiente gráfica se puede mostrar que la curva de oferta A es menos elástica (más inelástica) respecto a su propio precio, que la curva de oferta B respecto a su propio precio:

Gráfica IV.19

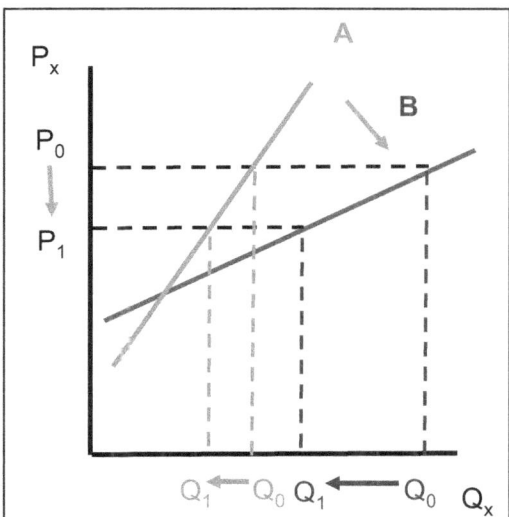

En el caso de la curva B, un menor precio provocó una disminución porcentual en la cantidad ofrecida mucho mayor que en el caso de la curva de oferta A.

Recuerde, al igual que en el caso de la demanda, es importante no confundir el concepto de la elasticidad con el de la pendiente de la curva. La pendiente es la misma en cada una de estas líneas, pero la elasticidad será diferente en cada punto de las mismas.

4.19 Elasticidades extremas de la oferta.

Al igual que en el caso de la demanda, existen dos elasticidades extremas de la oferta: uno donde ante un cambio en el propio precio no se producirá ningún efecto en la cantidad ofrecida, en este caso se dice que la elasticidad es cero y otro donde la elasticidad precio es infinita.

Esto es común en algunos tramos de la curva de oferta, sobre todo cuando se llega al límite de la capacidad instalada y no se puede ofrecer una cantidad mayor aunque el precio aumente.

Por ejemplo la oferta de agua para una cierta población. Al principio será posible ofrecer cierta cantidad de agua a un mismo precio, determinado por los costos marginales de producción, donde la línea es completamente horizontal, sin embargo, cuando se llega al límite de la capacidad esta línea se volverá completamente vertica , no hay más agua para entregar (se ha llegado al límite de la reserva). Esta cantidad desde luego no es fija, puede aumentar o puede disminuir, pues dependerá de una serie de factores relacionados con el clima, y con la capacidad de la autoridad en la materia para imponer límites a la cantidad que puede ser utilizada para los diferentes usos, no solamente urbanos sino muy especialmente para usos productivos (agricultura, ganadería, industria, entre otros). Igualmente, la cantidad disponible será mayor en épocas de lluvia que en épocas de secano.

Esto fijará en una cierta cantidad el agua que es posible utilizar en el corto plazo. Sin embargo, nadie puede asegurar que sea completamente vertical (elasticidad cero) a cualquier precio, simplemente porque a un determinado mayor precio (por ejemplo P*) surgirán proyectos de tratamiento, o de reutilización de agua, esto se podría representar en la gráfica siguiente.

Gráfica IV.20

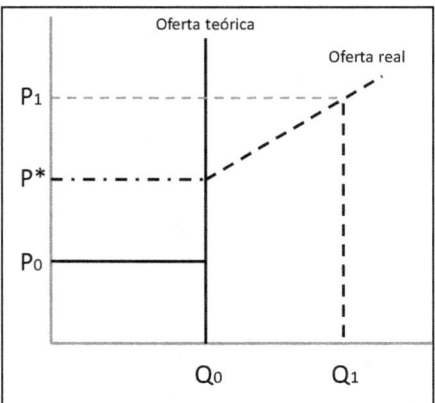

La capacidad máxima (Q_0) solamente existirá hasta un determinado precio, en este caso P*, más allá del cual seguramente surgirán proyectos para reutilizar el agua disponible.

A continuación se presenta una curva de oferta con elasticidad infinita. A un cierto precio, se puede comprar cualquier cantidad del bien o servicio como se verá más adelante en el caso de productos comerciables.

Gráfica IV.21

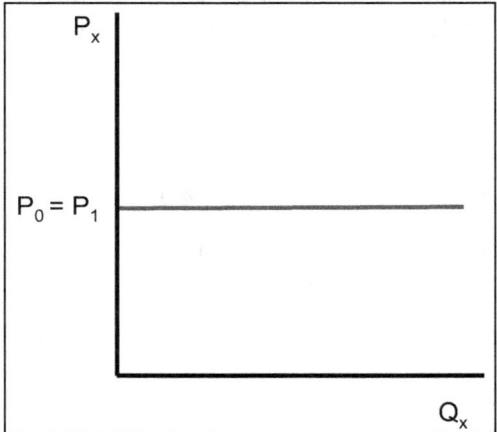

4.20 Curva de la oferta con secciones que tienen diferentes elasticidades

Una curva de oferta puede mostrar tres diferentes secciones al mismo tiempo: completamente horizontales en su inicio, después con una pendiente positiva y finalmente ser vertical (los tres tipos de elasticidad que hemos visto). Pongamos por ejemplo una carretera. Al inicio, cuando está despejada, digamos que a una cierta hora de la madrugada, la curva de costo marginal privado (y social) es completamente horizontal, para pasar poco a poco a tener una pendiente positiva (cuando empieza la "congestión") y quizá llegar a un punto de completa "saturación" cuando ya no quepa un coche adicional (algo que raramente ocurre en la realidad). Esto se representaría de la siguiente manera:

Gráfica IV.22

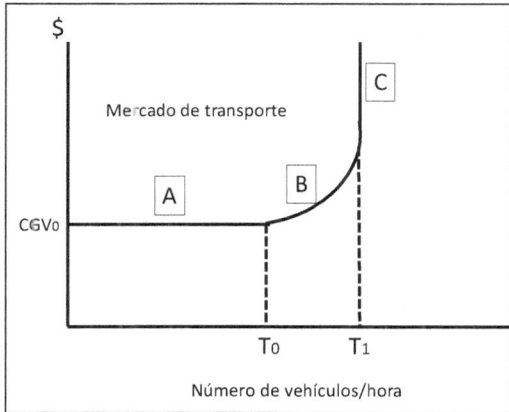

La misma gráfica anterior sirve para representar lo que ocurre con la capacidad de un aeropuerto o de un puerto, del transporte público, entre otros, donde la "saturación" es paulatina. Es decir, no ocurre un cambio drástico entre "descongestionado" y "saturado", sino que paulatinamente se encuentra un mayor costo marginal para el usuario (zona B de la gráfica anterior),

4.21 La curva de la oferta del mercado

Al igual que en el caso de la demanda, la oferta del mercado está representada por la suma horizontal de las ofertas individuales.

Gráfica IV.23

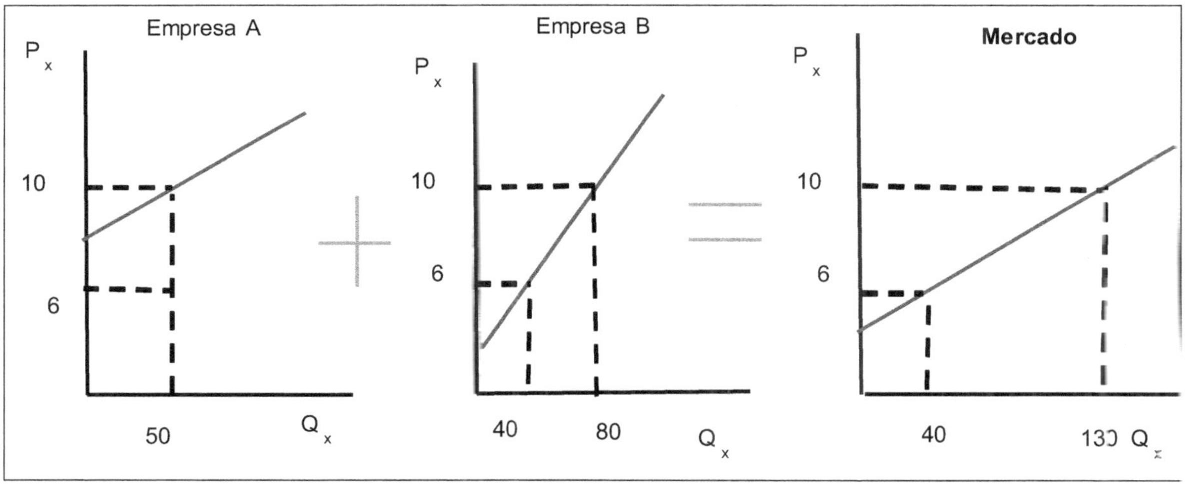

En la gráfica anterior vemos que a un precio de $6 la empresa A no está dispuesta a producir el bien, mientras que la empresa B está dispuesta a producir 40 unidades, siendo la cantidad total producida en el mercado de 40 unidades. A un precio mayor, de $10 por unidad, la función de costos de la empresa A le hace posible producir el bien y está dispuesta a producir 50 unidades, al mismo precio la empresa B produce 80 unidades, lo que da un total de 130 unidades en el mercado.

Esto provoca que al retirarse una empresa del mercado, y si se mantiene todo lo demás constante, ocurrirá una contracción de la curva de oferta del mercado. Del mismo modo, al llegar una nueva empresa a la industria, la oferta del mercado aumentará.

Por otro lado, si un productor, por ejemplo la empresa B, realiza una mejora tecnológica, su propia curva de oferta se desplazará hacia la derecha, absorbiendo una mayor proporción del mercado, y desplazando a otros productores menos eficientes. Dicha mejora habrá ocasionado un menor costo para el mismo nivel de producción lo que significa el desplazamiento hacia debajo de la curva de oferta.

Pongamos por ejemplo el caso de un proyecto de una nueva carretera donde en la situación actual lo que existe es un camino de terracería. Esto indicaría un "elevado" costo marginal por transitar en la situación actual (tiempo de viaje más los costos de operación vehicular como gasolina, aceite, etc.) ¿Cuál sería la oferta en la situación con proyecto? ¿Cómo la representamos? ¿Cómo se representaría la curva de oferta en la situación actual de las poblaciones de nuestro ejemplo del puente? ¿Cómo se representaría en la situación con proyecto? Se pide a las lectoras, lectores de estos textos que hagan este ejercicio y remitan su respuesta, como en los demás casos, a la dirección de correo ya mencionada.

4.22 El concepto del costo marginal

Conocer la oferta del bien o servicio es imprescindible en evaluación de proyectos. Al analizar la problemática que da origen a un proyecto, es necesario conocer la oferta en la situación actual, así como la que existiría si se hace cualquier tipo de "optimizaciones" (por ejemplo reparación de "fugas" en proyectos de agua) y finalmente cuál sería la **oferta** al entrar en operación el proyecto. Para analizar la oferta se deben estudiar los **costos de producción**, ya que la oferta representa el costo marginal de producir.

Como ya se mencionó anteriormente, el costo marginal representa el aumento en el costo total que ocurre cuando se aumenta una unidad de producción. Esto por supuesto se debe adaptar al tema que esté tratando el proyecto que se pretende hacer. Si se trata de agua urbana nos referiremos al costo marginal de producir un metro adicional de agua, o un litro (en algunos casos extremos). Si se trata de un hospital nos referiremos al costo marginal de atender a un paciente adicional. Si se trata de una carretera el costo marginal será representado por el costo generalizado de viaje que experimentará un vehículo adicional que circula por una determinada vialidad. Y así sucesivamente.

4.23 Costo Marginal privado

Como ya dijimos, el costo marginal se define como el aumento **que tienen los costos de producción**, cuando se produce una **unidad adicional** del bien o servicio de que se trate.

Los costos de producción normalmente se dividen en dos grandes categorías: los costos fijos y los costos variables. Como su nombre lo dice, los costos fijos no cambian al cambiar el nivel de producción, en tanto que los costos variables están directamente relacionados con la cantidad producida.

Tome por ejemplo un hotel en Acapulco. Suponga que no tiene clientela y que ningún cuarto está ocupado. De todos modos existirán ciertos costos ineludibles: un cierto número de empleados, el pago de la deuda contraída para su construcción, un cierto nivel mínimo de energía eléctrica, gas, agua, vigilancia, impuestos a la propiedad, entre otros. Ahora supongamos que el hotel está lleno de vacacionistas. Obviamente los costos serán mucho mayores debido a que ahora hay costos por limpieza de los cuartos, lavado de sábanas, toallas, etc. Es decir, cada habitación que se renta implica un costo adicional, que aquí le llamamos "marginal" porque se va dando en el margen de cada nivel de producción.

Del análisis de costos de la empresa es posible calcular los costos promedio, tanto fijos, como variables y totales, así como el costo marginal.

Tomemos el siguiente ejemplo, donde Q es el nivel de producción y los costos son: CF el costo fijo, CV el costo variable, CT el costo total, CMg el costo marginal (siendo igual a la diferencia entre el costo total en cada nivel de producción, menos el costo total en el nivel inmediatamente anterior), CFM el costo fijo medio (igual a los costos fijos divididos entre la cantidad producida), CVM es el costo variable medio (igual al costo variable dividido entre el nivel de producción) y CTM es el costo medio total (igual al costo total entre la cantidad producida).

Cuadro IV.1

Q	CF	CV	CT	CMg	CFM	CVM	CTM
0	10	0	10				
1	10	4	14	4	10.0	4.0	14.0
2	10	8	18	4	5.0	4.0	9.0
3	10	12	22	4	3.3	4.0	7.3
4	10	17	27	5	2.5	4.3	6.8
5	10	23	33	6	2.0	4.6	6.6
6	10	30	40	7	1.7	5.0	6.7
7	10	38	48	8	1.4	5.4	6.9
8	10	48	58	10	1.3	6.0	7.3
9	10	60	70	12	1.1	6.7	7.8
10	10	75	85	15	1.0	7.5	8.5
11	10	92	102	17	0.9	8.4	9.3
12	10	112	122	20	0.8	9.3	10.2

Con estos datos se puede construir la siguiente gráfica:

Gráfica IV.24

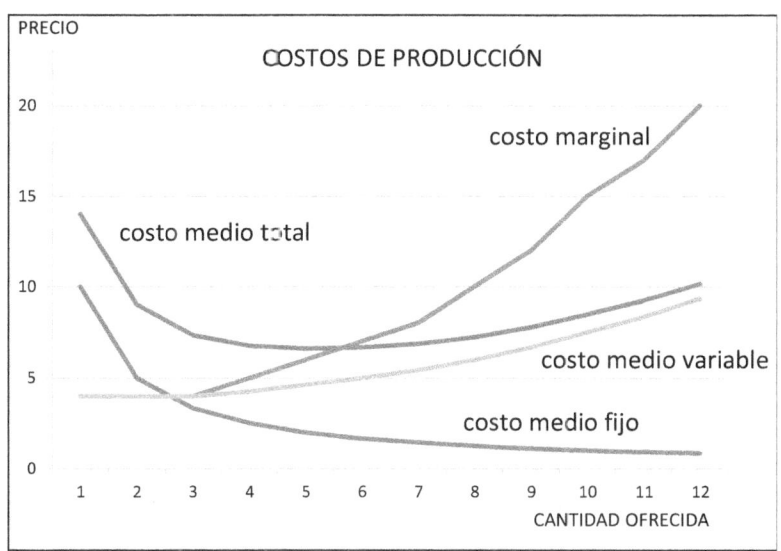

La curva de costos marginales es la relevante para decidir cuántas unidades producir a determinados precios. ¿A partir de dónde? A partir de que cruza con los costos medios fijos, de esta forma la empresa ha cubierto sus costos fijos y puede empezar a pagar sus costos variables. Así, la oferta no es otra cosa que la curva de los costos marginales de producción a partir del punto mínimo de la curva de costos medios totales. A la empresa no le convendrá producir a un precio menor a éste simplemente porque no podría cubrir ni sus costos fijos.

Como ejercicio se le pide a la lectora, lector que indique el volumen de producción que le convendrá al dueño de la empresa a la que corresponden los datos del cuadro anterior y que demuestre por qué, cuando el precio de mercado es de $15 pesos por unidad ésta responderá produciendo exactamente 10 unidades.

¿Por qué el costo marginal es creciente y no constante o decreciente? En algunos casos puede ser constante, pero no decreciente, lo cual tiene que ver con la productividad de los factores de producción, los cuales se clasifican como fijos y variables. Los fijos no se pueden modificar en el corto plazo, a diferencia de los variables. Imagine la lectora, lector, que tenemos un aeropuerto con una determinada capacidad física, por ejemplo una sola pista que se usa para aterrizajes y despegues. Esto no representará ningún problema si estamos hablando de una localidad pequeña, ya que el uso de la pista es solamente en determinadas horas del día. Ahora imaginemos que el tamaño de la población empieza a aumentar. Lógicamente la capacidad del aeropuerto no representará problema **hasta un determinado punto**, más allá del cual los vuelos tendrán que retrasarse, ya sea en su despegue o en su aterrizaje, o distribuirse en otras horas del día (y de la noche), o bien, convenga construir pistas de rodaje. Esto significa que el costo marginal de utilizar el mismo aeropuerto será creciente, ya que habrá que incorporar el costo por molestias y por el mayor tiempo que requerirá una operación. Se podrá seguir usando el mismo aeropuerto hasta un determinado punto, más allá del cual el costo de las molestias por los retrasos justificaría la ampliación a dos pistas, y así sucesivamente. Lo mismo ocurre con otros proyectos. Existirá un punto, más allá del cual convendrá ampliar las instalaciones.

Usaremos un ejemplo numérico para ilustrar lo anterior. Digamos que estamos hablando de una fábrica de zapatos, donde se cuenta con unas instalaciones que determinan cierta capacidad instalada, también se cuenta con cierta cantidad de obreros e insumos para producir. Una vez que se ha echado a andar el proceso productivo, si se desea incrementar la producción se debe contratar a más obreros y comprar más insumos, pero como existe una capacidad instalada fija los obreros adicionales que se contraten no serán tan productivos como los primeros, sin embargo a todos se les paga lo mismo, lo que da como resultado que los últimos obreros sean menos productivos, lo que hará crecer los costos de producción.

Cabe señalar que la pendiente de la curva de costos marginales puede cambiar conforme se aumenta la producción del bien o servicio correspondiente. Así por ejemplo cuando se alcanza la capacidad instalada en un proceso productivo, por ejemplo los m^3 de agua tratada por día, la oferta se convierte en una línea vertical, lo que implica que no es técnicamente factible producir más, a menos que se tenga una nueva inversión.

4.24 Costo Marginal Social

Al igual que los precios de mercado, relevantes para la evaluación privada de proyectos, pueden ser diferentes de los precios sociales, relevantes para la evaluación social, también el costo marginal privado puede ser diferente del costo marginal social, debido a que con frecuencia existen externalidades, o distorsiones en los mercados, lo cual recae en la sociedad como un todo, y no solamente en los que ocasionan tales efectos sin pagar por ello. Esto puede ocurrir cuando por ejemplo en el caso del agua urbana, los costos de producción no cubren el costo de oportunidad de su uso en otros fines, o porque el precio de la electricidad pudiera ser "mentiroso" y reflejar un menor costo privado.

Pongamos por caso nuestros propios vehículos automotores. Para la gran mayoría de los vehículos se empieza a generar una externalidad negativa desde el momento en que prendemos el motor, y cuando nos incorporamos a una cierta vialidad, en ciertos momentos del día, afectamos la velocidad de circulación de todos los demás vehículos. Además, también aumentamos la probabilidad de accidentes. Todo esto hace que el costo marginal privado de utilizar nuestros vehículos sea menor que el costo marginal social de hacerlo, debido a que generamos externalidades negativas, lo cual será creciente a medida que el tráfico aumente.

En el mercado de transporte es común representar esta diferencia entre el costo marginal privado y el costo marginal social de la siguiente forma:

Gráfica IV.25

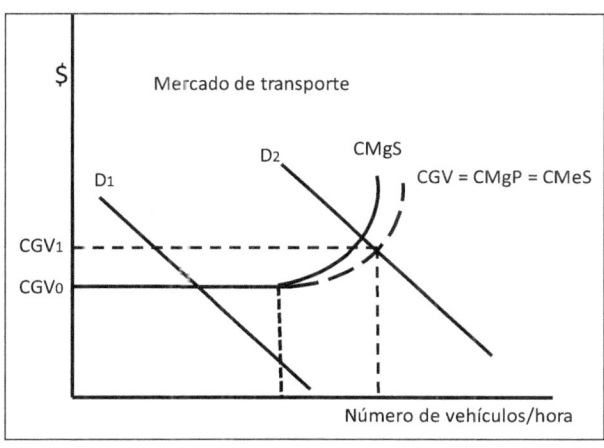

En esta gráfica la curva de demanda (D_1) corresponde a un horario donde no existe "congestionamiento" (al nivel de CGV_0), en tanto que D_2 ocurre en las horas de congestionamiento donde la curva de CGV empieza a aumentar debido a que la velocidad empieza a disminuir. Ahora existen dos curvas que representan el costo marginal de circulación, una que se refiere al privado y otra al social, ya que las externalidades negativas recaen en todos los viajeros, y no solamente en el vehículo adicional que ocasionó la congestión, lo cual se muestra con la curva de CMgS que está por encima del costo marginal privado. La gráfica anterior solo se refiere a la congestión vehicular, ya que la contaminación inicia desde que prendemos el motor de nuestros vehículos, generando también una externalidad negativa.

Una medida de "optimización" muy importante, que desafortunadamente no se aplica a la infraestructura en México, consiste en establecer tarifas diferenciadas para las horas "pico" y "no pico", haciendo más barato transportarse en horas "no pico" a fin de reducir la presión sobre las horas "pico".

4.25 El excedente del productor

Al igual que existe un excedente (o superávit) del consumidor, también existe un excedente del productor cuando el precio al que vende su producto es superior al precio mínimo al que está dispuesto a producir, y corresponde al área por encima del costo marginal y por debajo del precio de mercado (P_1 en la gráfica siguiente).

Gráfica IV.26

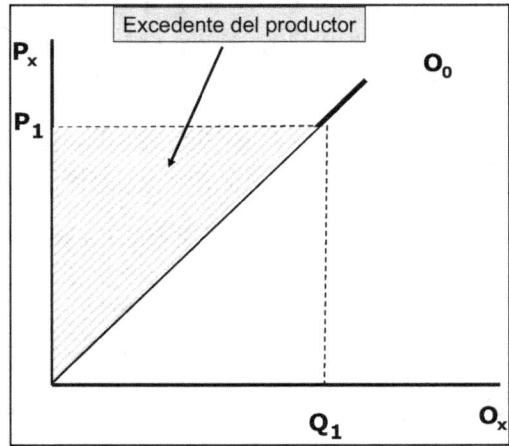

En otras palabras, el excedente del productor es similar a las utilidades de la empresa ya que es la diferencia entre ingresos totales y costos totales variables, con lo que la diferencia estaría dada por los costos fijos. Los ingresos totales de la empresa están determinados por la multiplicación del precio por la cantidad vendida y los costos totales por el área debajo de la curva de costo marginal, más los costos fijos.

4.26 Interacción de la oferta y la demanda

En economía el **mercado** se refiere al espacio donde **los consumidores demandan y los productores ofrecen** un cierto bien o servicio. El intercambio de bienes y servicios puede realizarse en un establecimiento físico previamente destinado a ello, o no, ya que hoy en día existen ventas por teléfono, celular e Internet.

Gráfica IV.27

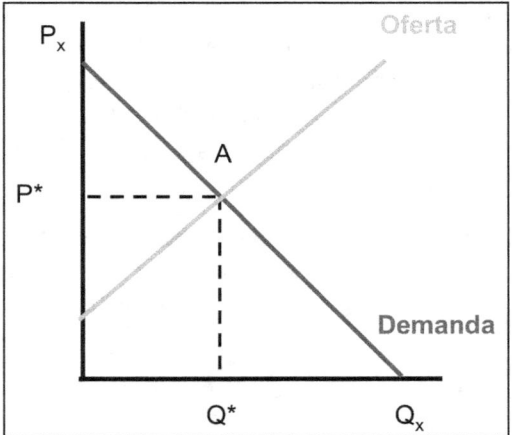

El equilibrio del mercado se representa por la interacción de las curvas de oferta y demanda del bien o servicio. Como se podrá imaginar la lectora, lector, **el equilibrio se logra cuando la oferta y la demanda se cruzan entre sí**. No hay otro punto similar en un mercado.

Como vimos anteriormente, al precio P^* la cantidad que los consumidores desean adquirir es Q^*, la cual es exactamente la misma que los productores producirán a ese mismo precio. En otras palabras, al precio P^* la cantidad producida es igual a la cantidad demandada, lográndose con ello el **equilibrio de mercado**. Este equilibrio se ilustra en el punto A de la gráfica anterior.

¿Qué sucede si el precio en el mercado es distinto de P*? La cantidad demandada y la ofrecida no serán iguales y no habrá equilibrio. Por ejemplo, si el precio fuera P_1 en la gráfica siguiente, la cantidad ofrecida sería mayor a la cantidad demandada, lo que ocasionaría un **exceso de oferta**.

Gráfica IV.28

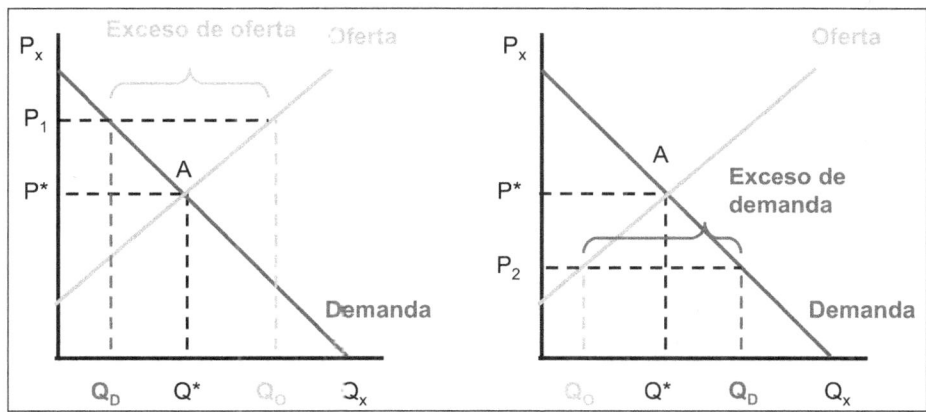

Por otro lado, si el precio fuera menor al de equilibrio, digamos P_2, la cantidad demandada Q_D será mayor a la cantidad ofrecida Q_O, provocándose un **exceso de demanda** (una demanda insatisfecha a ese precio).

En un mercado competitivo y en ausencia de distorsiones[46], **el equilibrio de mercado representa también un óptimo social**: se produce la cantidad que se demanda y que se oferta, y el precio cubre los costos de producción. ¿Por qué un óptimo social? En las condiciones señaladas, el precio de equilibrio es igual al costo marginal social de producir y también es igual al beneficio marginal social de consumir, además el excedente del consumidor y el excedente de productor se maximizan. No hay otro punto así en ese momento en este mercado:

Gráfica IV.29

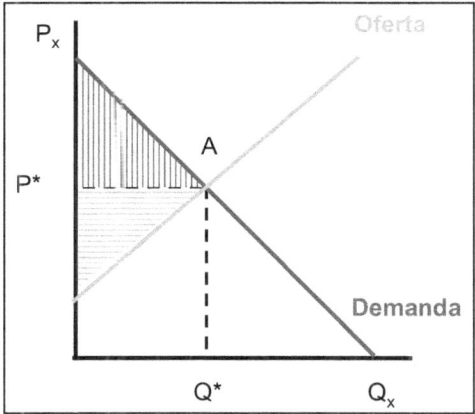

Cuando hay distorsiones en un mercado (externalidades, impuestos, subsidios, monopolios y otros similares), los principios anteriores no se cumplen, por lo que se tendrán que analizar con mayor cuidado los mercados involucrados en el proyecto que se intenta llevar a cabo).

El enfoque general de un mercado donde la interacción es perfecta es el siguiente. Para ilustrarlo cambiaremos el nombre de la curva de oferta, en vez de costo marginal privado, le llamaremos costo marginal social (no distorsiones o distorsiones ajustadas). Del mismo modo, la curva de

---

[46] Ejemplos de distorsiones en los mercados son: externalidades, impuestos y subsidios, que veremos más adelante.

demanda (en vez de beneficio marginal privado) le llamaremos beneficio marginal social (no distorsiones o distorsiones ajustadas). En estas circunstancias es claro que el punto A de la gráfica siguiente representa el punto ideal: el costo marginal social es igual al beneficio marginal social. Si por alguna razón estuviésemos en el punto B, esto no sería un óptimo social porque el costo marginal social es inferior al beneficio marginal social, o lo que es lo mismo, conviene consumir una unidad adicional del bien o servicio de que se trate, hasta llegar al punto donde se igualan (el punto Q*). Si por otras razones estuviésemos en el punto C, aquí rebasamos el óptimo social porque el costo marginal es mayor que el beneficio marginal. Conviene reducir el consumo, hasta llegar al punto óptimo, que sigue siendo Q*.

Gráfica IV.30

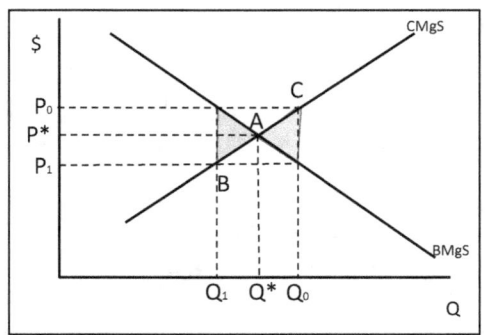

Hay muchísimos ejemplos de estas situaciones en el mundo real. Por ejemplo en educación pública, investigación aplicada, justicia, seguridad pública, impartición de justicia, fortaleza de las instituciones, entre otras, seguramente estamos en puntos como el B, mucho antes del óptimo social. En temas contrarios, por ejemplo contaminación ambiental, sobre explotación de las cuencas, delincuencia, impunidad, entre otros, seguramente la sociedad se encuentra muy a la derecha del punto óptimo, es decir el costo marginal social en todas estas áreas supera con mucho al beneficio marginal social. Es incuestionable que reducir la impunidad, la delincuencia, la sobre explotación de las cuencas o la contaminación (sobre todo en las grandes ciudades) generará beneficios netos sociales.

Finalmente, debe notarse que las gráficas y explicaciones anteriores son en realidad una simplificación de lo que ocurre en la realidad, ya que por lo general, los mercados están cambiando minuto a minuto, además de que no corresponden a una línea continua, ni en la demanda ni en la oferta. Igualmente, muchas veces existen varios precios para una misma mercancía en diferentes mercados (el precio de los tomates no es igual en una tienda que en otra o el tipo de cambio de dólar a peso en diferentes ventanillas en el aeropuerto no es igual), sin embargo al representar el funcionamiento de los mercados como las líneas continuas que hemos trazado, podemos simplificar la realidad y llegar a conclusiones que sirven para ilustrar el fondo de cómo funciona la economía y que se puede hacer para mejorar el beneficio social.

4.27 Externalidades

Una externalidad es un efecto en terceros que se provoca por la acción de consumir o de producir un determinado bien o servicio. Dicho efecto puede ser **negativo**, como la contaminación ambiental, el ruido o la delincuencia, o **positivo**, como el efecto de la educación, del reciclaje de basura o plantaciones forestales.

Los terceros sobre los que recaen las externalidades son agentes económicos[47] que a veces no participan directamente del mercado del bien o servicio de que se trate, pero si reciben un beneficio o enfrentan un costo por las externalidades.

Para fines de la **evaluación privada** de proyectos no es necesario que las externalidades se incluyan en el análisis, cuando no existe un reflejo monetario en los ingresos o en los gastos del proyecto. Sin embargo, en la evaluación **social** de proyectos es preciso identificar, cuantificar y valorar los costos o beneficios provocados por las externalidades, ya que sin duda afectan el bienestar de la sociedad, de manera positiva o negativa. Si son positivas, deben incluirse en los beneficios del proyecto. Si son negativas deben incluirse dentro de los costos del proyecto.

A las externalidades que se provocan por el **consumo** de un bien o servicio se les llama "externalidades en el consumo" y a las que se generan al **producir** o fabricar determinado bien o servicio se les llama "externalidades en la producción".

4.28 Externalidades en el consumo

Cuando se consume un cierto bien o servicio puede ocurrir que este hecho tenga efectos externos al propio consumidor, es decir, el hecho de consumir un determinado bien o servicio puede afectar a un tercero que puede no participar en el mercado de dicho bien o servicio.

La afectación a un tercero que se provoca cuando existen externalidades en el consumo hace que el beneficio marginal privado (BmgP), también conocido como demanda de mercado, sea distinto del beneficio marginal social (BmgS).

Las externalidades pueden ser positivas o negativas. Cuando son **positivas**, el beneficio marginal social será mayor al beneficio marginal privado, ya que el efecto en terceros en realidad les favorece, aumentando los beneficios que tiene para toda la sociedad el hecho de que un sector de la población consuma determinado bien o servicio.

Ejemplos de externalidades positivas en el consumo:

- El mayor consumo de bienes básicos (agua, educación, etc.) por parte de la población de menores ingresos trae consigo mejores condiciones para todos los habitantes del país.
- La aplicación de vacunas benefician no solamente a las personas que las reciben, sino que implican una menor probabilidad de contagios, beneficiando a la sociedad en su conjunto.
- El cumplimiento de las leyes trae consigo externalidades positivas debido a que es una señal de que se protegen los derechos de los demás miembros de la sociedad y se promueve la actividad económica.

Por otro lado, las externalidades **negativas** provocan que el beneficio marginal social sea menor al beneficio marginal privado, ya que de hecho implican un costo en terceros provocado por el consumo de cierto bien o servicio. Cuando se resta este costo en terceros del beneficio marginal privado, se obtiene un beneficio marginal social menor.

Ejemplos de externalidades negativas:

- Incorporarse a la circulación vehicular a ciertas horas del día impone en el resto de los viajeros efectos negativos al reducirse la velocidad de los que transitan en el mismo sentido. También ocurre un aumento en la contaminación cuando encendemos nuestro vehículo.

---

[47] Agentes económicos: consumidores, productores, gobierno y sociedad en general.

- El consumo de cigarrillos especialmente en áreas cerradas impone en el resto de la sociedad un efecto negativo, ya que afecta la salud de terceras personas.

- El consumo de alcohol en algunos casos puede imponer un costo social mayor debido a la mayor probabilidad de accidentes si el tomador maneja un vehículo, o echa pleito.

- Circular a velocidades "altas" también podría ocasionar una externalidad negativa al aumentar la probabilidad de accidentes que afecten a otros miembros de la sociedad.

- La falta de cumplimiento de las leyes trae consigo externalidades negativas debido al aumento en los costos que esto trae consigo a los demás miembros de la sociedad.

En la siguiente gráfica se ilustra la diferencia que existe entre el beneficio marginal privado y social cuando hay externalidades en el consumo de determinados bienes o servicios. Dichas externalidades deben incluirse, como costos o como beneficios al hacer la evaluación social de proyectos.

Gráfica IV.31

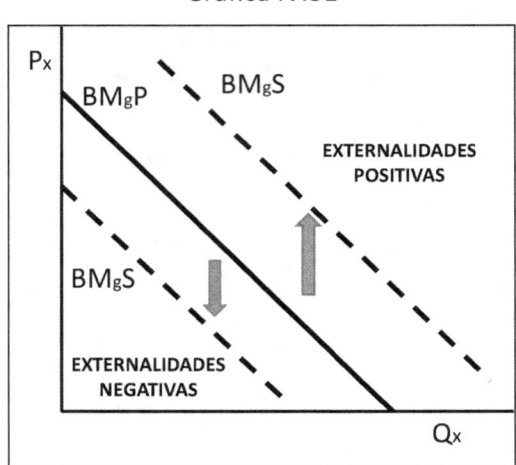

4.29 Externalidades en la producción.

Algo similar a lo anterior puede ocurrir por el lado de los costos. La existencia de externalidades en la producción conducirá a que el Costo Marginal Privado (CMgP) pueda ser diferente del Costo Marginal Social (CMgS).

Una externalidad **negativa** por el lado de la producción es aquella en la cual la producción de un bien o servicio afecta negativamente a la producción o consumo de otro bien o servicio. Por ejemplo, una fábrica de papel puede contaminar un río y con ello afectar negativamente a la producción (agrícola o pesquera) o afectar a las personas que viven aguas abajo. Si no existe un mecanismo que "internalice" este costo (por ejemplo el pago de una compensación monetaria a los agricultores o pescadores), entonces ocurrirá una discrepancia entre el CMgP y el CMgS, ya que los dueños de la papelera no tomarían en cuenta el costo que imponen a los demás miembros de la sociedad.

Gráfica IV.32

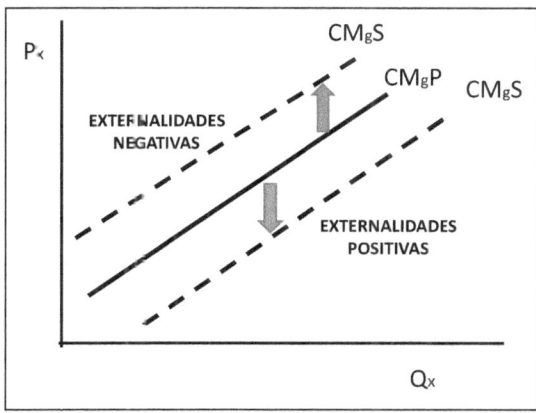

Una externalidad **positiva** por el lado de la producción es aquella en la cual la producción de un bien o servicio afecta positivamente a la producción o consumo de otro bien o servicio. Por ejemplo, una plantación de flores tendrá un impacto positivo en la apicultura pues mejorara la producción de miel, y viceversa, la apicultura también tendrá un impacto positivo en la plantación de flores. Aquí también es posible que los beneficios externos de cada actividad no se tomen en cuenta en las decisiones privadas, sin embargo, si deben incluirse en la evaluación social, en uno o en otro sentido.

4.30 Comercio exterior

El análisis del comercio exterior es relevante en la evaluación de proyectos para determinar los precios que se van a usar para valorar los insumos que provienen del exterior, así como los bienes que produzca un proyecto y que estén destinados al menos parcialmente a la exportación o que "sustituyan" importaciones. Para ello es importante comprender qué características tienen los mercados de bienes importables y exportables. En este análisis haremos el supuesto de que el país es "pequeño" (como México), que no tiene poder para alterar los precios internacionales. También supondremos que no existen distorsiones en los mercados de los bienes comerciables.

Bienes Importables

Un bien importable no es solamente el que se adquiere en el exterior para su consumo en territorio nacional, también son aquellos bienes sustitutos o sustitutos cercanos de los bienes importados, que sean producidos por un proveedor nacional (como la gasolina producida en México, aunque pudiera ser de calidad diferente a la importada).

Gráfica IV.33

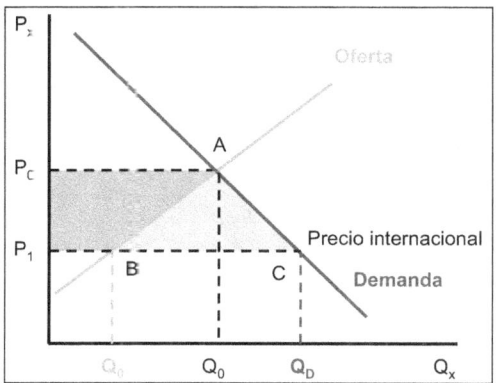

En la gráfica anterior se ilustra que antes de que existan importaciones el equilibrio de mercado ocurre en el punto A, donde se cruzan las curvas de oferta y demanda domésticas. El precio de mercado es P_0 y la cantidad comprada y vendida es Q_0. Supóngase que este precio se considera "elevado" porque en el mercado internacional se podría adquirir a un precio menor. Digamos que las autoridades del país deciden abrir las puertas a la importación. Ahora será posible adquirir este mismo bien en el mercado internacional al precio P_1. Ante esto, los productores nacionales disminuirán su oferta hasta la cantidad Q_O, que es en donde el precio es igual al costo marginal de producir, pero los consumidores aumentan su consumo hasta la cantidad Q_D, que es donde el precio es igual al beneficio marginal del consumo.

Se puede observar que con el comercio internacional se provoca una brecha entre la producción nacional y el consumo nacional (distancia $Q_D \, Q_O$) misma que estará cubierta por las importaciones.

En la situación con importaciones, los productores habrán perdido excedente en la cantidad ilustrada por los puntos P_0ABP_1 en tanto que los consumidores habrán ganado un excedente medido por el área P_0ACP_1, la cual es mayor que lo perdido por los productores. La ganancia social neta es medida por el área ABC. En este ejemplo no existen impuestos ni otros obstáculos al comercio exterior ¿Cuál cree Usted que sería el precio de la gasolina en México si no hubiera importaciones?

Bienes Exportables

Veamos ahora qué ocurre cuando se trata de un bien exportable. Es decir que se produce en el mercado nacional y se vende parte en el mercado nacional y parte en el internacional (es exportado).

Volvamos a empezar con una economía cerrada. El mercado de un cierto bien (digamos que aguacates) se equilibra en el punto A (gráfica IV.34), con un precio P_0 y con una producción igual a Q_0. Ahora digamos que se puede exportar a un precio P_1 que corresponde al precio en los mercados internacionales. Obviamente, si el precio internacional estuviera por debajo de P_0 en vez de exportarlo existiría un incentivo para importarlo.

Gráfica IV.34

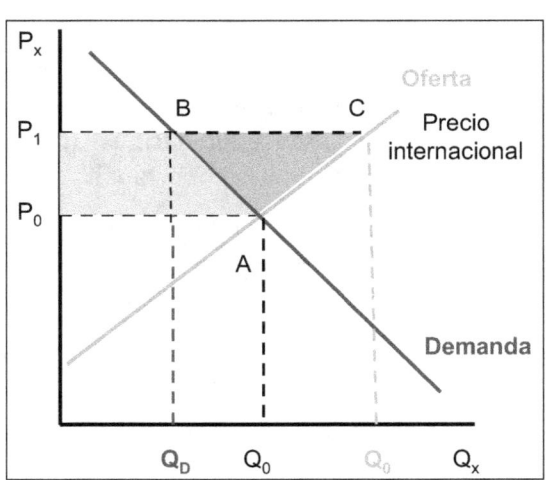

Al precio P_1 los productores nacionales estarán dispuestos a producir una cantidad mayor que la que existía solamente con el mercado nacional, como Q_O, vendiendo en el mercado interno una cantidad Q_D y exportando la diferencia.

En la nueva situación los consumidores nacionales habrán perdido un excedente medido por el área P_1BAP_0, en tanto que los productores habrán aumentado su excedente en el equivalente al área P_1CAP_0, la cual es mayor a la pérdida de los consumidores. El área ABC es la ganancia neta para el país, obtenida por la posibilidad de exportar un bien que tiene un precio superior en el mercado internacional.

Nuevamente, al igual que en el caso de los bienes importables, aquí también suponemos que no existen barreras al comercio internacional. La importancia de analizar si los bienes utilizados o producidos por los proyectos de inversión pública es que si acaso son importables o exportables, la forma de valorarlos será diferente que si no lo son. Del mismo modo, las explicaciones anteriores ilustran la conveniencia de comerciar con otros países. Al importar ganan más nuestros consumidores que lo que pierden los productores. Al exportar ganan más nuestros productores que lo que pierden los consumidores. Simple costo-beneficio.

4.31 Ejercicios de demanda

1. Graficar lo que le sucede a la demanda en los siguientes casos, justificando su respuesta: (en cada caso, considerar que los factores no mencionados permanecen constantes)

    a. Demanda por camisetas de la selección mexicana de futbol antes y después de junio de 2018.

    b. Demanda por restaurantes y bares en Rusia antes y después de junio de 2018.

    c. Demanda por rollos fotográficos antes y después de introducirse al mercado las cámaras fotográficas electrónicas.

    d. Demanda por calentadores antes y después de los meses de invierno.

    e. Demanda por calentadores antes y después de los meses de verano.

    f. Demanda por gasolina a finales del mes si se anuncia un incremento en tarifas efectivo a principios del próximo mes.

    g. Atención médica en un determinado poblado si se inaugura un centro de salud en el poblado vecino.

    h. Demanda por viajes en avión en la CDMX si la TUA en el aeropuerto de Toluca baja a la mitad.

2. Indique si las siguientes aseveraciones son falsas o verdaderas, describiendo brevemente sus razones:

    a. Si la autopista México Toluca y la carretera federal México Toluca son sustitutas, una reducción en el peaje en la autopista debe aumentar la demanda por viajes en la carretera federal.

    b. Si el agua tratada y el agua potable son bienes sustitutos, y un hotel puede usar agua tratada para regar sus campos de golf, su demanda por agua potable disminuirá si el precio del agua tratada aumenta.

    c. Siempre que aumenta la demanda por algo, por ejemplo un partido de futbol Pumas-Guadalajara, aumenta el precio de la entrada que cobran los revendedores, por lo tanto no es cierto que la cantidad demandada varíe inversamente con el precio.

    d. El precio de venta en las taquillas para un partido Pumas-Guadalajara es de $100.00, sin embargo, los revendedores pueden vender los boletos a precios mayores, y a veces dependiendo del cliente cobran todavía más. Esto significa que la curva de demanda tiene pendiente positiva.

4.32 Ejercicios de teoría económica

a. Indique si las afirmaciones siguientes son falsas, verdaderas o inciertas y explique brevemente su respuesta

1. Las externalidades son efectos en terceros que únicamente se provocan cuando se produce un determinado bien o servicio.

2. Las externalidades son efectos negativos en terceros, por lo que deben restarse del costo marginal privado.

3. Cuando existe una externalidad positiva en el consumo de un bien o servicio, el beneficio marginal privado será mayor al beneficio marginal social.

4. En proyectos de vialidades no se necesita determinar el flujo vehicular en periodos de congestión, ya que el beneficio que se tenga durante dichos periodos no puede ser medido y no debe ser considerado ni en la evaluación social ni en la evaluación privada de proyectos.

b. Problema

México es un país pequeño que tiene el mercado de zapatos cerrado al comercio internacional. La oferta y demanda de zapatos está representada por:

$X = 1,000 - P$ (Demanda)
$X = 100 + 2P$ (Oferta)

a) Haga una gráfica para cada curva y determine el equilibrio del mercado.

b) Calcule los excedentes de productores y consumidores.

c) Ahora suponga que se pueden importar zapatos a un precio de $200.00. Haga una gráfica donde se pueda ver el impacto en consumidores y productores. ¿Cuál será el nuevo equilibrio?, ¿Cuánto pierden los productores?, ¿Cuánto ganan los consumidores?,

4.33 Ejercicios sobre la teoría de la oferta

Indique si las siguientes afirmaciones son falsas o verdaderas, justificando **brevemente** su respuesta.

a) La oferta de energía eléctrica representa el beneficio marginal de producir.

b) La curva de oferta tiene pendiente positiva porque los productores están dispuestos a ofrecer una cantidad mayor únicamente si aumenta el precio del bien o servicio producido.

c) Uno de los factores que provocan un cambio en la oferta de servicios de agua y saneamiento es el ingreso de los consumidores.

d) Ante una recesión económica es de esperarse que la demanda por viajes en avión se desplace a la derecha.

e) Un avance tecnológico que mejore el proceso de abordaje en los aviones provocará que la oferta sin proyecto aumente respecto a la oferta en la situación actual.

f) La elasticidad precio de la oferta de agua potable tiene signo negativo.

g) Si aumenta el precio de la gasolina, pero se sigue consumiendo la misma cantidad que antes, esto significa que la elasticidad precio de la gasolina es de cero.

h) Una oferta más elástica significa que ante un mismo cambio en precios, el cambio en la cantidad ofrecida será menor.

i) En la realidad no es posible encontrar ofertas con elasticidades extremas.

j) La oferta de viajes en la carretera México a Cuernavaca es una línea totalmente horizontal debido a que todo mundo que quiera pasar, y que pague la cuota, puede hacerlo sin ningún límite.

k) Cuando la tecnología utilizada para producir electricidad permite incrementar la cantidad ofrecida rápidamente ante un incremento en su precio, la oferta del bien será más inelástica.

l) Un precio mayor al de equilibrio en el mercado de agua potable provoca un exceso de demanda.

m) Debido a que el agua es un bien escaso en el norte de México deberíamos esperar que el porcentaje óptimo de pérdidas físicas fuese de cero.

n) Debido a que el agua es abundante en algunas regiones del Sur de México deberíamos esperar que el porcentaje óptimo de pérdidas físicas en esas regiones fuese mayor que cero.

o) En el punto de equilibrio únicamente se maximiza el excedente del consumidor.

3. Graficar lo que le sucede a la curva de oferta en los siguientes casos, explicando brevemente su respuesta (en cada caso, considerar que los factores no mencionados permanecen constantes):

   a) Oferta de servicios médicos si se aprueban lineamientos que aumentan al doble las remuneraciones de médicos y enfermeras.

   b) Oferta de viajes entre Saltillo y Monterrey si se realiza un proyecto de ampliación de la carretera entre esos dos tramos.

   c) Oferta de alumbrado público si la CFE incrementa el costo de la energía que cobra a los municipios.

   d) Oferta de viajes en metro si se cambian los vagones existentes por unos de mayor capacidad.

   e) Oferta de servicios educativos si el gobierno establece un convenio con una compañía de telecomunicaciones.

   f) Oferta de sorgo al encarecerse el precio internacional del maíz.

   g) Oferta de gas al aumentar el precio internacional del petróleo.

4. El contador de la empresa "El Porvenir" renunció de manera intempestiva, dejando la información del cuadro siguiente. Los dueños de la empresa le piden a usted determinar cuántas unidades deben producir si el precio de mercado del producto es de $15. Calcule la utilidad que la empresa tendrá con ese número de unidades producidas. Se sabe que la información que a continuación se presenta es semanal.

Unidades Producidas	CT	CF	CV	CMe	CVMe	CFMe	CMg
0	12			----	----	----	----
1							8
2			14				
3	34						
4							12
5					10		
6				15			

4.34 Ejercicio de importación de insumos

El organismo operador de agua de un municipio está planeando la realización de un proyecto para ampliar la capacidad del sistema. Para ello requiere importar una maquinaria que cuesta $200 mil dólares a precio total puesto en México (o sea que se incluyen costos por transporte y seguros). El tipo de cambio vigente en el mercado es de $20 pesos por dólar.

Con la nueva maquinaria antes descrita el organismo podrá entregar agua con un valor social de 10 mil dólares adicionales mensuales. Los costos de operación y mantenimiento ascienden a $1,500 dólares adicionales mensuales. Suponga que no existe ninguna otra distorsión.

Calcule la rentabilidad privada y social del proyecto. Envíe su respuesta al correo del IMCI. Al igual que en el resto de los ejercicios de este libro, la respuesta que se considera correcta le será enviada por el mismo medio.

4.35 Ejercicio de exportación de producción

La oficina nacional de servicios sanitarios está planeando la realización de un proyecto que producirá vacunas para prevenir enfermedades animales. El precio internacional de estas vacunas es de $200 dólares por unidad. Según los técnicos que están diseñando el proyecto, la capacidad instalada adicional que se tendrá con la realización del proyecto servirá para atender el mercado nacional (500 mil unidades anuales) y además existirá un margen para exportar 100 mil unidades anuales a los países centroamericanos. Las exportaciones de este producto no están gravadas por ningún impuesto ni se aplicará ningún subsidio. El costo de inversión del proyecto es de un millón de dólares y los costos de operación y mantenimiento serán de $100 mil dólares anuales. Calcule la rentabilidad privada y social del proyecto.

Capítulo V: Temas especiales de la evaluación de proyectos

Por lo general un proyecto que ha sido aprobado por la oficina nacional de inversiones puede iniciarse en cualquier momento, siempre y cuando cuente con toda la documentación requerida (permisos, usos de suelo, estudios ambientales, técnicos, financieros, costo-beneficio, de mercado, entre otros) y con el presupuesto (financiamiento) autorizado. Sin embargo, esto solamente será correcto si en el proceso de aprobación la oficina de inversiones ha corroborado que el proyecto no solamente ha demostrado su rentabilidad social (VAN positivo y costo eficiente con el CAE) sino que dicha rentabilidad es "la más alta" de entre las alternativas y componentes posibles.

Eso significa que la rentabilidad social positiva de un proyecto de inversión es una condición necesaria, pero no suficiente para aprobar su realización. Es preciso "optimizar" los proyectos para buscar mejoras en el diseño de cada subcomponente. Por ejemplo: ¿habría sido correcto considerar que la línea 12 del Metro de la CDMX tuviera trenes con ruedas de fierro en vez de neumáticos iguales a las de los otros trenes, para de este modo poder intercambiar vagones cuando así conviniera? ¿Por qué el tamaño del nuevo aeropuerto de la CDMX se ha diseñado, para su etapa inicial con tres pistas en vez de dos?

Del mismo modo, si el proyecto se puede construir por "tramos", o sea cuando se trata de un conjunto de sub proyectos y no de un proyecto individual, como pueden ser por ejemplo las carreteras debidamente tramificadas, el tren México a Toluca con sus cinco estaciones intermedias, entre otros, es conveniente establecer una secuencia "óptima" de construcción, que empiece por los que tengan una Tasa de Rentabilidad Inmediata más alta, y que minimice el costo social de las molestias durante la construcción. Este mismo principio debería aplicarse cuando se están haciendo reparaciones de tramos carreteros que ya están funcionando, empezar por los de mayor rentabilidad social, no por los que técnicamente son más sencillos de realizar (mayor rentabilidad privada para la constructora).

Existen cuatro grandes áreas donde se deben verificar posibles optimizaciones, una vez que se ha demostrado que un proyecto es socialmente rentable: La primera se refiere al tamaño "óptimo" de inversión, la segunda al momento "óptimo" de construcción, la tercera a la localización "óptima", y la cuarta es la posible secuencia "óptima" para llevar a cabo un proyecto, en el caso de que existieran proyectos complementarios que pudieran generar un aumento en su rentabilidad conjunta.

5.1 El Tamaño Óptimo de un Proyecto

Resulta obvio, salvo rarísimas excepciones, que un proyecto de inversión puede tener diferentes "tamaños". Uno "muy chico" podría resultar insuficiente para atender la problemática actual detectada, *aunque tuviera un VAN positivo*. Uno "muy grande" podría exceder dicha problemática y mantener capacidad "ociosa" durante un buen número de años, *aunque tuviera un VAN positivo*. Esto significa que cada tamaño constituye de hecho un proyecto alternativo ¿Cuál debería ser aprobado y construido? Para contestar a esta pregunta lo más importante será contar con información fidedigna, por el lado de los costos (incluyendo todos los aspectos técnicos que rodean al proyecto) así como por el lado de los beneficios.

Lo anterior se debe a que, en muchas ocasiones los promotores de los proyectos de inversión pública buscan llevar a cabo el tamaño máximo posible de las obras, como si esto fuera garantía de un mayor éxito del proyecto. Por lo tanto lo más probable es que exista cierta resistencia para tratar de dimensionar los beneficios que se obtendrían con tamaños menores de inversión. En

México la publicidad gubernamental nos dice que estamos construyendo el aeropuerto más grande del mundo, o que el libramiento carretero de una cierta ciudad es el más grande de México. En otras ocasiones se trata de construir el puente más alto de América Latina. Todo esto por supuesto no tiene nada que ver con la rentabilidad social de un proyecto, o con algún criterio correcto de decisión para llevarlo a cabo. Todo esto es así porque el verdadero criterio tiene que ver con el costo de oportunidad de los recursos disponibles para invertir, frente a las múltiples necesidades que existen en prácticamente todas las áreas de la sociedad mexicana.

El verdadero tamaño óptimo de un proyecto tiene que ver con el valor de los beneficios previsibles, en comparación con los costos en los que se tiene que incurrir para lograrlos. Este es un problema muy frecuente en el caso de los proyectos de inversión pública, donde la inclinación a proponer el mayor tamaño posible de una obra es muy alta, ya que siempre habrá argumentos para justificarlo. Lo menos que se va a argumentar es que se trata de una obra "visionaria", que tendrá capacidad sobrada para atender la demanda de la población para los siguientes cincuenta o más años (como es el caso del proyecto del nuevo aeropuerto de la CDMX, pero hay muchos más).

Decimos arriba que esto es más bien un tema de los proyectos de inversión pública, debido a que los inversionistas privados tendrían, en principio, una menor inclinación a sobredimensionar un proyecto. Sin embargo, también hay sus excepciones.

En nuestro ejemplo del puente sobre el río Santiago ¿de qué tamaño cree Usted que haría el puente el inversionista? ¿Sería el más grande posible? ¿Cuántas lanchas pondría a funcionar el empresario que ofrece este servicio para cruzar a las personas? ¿Una, dos, diez? Evidentemente esto tiene que ver con la demanda (beneficios) que se espera tener. Del mismo modo ¿cuántos carriles de circulación debería tener un nuevo proyecto carretero? ¿De qué tamaño habría que construir el nuevo aeropuerto de la Ciudad de México? ¿Una vez construidas las vías de circulación, cuál debería ser la frecuencia del servicio del tren México a Toluca? ¿Cuál debería ser la frecuencia del servicio horario del Metro de la Ciudad de México? ¿Cuál debería ser la frecuencia del servicio de recolección de basura domiciliaria? Todas estas preguntas tienen que ver con el tamaño óptimo del proyecto. Es claro que si el tamaño del proyecto es demasiado pequeño, habría costos por molestias, pero si es demasiado grande habrá un desperdicio de recursos ¿o no?

¿Cuál habría sido el tamaño "razonable" de una planta de tratamiento de aguas residuales en la bahía de Acapulco hace 80 años cuando apenas era una pequeña población de pescadores? ¿Fue correcto que la autopista de Tehuacán a Oaxaca solamente se hiciera de dos carriles, uno por cada sentido de circulación? ¿Sería conveniente construir un aeropuerto con dos pistas paralelas que se pudieran usar simultáneamente en un lugar como Chichen Itzá, o en Querétaro? ¿De cuántos carriles de circulación convendría construir una carretera entre Acapulco y Zihuatanejo en el año 2018? ¿De qué tamaño conviene construir un paso a desnivel que cruza una carretera de "alta" velocidad?

Todas estas preguntas no son fáciles de resolver, a menos que tengamos la información correcta sobre la demanda de los servicios que tendrá el proyecto (beneficios) y sobre los costos y la tecnología para hacer obras de diferentes tamaños. Es posible que encontremos que el VAN de un proyecto pudiera ser negativo para un cierto tamaño, pero probablemente podría ser positivo si se redimensiona y se hace más chico, o bien, que sea socialmente rentable, pero que dicha rentabilidad aumente a medida que se aumenta el tamaño del proyecto, como se ilustra en la siguiente tabla:

Cuadro V.1. Costos, beneficios y VAN de diferentes tamaños de proyecto
Cifras en millones de pesos a precios del año cero

Tamaño del proyecto	Valor Actual de los Costos (tamaño de la inversión)	Valor Actual de los Beneficios	Valor Actual Neto
A	100	125	25
B	200	245	45
C	300	365	65

En este proyecto, de haber hecho las estimaciones y los cálculos correctamente, la lógica nos diría que habría que seguir adelante, ya que el VAN de cada tamaño mayor sigue aumentando. Algo que eventualmente se detendrá y al contrario, empezará a reducirse, como se ilustra a continuación:

Cuadro V.2. Costos, beneficios y VAN de tamaños mayores de proyecto
Cifras en millones de pesos a precios del año cero

Tamaño del proyecto	Valor Actual de los Costos (tamaño de la inversión)	Valor Actual de los Beneficios	Valor Actual Neto
D	350	425	75
E	400	470	70
F	600	630	30

Es decir, los costos (el tamaño del proyecto) podrían seguir adelante sin otro límite que el presupuesto (y el sentido común) pero los beneficios no, debido a que el tamaño de la demanda insatisfecha no está en función del tamaño de las instalaciones del puerto, aeropuerto, hospital, carretera, etc., sino de otros factores como los que vimos en la sección del "modelo" de demanda (4.3 del capítulo IV).

Pongamos como ejemplo una determinada carretera que en la actualidad tuviera digamos dos carriles de circulación, con un "ancho de corona" de 7 metros lineales (3.5 metros para cada carril de circulación), y sin "acotamientos" (algo similar a la carretera "Palmillas - Portezuelo" que se comenta en el capítulo VI de este libro). Esta carretera podría mejorarse paulatinamente de varias formas:

1. Un primer proyecto de mejora podría ser simplemente la reparación de la carpeta de circulación y de las señalizaciones, para mantenerla dentro de las condiciones que debería

tener de acuerdo con el volumen de tránsito que por ahí circula.

2. A continuación se podrían construir "acotamientos", lo que permitiría aumentar ligeramente la velocidad de circulación. Esto tendría un costo relativamente "bajo" si acaso las condiciones físicas de la carretera lo permiten, ya que tales acotamientos pudieran no estar pavimentados (suponemos aquí que los acotamientos tienen el propósito de servir como estacionamientos en casos de emergencia, no como vías de circulación).

3. El siguiente paso podría ser la construcción de carriles de "rebase" cada cierto número de kilómetros, sobre todo si se trata de una orografía complicada con curvas o vados que impidieran un rebase con un margen de seguridad "aceptable". Esto también sería relativamente de "bajo" costo, pero serviría para aumentar la velocidad promedio de circulación.

4. Probablemente después de un cierto tiempo la siguiente etapa podría ser la "modernización" de la carretera, que en términos de la Secretaría de Comunicaciones y Transportes de México consistiría en construir una obra con 12 metros de "ancho de corona" (siete para albergar dos carriles de 3.5 metros de ancho cada una y dos acotamientos pavimentados de 2.5 metros de ancho a ambos lados de la carretera). Esto, según la SCT puede permitir el "rebase" de vehículos porque la superficie de rodamiento está "pareja", sin embargo es sumamente riesgoso porque los acotamientos deberían servir para estacionar vehículos descompuestos o emergencias, pero no para vehículos en circulación. El efecto de esta obra sería por supuesto un aumento mayor en la velocidad de circulación.

5. Y así hasta llegar en algún momento a una carretera de cuatro o más carriles de circulación.

¿Cuál es el tamaño óptimo del proyecto?

Evidentemente la respuesta tendrá que ver con el volumen y tipo de vehículos que circulen por dicha carretera. Es decir, la respuesta dependerá del monto de los beneficios potenciales que el proyecto arrojaría en cada alternativa, tal como se ilustró en las dos tablas anteriores.

En otras palabras, cada vez que pensamos en un tamaño mayor de proyecto, aumentará obviamente el monto de la inversión (y los gastos de mantenimiento), y también podrían aumentar los beneficios. Sin embargo, es evidente que llegará un momento en que aunque se invierta una mayor cantidad en un proyecto más grande, los beneficios aumentarán cada vez menos, hasta eventualmente permanecer constantes. Como se vio en la sección 2.3 de este libro, el tamaño óptimo del proyecto será aquel en que la tasa interna de rendimiento marginal sea igual a (o ligeramente superior, pero definitivamente no inferior a) la tasa social de descuento. Aumentar a un tamaño mayor del proyecto tendrá un rendimiento inferior, por lo que convendrá detenerse y dedicar los recursos liberados a buscar otro proyecto donde el rendimiento supere a la tasa social de descuento.

En resumen, habrá que calcular el VAN de cada tamaño de proyecto y seleccionar aquél que entregue el valor máximo. En la gráfica siguiente el tamaño óptimo sería el de una inversión de 350 millones, al cual correspondería un VAN estimado en 75 millones. Cualquier otro tamaño rendiría un VAN menor, aunque fuera positivo.

Gráfica V.1. Relación entre el tamaño de un proyecto y su valor actual neto
Cifras en millones de pesos a precios promedio del año 2018

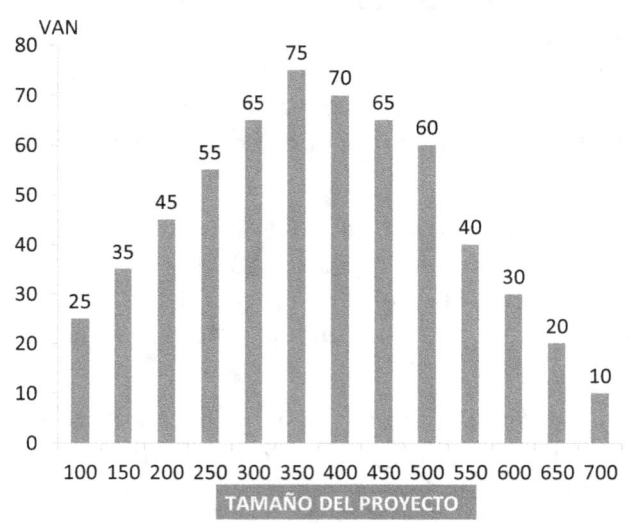

Alternativamente, se puede hacer el cálculo de los diferenciales, tanto en los montos de inversión como en los beneficios netos, a los efectos de calcular la TIR marginal, como se hizo en la sección 2.3 antes mencionada.

Como se ha dicho, el trabajo de calcular el tamaño óptimo de las inversiones encontrará importantes resistencias en la vida práctica, por el simple hecho de que cada promotor de proyecto ya definió, de alguna manera, cuál es el tamaño que según él le conviene al país. Más aún, es altamente probable que los términos de referencia para la contratación de consultorías ni siquiera mencionen la posibilidad de plantear un proyecto de tamaño diferente al que se comisiona. Esto ocurrió en la evaluación de la Terminal 2 del aeropuerto de la Ciudad de México. Según los promotores, el Presidente de México había instruido que dicha terminal fuese del "mayor" tamaño posible.

Es importante señalar que este tema, así como su primo cercano, el relativo al momento óptimo de inversión, están desafortunadamente muy lejos de formar parte de la cultura de proyectos en la administración pública del México actual. El ambiente general es de invertir lo máximo, lo más pronto posible. Regresaremos a estos temas en el capítulo seis de este libro.

5.2 El Momento Óptimo de inversión

Una vez que las autoridades gubernamentales han identificado y formulado un proyecto de inversión, cualquiera que haya sido la forma, su intención será generalmente llevar a cabo las obras lo antes posible. Otra vez, aquí también habrá una labor sustancialmente importante de la oficina nacional de inversiones, de asegurarse, antes de aprobar el proyecto, que ha pasado por la prueba del momento "óptimo" de inversión, en el caso en que los beneficios netos del proyecto muestren una tendencia creciente, ya que es muy posible que el VAN del proyecto sea mayor si se lleva a cabo algún tiempo después. Esto, desde luego, irá en contra de los deseos del promotor del proyecto, quien querrá llevarlo a cabo e inaugurarlo lo más pronto posible.

Tomemos por caso el siguiente proyecto, que tiene costos de inversión de $200, y beneficios netos crecientes marcados por los rectángulos verticales a partir del año uno del horizonte de evaluación:

Gráfica V.2. Beneficios crecientes de un proyecto de inversión
Cifras expresadas en millones de pesos a precios del año cero

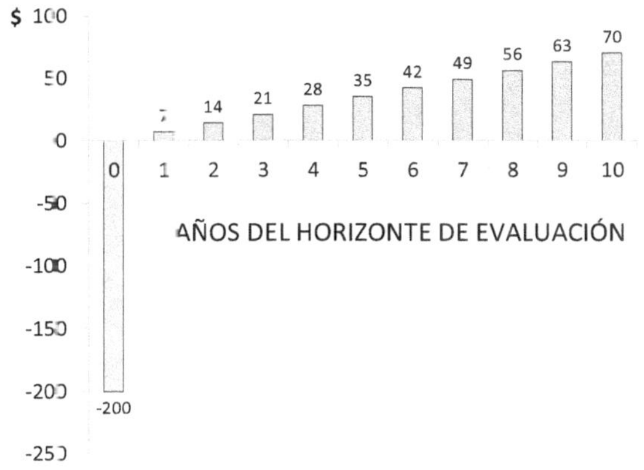

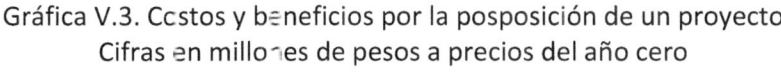

Si la lectora, lector, calculan el VAN de este proyecto podrán comprobar que a una tasa de descuento del 10% asciende a $3.25. ¿Qué pasaría si la realización del proyecto se pospone un año? ¿Cuáles serían los costos y los beneficios atribuibles a la posposición del proyecto? Al igual que en el caso del tamaño óptimo de inversión, se trata en realidad de proyectos alternativos, cada uno de los cuales inicia y termina en un año diferente. El punto es definir correctamente cuál es el que más conviene a la sociedad.

El costo de posponer un año la realización del proyecto sería que los beneficios de $7 que se obtendrían si el proyecto se hubiera realizado en el año cero, no existieran. El beneficio de la posposición sería el rendimiento de los $200 que se podrían obtener en otro lado por un año. Digamos que la tasa aplicable es precisamente del 10%, entonces el beneficio sería de $20. Es decir, la posposición tendría un beneficio de $20 y un costo de $7, o sea un beneficio neto de $13, por lo que el VAN del proyecto que se realice en el año uno debería ser mayor que si se hubiera realizado en el año cero. Para ilustrar gráficamente lo anterior, vamos a utilizar otra gráfica donde solamente ilustramos los costos anualizados de llevar a cabo el proyecto, y los beneficios netos anuales, de la siguiente forma:

Gráfica V.3. Costos y beneficios por la posposición de un proyecto
Cifras en millones de pesos a precios del año cero

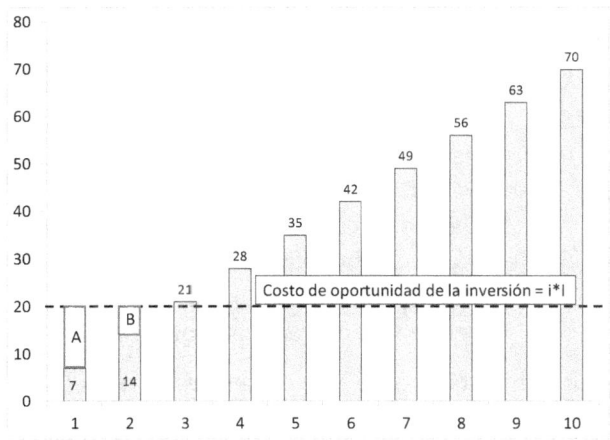

La gráfica anterior contiene los mismos beneficios que se pusieron en la gráfica V.2, solo que ahora ilustramos una línea que representa la anualidad de la inversión (r*I), en este caso igual a $20 (línea punteada de la gráfica). El beneficio neto de la posposición de la inversión del año cero al año uno es el área marcada con la letra A (igual a la anualidad de la inversión $20 menos el beneficio no obtenido $7). Este beneficio neto de posponer sigue siendo positivo en el año dos (área B), pero ya no más para el año tres, cuando el proyecto debería estar operando pues el beneficio neto sería de $21 en tanto que el costo anualizado de hacerlo es de $20. Es decir, a partir de ahí ya no conviene seguir posponiendo, pues existirá un costo neto creciente por posponer el proyecto y por lo tanto el VAN será menor. En la siguiente gráfica se ilustra el comportamiento del VAN del proyecto cuando se lleva a cabo en los años cero, uno, dos y tres. Como se observa, el mayor VAN corresponde al proyecto ejecutado en el año dos.

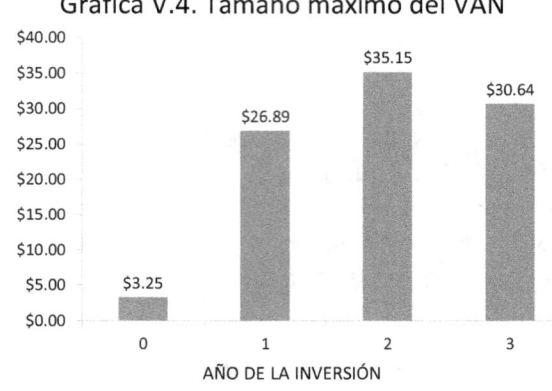

Gráfica V.4. Tamaño máximo del VAN

En otras palabras, invertir en el año 2 es el óptimo, ya que haciendo esto obtenemos el máximo VAN del proyecto. Es importante anotar que el VAN de cada alternativa se calcula para el año "cero", de modo que la comparación entre ellas sea correcta.

Para que lo anterior sea cierto se requiere una de dos condiciones. La primera es que los beneficios solamente lleguen al año 10 cualquiera que sea el momento del inicio, la segunda es que sean iguales para siempre, cualquiera que sea el momento de la inversión. Es decir, que los beneficios netos crezcan a lo largo del tiempo, independientemente de si se realiza o no el proyecto, debido a que dependen de otros factores, como la tasa de crecimiento de la población y del ingreso, principalmente.

Del razonamiento anterior surge el concepto de la "Tasa de Rendimiento Inmediata" (TRI), la cual es igual al beneficio neto del primer año de operación del proyecto, dividido entre el monto de la inversión. Es decir, significa cuánto rinde "inmediatamente" una inversión cuando los beneficios netos son crecientes.

Es importante decir que la "TRI" será un porcentaje creciente, lo que reflejará la tendencia creciente de los beneficios netos del proyecto, pero esto no significa que deba posponerse una inversión debido a que dicha tasa de rendimiento será mayor el año próximo. Lo que significa es que cada vez habrá una pérdida mayor por beneficios no capturados si no se realiza el proyecto. Recordemos, un beneficio neto no obtenido significa en realidad un costo, de la misma forma que un costo neto no incurrido significa en realidad un beneficio.

Cuando los beneficios netos son crecientes la pregunta relevante no es si conviene o no realizar un proyecto, sino cuál es el mejor momento de llevarlo a cabo. Aún si el cálculo del VAN de un cierto proyecto resultara positivo, esto **no** indica, por sí mismo, que conviene llevarlo a cabo de manera inmediata. Es preciso, como ya se dijo, pasar por la prueba del "momento óptimo".

En la práctica este proceso se simplifica significativamente debido a que se recurre a la "tasa de rentabilidad inmediata" (TRI), que como ya dijimos es igual a los beneficios netos derivados de la puesta en marcha de un proyecto que se obtienen en el primer año de operación del proyecto, divididos entre el monto de inversión:

$$TRI_i = BN_i / I$$

Si el resultado es una tasa inferior a la tasa social de descuento, esto significa que aún no es el momento óptimo de llevar a cabo el proyecto (a ese tamaño). Conviene esperar algún tiempo, hasta que la TRI se aproxime a la TSD, o bien, quizá, si se puede (y se quiere) reducir el tamaño del proyecto y esto acercará el momento óptimo de su realización. Esto significa que hay una TRI para cada año del periodo de vida útil del proyecto de inversión, como se puede observar en la gráfica siguiente:

Gráfica V.5. TRI comparada con la Tasa Social de Descuento

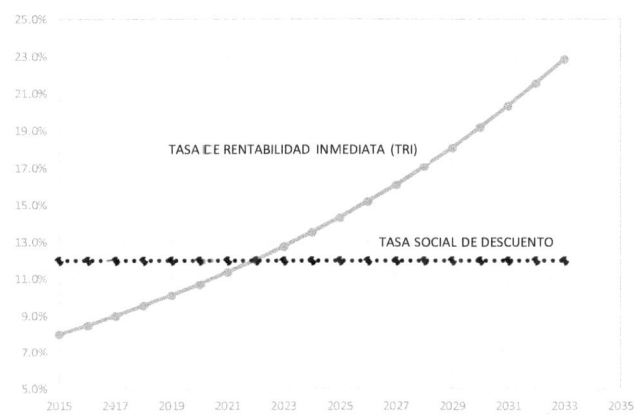

El momento óptimo de entrada en operación de un proyecto se dará cuando:

$$TRI = r$$

Es decir, el momento óptimo de entrada en operación de un proyecto ocurre cuando los beneficios netos del proyecto, en su primer año de funcionamiento, divididos entre el monto de inversión, sean iguales (o cercanamente iguales) a la tasa de descuento que sea aplicable. En la gráfica anterior se ha usado el 12% como TSD. Evidentemente, si la oficina de inversiones la disminuyera (por cualquier razón), el momento óptimo de invertir se anticiparía, de la misma forma que haría más rentable un proyecto de mayor tamaño. Dos factores ampliamente "deseados" por los promotores de proyectos porque favorecen que las obras sean más grandes y que se realicen lo antes posible.

Evidentemente, si los beneficios netos son crecientes, en el siguiente año de su operación la TRI será superior a la tasa social de descuento, y cada vez mayor con el paso del tiempo. Han existido casos en la realidad, donde la TRI calculada ha sido cercana al 100%, lo que indica desde luego a gran rentabilidad de llevarlo a cabo, pero al mismo tiempo nos dice que el proyecto debería haberse realizado mucho tiempo antes. Como se dice arriba, todo el tiempo en que el proyecto no estuvo en operación y en que la TRI hubiera sido mayor a la tasa social de descuento, la sociedad estuvo perdiendo recursos pues la entrada en operación del proyecto habría generado beneficios que habrían tenido un rendimiento mayor que la tasa de descuento.

Una manera práctica de interpretar la TRI sería por ejemplo tomar el caso de una joven pareja que recién contrajo matrimonio, y que por azares del destino tiene un fondo de ahorro suficiente para comprar una casa de tres dormitorios ¿Comprarán la casa en ese momento, o esperarán al momento oportuno, cuando tengan uno o más hijos? Muy probablemente, es mi apuesta, mantendrán el dinero en inversiones que les rindan una cierta tasa de descuento (su costo de oportunidad) esperando el momento "óptimo" que llegará en algunos años más, para comprar la casa, o para rentarla. En este caso, el beneficio de comprar una casa "grande" será creciente en los primeros años, pero después, cuando los hijos se van, probablemente estos beneficios disminuirán, por lo que más tarde en la vida la pareja tendría que resolver la pregunta ¿cuándo vender la casa "grande" y comprar o arrendar un departamento pequeño?

Entre los posibles proyectos donde sea aplicable el criterio de la TRI, debido a que se prevé que los beneficios netos sean crecientes en el tiempo, se encuentran las carreteras, las obras de agua, los servicios médicos, los puertos y aeropuertos, el transporte público, entre otros. Sin embargo, cada caso será especial y por lo tanto el equipo de proyecto debe hacer un análisis cuidadoso para determinar qué tendencia de los beneficios netos será la más probable. Nuevamente, como ya lo dijimos en el capítulo de teoría económica, el análisis cuidadoso de la demanda que tendrá el proyecto es el tema más relevante en el análisis, y el más difícil.

Algunas carreteras interurbanas por ejemplo, se han llevado a cabo para satisfacer la demanda probable de las ciudades que cruza, y de las de "largo itinerario", pero en la realidad ocurre muchas veces que las ciudades crecen en base a tales carreteras, con lo cual la demanda de viajes se incrementa no solamente por los viajeros inter urbanos, sino también para los urbanos que han crecido a lo largo de su recorrido. Aquí los beneficios adicionales existieron en base a que ya se había construido la carretera, y no habrían crecido si no existiera la misma. Pronosticar este comportamiento no es asunto fácil por lo que habrá que llevar a cabo estudios profundos sobre los asentamientos de la población y de las actividades económicas (estudios de desarrollo municipal en la mayoría de los casos).

Un detalle importante se refiere al cálculo de la TRI cuando el periodo de inversión es de más de un año. ¿Cómo calculamos el monto de inversión que será comparado con el beneficio neto del primer año de operación para obtener la TRI? La respuesta es relativamente sencilla, hay que acumular las inversiones de los años previos, hasta obtener el valor compuesto que representa los gastos en inversión totales que serán comparados con los beneficios netos del primer año de operación del proyecto, de la siguiente forma:

En el siguiente cuadro se han desglosado los montos de inversión llevados a cabo en los tres años que ha durado la construcción del proyecto, y se han estimado los beneficios netos en el primer año de operación del mismo, que ascienden a $150. Esta cifra debe compararse con el valor *actualizado* de todas las inversiones llevadas a cabo para tener listas las obras físicas y empezar a funcionar. Esto es, los 300 que se invirtieron en el año cero se capitalizan al 10% anual por tres años y se obtiene un valor de $399 en el año tres; los 250 que se invirtieron en el año uno se capitalizan al 10% por dos años, obteniéndose un resultado de $303 para el año tres y los $300 que se invirtieron en el año dos se capitalizan por un año, obteniendo $330 para el año tres. Todo esto se suma a la inversión realizada en el año 3, por $600, y se obtiene un valor capitalizado de todas las inversiones realizadas, por $1,602. Para obtener la TRI válida para el año cuatro, se divide el beneficio neto obtenido en ese año, que es de $150, entre el valor capitalizado de la inversión. El resultado es una TRI del 9.36%. Sería un error sumar directamente las cantidades invertidas y usarlas para calcular la TRI ya que las inversiones realizadas tienen un costo de oportunidad estimado en el 10% (la TSD). Sorprendentemente, este error lo cometieron los autores del estudio de evaluación del "nuevo" puerto de Veracruz que se analiza en el capítulo VI de este libro. Hay que notar también que todas las cifras deben estar calculadas a precios de la misma fecha, de otro modo se estarían comparando peras con manzanas.

Cuadro V.3. Cálculo de la TRI en proyectos plurianuales

COSTOS Y BENEFICIOS DE UN PROYECTO DE INVERSIÓN (primeros cuatro años del horizonte de evaluación) Cifras expresadas en millones de pesos a precios promedio del año 2018						
CONCEPTO	AÑOS				
	0	1	2	3	4
INVERSIÓN	$ 300	$ 250	$ 300	$ 600	$ -
BENEFICIOS NETOS					$ 150
BENEFICIOS TOTALES					$ 200
GASTOS DE OPERACIÓN Y MANTENIMIENTO					$ 50
CAPITALIZACIÓN DE LA INVERSIÓN (tasa de descuento del 10%)	$ 300				$ 399
		$ 250			$ 303
			$ 300		$ 330
					$ 600
	TOTAL				$ 1,602
TRI (porcentaje) = 150/1602					9.36%

Regresemos un poco al tema que se mencionó anteriormente, que se refiere a la relación entre el momento óptimo de entrada en operación de un proyecto, y el tamaño óptimo. Ambos temas están muy relacionados, ya que por lo general, si las condiciones técnicas lo permiten, un tamaño menor de proyecto corresponderá a un momento óptimo más cercano, y viceversa, un proyecto de mayor tamaño tendrá su momento óptimo de entrada en operación más adelante en el tiempo.

En la gráfica siguiente se muestran los beneficios netos que se obtendrían de un proyecto de agua potable en una determinada ciudad del país, los cuales son crecientes debido al aumento de la población y del ingreso. O séase, los beneficios se consideran independientes del tamaño del proyecto que se fuera a realizar. También se muestran tres líneas punteadas, cada una correspondiente a la anualidad de la inversión de proyectos de diferente tamaño. El proyecto A es más chico que el B, el cual a su vez es menor que el proyecto C. Como se podrá deducir, el proyecto A deberá estar en funcionamiento a partir del año 3, el proyecto B a partir del 4, y el proyecto C a partir del 8.

Gráfica V.6. Relación entre el tamaño de un proyecto y su momento óptimo de realización

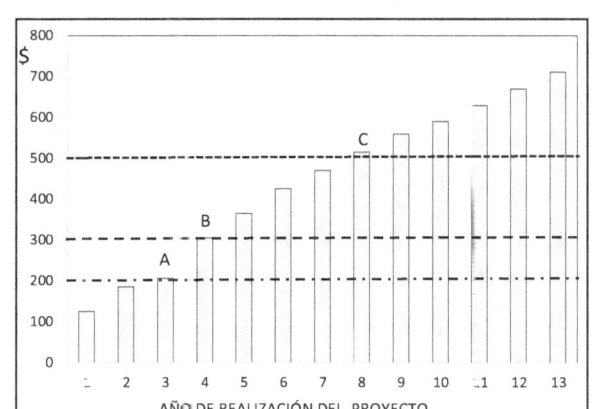

Hay que volver a mencionar que el supuesto de que los beneficios crecientes a lo largo del tiempo sean independientes de la realización del proyecto no es muy razonable en muchos casos. Por ejemplo, si se realiza un tamaño mayor de proyecto de agua municipal, es probable que más industrias o familias se instalen en dicho municipio, lo que no ocurriría si no se llevara a cabo el proyecto (manteniendo constantes todos los demás factores que afectan las decisiones de instalar o no una industria). Lo mismo podría pasar con un hospital, o con un sistema eficaz y eficiente de procuración de justicia. El hecho mismo de su existencia podría aumentar las demandas por sus servicios. Todo esto no es una regla general, sino que debe analizarse con cada proyecto que se esté formulando y evaluando.

Probablemente cuando en nuestro país esté funcionando de manera efectiva la evaluación ex post de proyectos se pueda aprender un poco más de este difícil tema.

Existen varios casos prácticos sobre este criterio que la lectora, lector, pueden consultar en la página de internet del CEPEP. Por ejemplo el caso del proyecto del puente sobre el río Santiago, en Nayarit[48], que ha servido de base para nuestro ejemplo de la construcción del puente.

En el año 1997 durante uno de los cursos regionales del CEPEP se hizo el análisis costo-beneficio social del proyecto de construcción de un puente de concreto para unir a las poblaciones de "Santiago Ixcuintla" y "la Presa", situadas en las márgenes opuestas del río Santiago, en Nayarit.

El problema enfrentado por los habitantes de estas localidades era que durante la época de lluvias los vehículos (ligeros y pesados) tenían que hacer un recorrido de 30 kilómetros para llegar de un lado a otro, usando el puente de la carretera número 15 "Tepic – Mazatlán", en tanto que las personas cruzaban el río utilizando pequeñas lanchas. En época de secas se construía un puente de madera para permitir el paso de personas y de vehículos ligeros, lo cual requería el pago de un determinado peaje. Si bien el volumen de tráfico era relativamente "pequeño" (220 automóviles y 330 camionetas en el año 1996), la distancia recorrida imponía un significativo costo adicional a las actividades económicas y sociales de la población. Adicionalmente se calculó que el volumen vehicular crecía a una tasa promedio del 3.4% anual, por lo que, de no hacer nada, tales costos crecerían de manera significativa en los siguientes años.

Después de hacer las estimaciones que se requerían para determinar los beneficios sociales netos que se obtendrían en el primer año de operación del proyecto (1998) los participantes concluyeron que la TRI del proyecto del puente de concreto era del 50.9%. Si bien no existían datos estadísticos para calcular la TRI para los años previos, era lógico pensar que en algún momento del pasado, tal vez diez o más años, la construcción del puente hubiera rendido beneficios netos. Es decir, el momento óptimo de inversión estaba bastante atrás en el tiempo.

Ejemplo 2: Vialidad Barranca de Hueyetlaco entre la zona poniente de la CDMX y el límite del Estado de México

Según la crónica periodística este puente fue planeado desde principios de los años noventa, ante el crecimiento poblacional de la zona poniente de la CDMX y el límite con el Estado de México, justamente para atravesar la barranca que lleva ese nombre. Su construcción inició en el año 2000, y fue detenida por casi una década. Finalmente se inauguró en el año 2016. Diez años durante los cuales la circulación de vehículos tenía que hacer un rodeo que tomaba 40 minutos. La lectora, lector pueden usar cualquier buscador de Internet y encontrarán amplia información sobre la historia de este proyecto.

Mis estudiantes del curso –taller sobre evaluación de proyectos calcularon que la pérdida acumulada por diez años de la no terminación del puente ascendía a más de 700 millones de pesos a valor actualizado del año 2016.

---

[48] http://www.cepep.gob.mx/es/CEPEP/Proyectos#tablaGeografia

5.3 La localización óptima de un proyecto

La pregunta de dónde construir las instalaciones físicas de un proyecto debería hacerse con más frecuencia que la que actualmente estamos viendo en México. En la gran mayoría de los casos prácticos actuales la localización ya ha sido definida, muchas veces por la disponibilidad del terreno, por razones técnicas exclusivamente, o por otras razones no explicadas. En consecuencia, en muchas ocasiones no se analiza cuál sería el efecto de cambiar la localización de un determinado proyecto, y el análisis costo-beneficio se hace sobre la alternativa de ubicación seleccionada, sin preguntarse si habría razones para proponer otra ubicación.

Al igual que cuando se trata de diferentes tamaños de proyecto, o de diferentes tiempos de inicio de construcción, los diferentes sitios donde se puede localizar a un proyecto, se deben considerar como proyectos diferentes. Todo lo que tenemos que hacer es usar un criterio de decisión para seleccionar el más rentable, pero en el proceso debemos incluir, como siempre, todos los costos y todos los beneficios legítimamente atribuibles a cada uno de ellos y tomar en cuenta los aspectos técnicos, ambientales y de relación con las comunidades que serían vecinas al proyecto. Seguramente el sitio de selección de nuevo aeropuerto de la CDMX debió seguir un proceso complejo, sin embargo es todavía muy pronto para saber si se eligió la mejor de las alternativas, sobre todo porque la información se ha mantenido restringida. Un fracaso drástico en la selección del sitio de construcción de un aeropuerto fue el del "Llano San Juan", cercano a Tuxtla Gutiérrez Chiapas[49], que tuvo que cerrarse debido a problemas técnicos (neblina impredecible) que pudieron y debieron haber sido detectados durante la fase de planeación del proyecto. Este ejemplo representa uno de los peores casos de falta de planeación respecto al sitio correcto donde debería haberse construido. No tenemos cifras de cuánto perdió el país con esta malísima decisión.

En general el equipo de proyecto (y sobre todo los promotores o "jefes" administrativos) debe siempre mantener la mente abierta para considerar la posible conveniencia de cambiar el lugar donde se construiría un proyecto. Aun cuando se tratara de ampliar alguna instalación actual, siempre surgirá la pregunta ¿se puede, y conviene ampliar las instalaciones actuales, o seria más rentable construir nuevas en algún otro sitio de la ciudad o región?

Como regla de aproximación general en este tema se empieza por la pregunta acerca de la macro localización del posible proyecto, para después, una vez definida la región, la ciudad o la zona, se habrá de proceder al tema de la micro localización, que será desde luego más específica y de mayor detalle.

Para ilustrar este tema haremos referencia a un proyecto de construcción de la nueva sede de una oficina de gobierno muy especializada, con oficinas estatales y regionales a lo largo del país. Además, debido a que la sede original había sido construida en un sitio que no permitía la expansión, ni horizontal ni vertical, con el paso del tiempo había tenido que arrendar oficinas en diversos sitios de la CDMX, lo que implicaba la realización de un buen número de viajes diarios de una parte de su personal, especialmente de los mandos superiores, no solo entre las oficinas "externas" y el edificio "sede" sino entre las mismas oficinas "externas". Adicionalmente, por las funciones de esta institución, también tenían que realizarse viajes frecuentes a otras dependencias y entidades de la administración pública de México. Esto complicaba significativamente el funcionamiento diario y la eficiencia en el trabajo de esta institución, lo cual se agravaba continuamente con el paso del tiempo, el congestionamiento vehicular y el aumento de los costos de viaje y arrendamiento.

---

[49] https://es.wikipedia.org/wiki/Aeropuerto_Internacional_de_Tuxtla

Se ubicaron y definieron tres posibles terrenos que cumplían con los requisitos técnicos establecidos, llamémoslos A, B y C. Para estas tres posibilidades (proyectos alternativos) se procedió a elaborar un estudio que permitiera el cálculo de los indicadores de rentabilidad de cada uno, comparando los costos generalizados de viaje que ocurrirían en la situación con proyecto para cada una de las tres alternativas mencionadas, en relación con la situación sin proyecto, tanto para los funcionarios como para los empleados, para todos los viajes realizados, tanto desde y hacia los domicilios particulares como para funciones operativas. Es decir, se compararon los costos generalizados de viaje con y sin proyecto para cada uno de los sitios seleccionados.

En este proyecto ocurrió algo que muchas veces no se espera. Los costos de viaje debido a la dispersión de las oficinas habían ido en aumento con el paso del tiempo, sin que hubiera una estadística que pudiera usarse para tomar decisiones sobre una nueva sede.

Lo anterior ocurre también con el reemplazo de vehículos. Paulatinamente aumentan los costos directos e indirectos de operación y mantenimiento hasta que en algún momento conviene más comprar vehículos nuevos que mantener los usados.

Este mismo proceso de evaluación debería seguirse en el caso de la decisión del nuevo gobierno federal de nuestro país respecto a la ubicación de las dependencias que presumiblemente habrán de trasladarse fuera de la Ciudad de México. La decisión informada sobre costos y beneficios de las alternativas es la mejor ruta para evitar cometer errores que afectarán a nuestro país. Lo mismo de siempre, se emiten decisiones de proyectos sin contar con la información correcta sobre sus costos y beneficios.

5.4 Relaciones entre proyectos: separables, sustitutos y complementarios

Por lo general el análisis costo-beneficio de un proyecto de inversión tiende a hacerse de manera aislada, sobre todo cuando una entidad o dependencia pública lo comisiona a una consultoría externa. Sin embargo, siempre es conveniente que el equipo de trabajo analice si existen posibilidades de dividirlo en proyectos separables, y de si es posible contemplar otros posibles proyectos que pudieran complementarlo.

Desafortunadamente los Lineamientos emitidos por la SHCP no requieren que se haga el análisis de separabilidad de los proyectos, como serían las carreteras, algunos proyectos de transporte como el tren México a Toluca, o el nuevo Puerto de Veracruz. En muchos casos un proyecto puede, y debe dividirse por tramos separables, con el propósito de maximizar el rendimiento de la inversión, pues si acaso existieran tramos rentables estos no deberían usarse para "subsidiar" a los que no lo son. Del mismo modo, la rentabilidad de los proyectos separables puede servir para establecer la secuencia de la construcción de las obras.

Dos o más proyectos son separables cuando es posible llevarlos a cabo de manera independiente, es decir, que tanto los costos como los beneficios no dependen entre sí. Son complementarios cuando uno se fortalece con la realización del otro, ya sea por el lado de los costos o por el lado de los beneficios (reduce los costos combinados, o aumenta los beneficios combinados.

Los proyectos sustitutos son relativamente más simples: o se hace uno o se hace otro, pero no están relacionados de forma alguna; por ejemplo, para unir dos ciudades separadas por un río podría plantearse un puente o un túnel, ambos completamente independientes entre sí, al menos en un momento dado del tiempo.

Dos proyectos, A y B, son independientes por el lado de los beneficios cuando se obtiene el mismo VAN de hacerlos juntos o hacerlos por separado, o sea:

$VPB_A + VPB_B = VPB_{A+B}$

Igualmente, son independientes por el lado de los costos cuando:

$VPC_A + VPC_B = VPC_{A+B}$

Es decir, se incurre en los mismos costos de hacer los dos proyectos, ya sea juntos o por separado.

Ejemplo de complementariedad de proyectos (caso real)

En una determinada ciudad al sureste del país se analizó la posibilidad de realizar un proyecto (A) que consistía en instalar ductos a lo largo de una importante avenida para conducir agua tratada desde la planta de tratamiento municipal y utilizarla para regar jardines públicos y camellones, que en la situación actual se hacía con camiones cisterna, causando con ello no solo costos "elevados" para la ciudad, sino además molestias en el tráfico normal de vehículos por dicha avenida, e incluso accidentes.

Digamos que los costos de excavación, instalación de ductos y sistemas de riego, así como de todos los demás elementos requeridos, ascendía a un millón de pesos. Por su parte, los cálculos de los ahorros por dejar de utilizar camiones cisterna, así como por el valor monetario de la reducción del congestionamiento vial que los camiones cisterna ocasionaban en dicha vialidad, daban como resultado un valor presente de dos millones de pesos. Es decir, este proyecto era socialmente rentable en un monto de un millón de pesos. Esto indicaba la conveniencia de llevar a cabo el proyecto.

Sin embargo, el anuncio de la intención de llevar a cabo la obra descrita hizo que los dueños de los hoteles situados a lo largo de la misma vialidad, expresaran su interés por conectarse a las tuberías de agua tratada, con el propósito de regar sus campos de golf, lo cual era privadamente rentable para cada uno de ellos, y también rentable desde el punto de vista social. En consecuencia, los promotores del proyecto original (los técnicos de la Unidad de Inversión del municipio) decidieron plantear un proyecto de mayor tamaño, para tener la capacidad de cumplir con los dos propósitos: regar los jardines y camellones, y entregar agua tratada a los hoteleros interesados (proyecto B). En este caso tendremos que:

$$VPC_A + VPC_B > VPC_{A+B}$$

$$VPB_A + VPB_B = VPB_{A+B}$$

Es decir, los beneficios de hacer los dos proyectos al mismo tiempo eran iguales que si se hacían por separado, en tanto que los costos de hacer los dos proyectos al mismo tiempo eran menores que si se hacían por separado, ya que había economías de escala, al tener que cavar una sola vez, y a que es más barato instalar una tubería de 2 pulgadas de diámetro, que dos tuberías de una pulgada de diámetro cada una en diferentes momentos del tiempo. La rentabilidad de hacer los dos proyectos al mismo tiempo era mayor que la de hacerlo de manera separada.

Lo anterior significa que siempre que se decide ir adelante con un proyecto es aconsejable plantear qué otros proyectos podrían llevarse a cabo de manera simultánea, o secuencial, para potenciar los beneficios y reducir los costos sociales.

Cada caso de evaluación requerirá que la oficina nacional de inversiones analice la posibilidad de combinaciones que pudieran maximizar el VAN de un programa de inversiones, y no solamente maximizar el VAN de un proyecto por separado. Un caso frecuente que resalta en algunas ciudades de México es que al hacer un paso a desnivel para los automotores se ignore la posibilidad de complementar el proyecto para permitir el paso de peatones o ciclistas (a veces esto se atiende hasta que se manifiesta un problema real, como fue el caso del "puente de los poetas" en la Ciudad de México).

El concepto de separabilidad de proyectos es sumamente importante, debido a que su correcta aplicación permitirá maximizar el rendimiento de la inversión pública. Esto es muy común en el tema de carreteras, ya que sus trazos con frecuencia involucran diferentes tipos de condiciones físicas, y también con frecuencia involucran diferentes puntos de entrada y salida de vehículos debido a la existencia de poblaciones a lo largo del camino.

Tomemos como ejemplo un proyecto que consiste en ampliar de dos a cuatro carriles de circulación toda la autopista entre el sitio conocido como "La pera" en la carretera México-Cuernavaca, y la ciudad de Cuautla en el estado de Morelos, México. A lo largo de este trayecto existen diferentes tipos y condiciones de terreno, así como varias poblaciones importantes, es decir, consta de varios "tramos", determinados tanto por condiciones de demanda (entradas y salidas de vehículos en poblaciones importantes) como por condiciones de oferta (características del terreno, desde tramos planos, lomerío y montaña). Para simplificar digamos que tenemos tres tramos, con las siguientes rentabilidades del proyecto de ampliación, calculadas correctamente:

Tramo 1: VAN estimado en $10 millones (TRI de 15%),

Tramo 2: VAN estimado en $2 millones (TRI de 11%),

Tramo 3: VAN estimado en MENOS $ 5 millones (TRI de 5%).

El error más común es no tramificar, en cuyo caso se obtendría como resultado que el VAN de hacer todo el proyecto (los tres tramos) sería de $7 millones y una TRI del 10.33%. Esto por supuesto conduciría a la aprobación del proyecto. Sin embargo, si en realidad se hace la tramificación, con los resultados anteriores, se empezaría construyendo el tramo 1, después el 2, y definitivamente esperar el tiempo requerido para que llevar a cabo el tramo 3 hasta que la TRI alcance la TSD.

De este modo se puede evitar que los tramos rentables "subsidien" a los que no lo son. Asimismo, esto indicaría que no hay razones económicas para decidir que toda la carretera entre ciertas poblaciones tenga las mismas características. Es posible que entre dos poblaciones intermedias se deba construir una carretera de seis carriles, en tanto que en otro tramo resulte conveniente hacerla de cuatro, o solamente de dos carriles. Más aún, podría ser rentable construir un carril de "rebase" en zonas montañosas, en vez de ampliar toda la carretera a cuatro carriles. Esto ha sido difícil de aceptar, pero actualmente existen varias carreteras, o tramos carreteros en México en que se han construido carriles "de rebase", sobre todo en regiones montañosas. Quedan por ser aceptados proyectos de carreteras, en zonas alejadas, de "bajo" tráfico, donde solamente se pavimenten los espacios donde pasan las ruedas de los vehículos, por ejemplo, a fin de hacer esto en varios proyectos en vez de gastar todo el dinero en una sola vialidad pavimentada en los dos carriles que se usa por muy "pocos" vehículos. Esto sería sumamente importante en el momento actual, en que se ha decidido hacer 300 caminos rurales.

Además de la separabilidad de proyectos en el caso de las carreteras, es muy común que los beneficios de hacerlas, o ampliarlas, sean crecientes, con lo cual el criterio correcto para aprobar la realización de este tipo de proyectos sea la TRI, y no el VAN. En este caso la TRI debe calcularse para cada tramo en que se dividió la carretera completa, y solamente aceptar aquellos tramos en donde la TRI sea igual, o "cercanamente" igual a la tasa social de descuento.

Un caso práctico actual donde la "separabilidad" de proyectos hubiese sido de enorme utilidad es el tren México a Toluca, lo cual analizaremos en el capítulo seis de este libro.

En resumen, si bien las autoridades sectoriales promotoras de proyectos pudieran analizar solamente aquellos que corresponden a su sector, queda por realizar un análisis global de los proyectos de inversión pública, para buscar que la combinación, y secuencia en su realización busque maximizar el cambio en la riqueza o bienestar del país como un conjunto. Esto se hace de manera parcial actualmente en México pues según la Ley existe una instancia, denominada de "comisión intersecretarial de gasto financiamiento" que se encarga de autorizar la secuencia en que deban llevarse a cabo los proyectos de inversión pública[50].

5.5 Las Reglas de "oro" en la evaluación de proyectos

En la evaluación social de proyectos existen dos reglas que se conocen como "de oro", debido a su extraordinaria importancia para evaluar correctamente un proyecto. Sin embargo, rara vez son siquiera mencionadas en los estudios de evaluación "social" de proyectos que se encuentran en la página de Internet de la SHCP. Estas dos reglas requieren un conocimiento profundo del entorno en que se identifica, formula y evalúa cualquier proyecto de inversión, ya que en ambos casos se debe analizar de manera detallada cada beneficio que se le quiere atribuir y cada costo (o grupo de costos) que su realización traerá como consecuencia, así como saber qué opciones existen y cuánto costarían. También requerirá un gran profesionalismo por parte del equipo evaluador y de la autoridad que lo contrata.

Primera regla de oro:

"El valor asignable a un beneficio, no puede ser mayor que el menor costo de obtener el mismo beneficio por una vía alternativa"[51].

Lo anterior significa que el valor que se atribuye a un beneficio específico debe compararse con el costo que tendría obtener el mismo beneficio por una vía alternativa. Pensemos por ejemplo en uno de los beneficios que se le atribuyen al nuevo aeropuerto de la Ciudad de México, que es el ahorro en tiempo de transporte de pasajeros. Según el documento disponible el valor presente (año 2014) de este beneficio es de 103.6 miles de millones de pesos, lo cual significa casi la mitad de todos los beneficios atribuibles al nuevo aeropuerto. Aunque no se publica el desglose de este beneficio, resulta claro que al menos un porcentaje del mismo podría ser obtenido volviendo a utilizar el aeropuerto de Toluca, como ocurría hace algunos años, a un costo social menor. Esto no se contempla, o al menos no se menciona en el documento de evaluación disponible, pero lo más probable es que al hacer esta "optimización" se redujera la presión sobre el actual aeropuerto en la CDMX (y se redujera también el valor atribuible a este beneficio) lo cual seguramente retrasaría el momento adecuado para la construcción del nuevo y disminuiría el Valor Presente Neto del proyecto.

Otro ejemplo es el proyecto del nuevo puerto de Veracruz. Uno de los beneficios (el más alto calculado) consiste en evitar que parte de la carga se "desvíe" hacia o desde el puerto de Altamira (el mejor habilitado y con menor distancia hacia la CDMX después de Veracruz, según el documento) y las ciudades de Puebla, el DF y Toluca (que son los supuestos principales centros de producción o consumo de las mercancías que utilizan los servicios de ese puerto). Al menos una parte de este beneficio podría estar sobre estimado debido a que la "saturación" del puerto actual implicará retrasos en la carga y descarga de mercancías cuyo costo por algún tiempo (con los datos disponibles no se puede estimar cuánto) sería menor que el costo del desvío de la carga hasta Altamira[52]. El desvío de la carga iniciará cuando el sobre costo por la "saturación" alcance el costo del desvío:

---

[50] Ley Federal de Responsabilidad Hacendaria, Artículo 34, fracción IV
[51] Evaluación Social de Proyectos, Ernesto R. Fontaine. Pearson Educación, decimotercera edición, página 10.
[52] Debe notarse que el costo total del flete de las mercancías, desde o hacia cualquier puerto y su sitio de origen o destino final incluye el terrestre y el marino. La "saturación" de un puerto implicará un paulatino mayor valor de STAT que afectará el

Gráfica V.7. Primera regla de "oro"

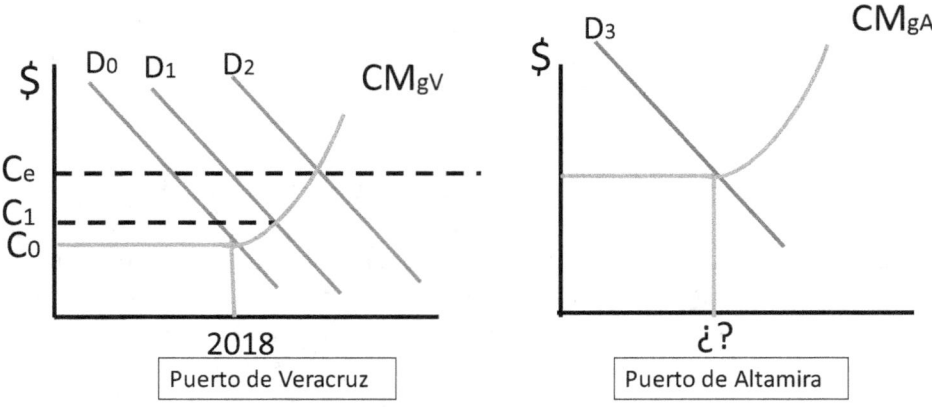

En la gráfica anterior se muestra una situación en que el puerto de Veracruz se empieza a "saturar" en el año 2018[53]. A partir de ese año la curva de costos marginales de mover la carga desde (o hacia) ese puerto y una (o más) de las ciudades de origen o destino, digamos Puebla, empieza a aumentar. Por supuesto, no habría problema si la demanda por carga no aumentara, pero esto no va a ocurrir, por lo que la curva de demanda irá aumentando paulatinamente, digamos que desde D_0 hacia la derecha. Cuando la demanda llegara a D_2 se llegaría al punto límite porque a partir de ahí la demanda se trasladaría al puerto de Altamira, o algún otro menos caro. En la situación sin proyecto (del puerto de Veracruz) el costo marginal de mover carga entre o desde Puebla y el puerto de Altamira es C_e por lo que mientras no se alcance ese nivel, aún con la "saturación" en el puerto de Veracruz, los clientes de Puebla preferirán seguir moviendo la carga desde Veracruz, y solamente empezarán a hacerlo desde o hacia Altamira cuando el costo marginal de hacerlo sea menor que usando el puerto de Veracruz. Por ello la curva de demanda D_2 sería la límite para Veracruz, a partir de ahí empezaría a generarse demanda para Altamira (desde o hacia Puebla). Con los elementos disponibles no se puede estimar el año en que la carga efectivamente se traslade hacia Altamira.

Además, como se comenta en el capítulo VI, no debería descartarse automáticamente la posibilidad de utilizar, al menos parcialmente, el puerto de Tuxpan o de Tampico y no desviar toda la carga hasta Altamira. Es decir, podría ser posible que el costo marginal de mover la carga desde o hacia Tuxpan fuese inferior a C_e. Todo esto reduciría por supuesto los beneficios atribuibles a la construcción del nuevo puerto de Veracruz y con ello retrasaría el momento "óptimo" de su construcción. Como dice esta regla de "oro", no se puede asignar a un beneficio un valor mayor al menor costo de obtenerlo por un medio alternativo.

Este "error" es muy frecuente en la evaluación de proyectos reales, incluso en las metodologías publicadas en México. Uno de ellos, que ha llevado, o ha contribuido, a una importante sobreinversión en proyectos de transporte público es el que se refiere a los BRT (Bus Rapid Transit, por sus siglas en inglés). En esta metodología, publicada por el CEPEP en su página de Internet, se atribuyen beneficios a este medio de transporte que se podrían obtener a menores costos por medios alternativos. El servicio público de transporte en la CDMX y en muchas ciudades del país se podría transformar radicalmente a través de la organización de los medios de transporte actuales,

---

flete marítimo.
[53] Es decir, la saturación no significa una línea completamente vertical sino que se va dando gradualmente, igual que el tránsito vehicular por una determinada carretera.

sin necesidad de invertir un peso más, rindiendo beneficios muy superiores a los calculados para el BRT de manera aislada.

Segunda regla de oro:

"El valor asignable a un costo, no puede ser mayor que el menor costo de evitarlo por una vía alternativa".

Ejemplos:

Uno de los temas actuales, sumamente importante, se refiere al impacto ambiental de los proyectos, a pesar de que muchas veces es realmente imposible, o muy difícil, calcular el valor de tal impacto, simplemente porque nadie sabe cómo calcular el valor en pesos y centavos digamos de las mariposas monarca, de vestigios prehistóricos, o de joyas coloniales. Esto podría llevar a estimar que el costo de llevar a cabo un determinado proyecto podría ser "muy grande". En estos casos habría que pensar en qué formas existirían para evitar que un proyecto tuviera esos efectos, lo cual, en la mayoría de los casos (si no es que en todos) sí que se puede medir y valorar. Veamos el siguiente ejemplo[54]:

Supongamos que estamos evaluando la construcción de una fábrica, la cual contamina un cuerpo de agua y ocasiona daños a productores agrícolas y pescadores que están situados "aguas abajo", además de que afecta el entorno de los habitantes porque ya no podrán nadar alegremente en el río y disfrutar sus días de campo los fines de semana (lo cual digamos que no se puede valorar):

Gráfica V.8. Segunda regla de "oro"

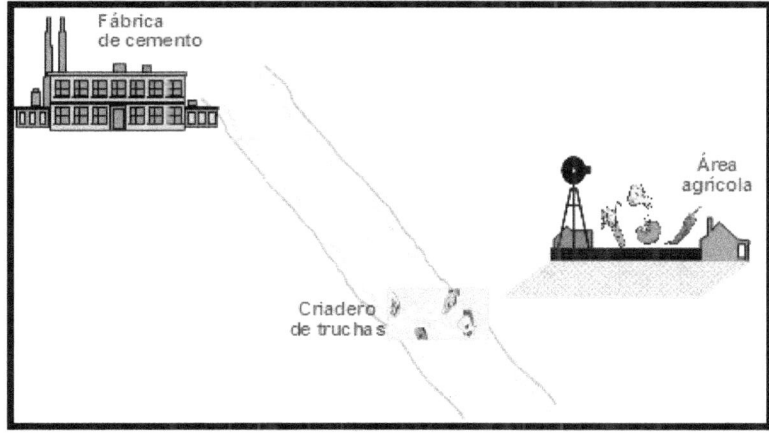

Supongamos ahora que el VAN del proyecto de la fábrica, sin considerar los daños ambientales, asciende a $40 millones de pesos, pero que el valor actual de los daños a la zona agrícola es de $15 millones y los daños al criadero de truchas, también a valor actual es de $10 millones de pesos. Un primer análisis diría que el VAN social del proyecto de la fábrica ascendería a solamente $15 millones de pesos (los 40 calculados originalmente, menos los daños por 25 millones).

Sin embargo, supongamos ahora que el daño ambiental podría haberse evitado mediante la construcción y operación de una planta de tratamiento de aguas residuales, y que esto tiene un VAC (valor actual de costos), de $20 millones de pesos. ¿Cuál es el verdadero VANS del proyecto de la fábrica?

---

[54] Este ejemplo proviene de materiales elaborados por Edgar Fosado Morúa y Sergio Gómez Ortega.

La aplicación de la "segunda regla de oro" indicaría que el VANS correcto es de $20 millones (los 40 originalmente calculados, menos los $20 asignables a la construcción y operación de la PTAR), debido a que los daños se evitan mediante esta acción, y ya no son relevantes los daños estimados por la contaminación. Haciendo esto ya no tendríamos que preocuparnos por la valoración del espacio para natación y días de campo de la población lugareña.

5.6 Indicadores del desempeño de los proyectos de inversión

Los Lineamientos actualmente vigentes en materia de inversión pública de México no requieren que los proyectos de inversión cuenten con metas contra las cuales poder comparar su desempeño y de este modo estar en posibilidades de implementar medidas correctivas oportunas en caso de incumplimiento. Esto muestra que se pone mayor atención en el proceso de construcción de las obras físicas que en la operación de los proyectos una vez que han sido inaugurados. Esto constituye una gran deficiencia del sistema actual, debido a que la etapa más importante de los proyectos es precisamente cuando están en operación.

En el diseño, formulación y evaluación de los proyectos siempre deberían quedar claros (y acordados) los indicadores que permitirán verificar el cumplimiento de lo planeado en los cuatro niveles de una Matriz de Marco Lógico: Fin, Propósito, Componentes y Actividades. Los Lineamientos vigentes actualmente establecen el requisito de especificar *las metas anuales y totales de producción de bienes y servicios cuantificada en el horizonte de evaluación*, lo cual es un requisito que en la práctica se confunde con la cuantificación de la demanda en la situación con proyecto. Por ejemplo véanse las "metas" definidas para el proyecto de ampliación del puerto de Veracruz en la página 129 del documento de ACB. Las "metas" físicas corresponden al volumen de carga que se pronostica mover, clasificada en carga general, contenedores, carga mineral, granel agrícola, fluidos y autos. No se establecen indicadores de eficiencia y productividad que se tendría con el proyecto. El incumplimiento en las metas de volumen de carga manejada sería fácilmente explicado por factores externos a la administración del puerto, lo cual no ocurriría si las metas se acercan más a medir la eficiencia y productividad portuaria, que es probablemente lo que más importa.

¿Para qué sirve establecer una matriz de indicadores de desempeño de los proyectos de inversión?

Cuando no se establecen metas de desempeño cualquier cosa puede pasar con el proyecto, simplemente porque no hay una métrica para comparar lo obtenido con lo planeado. Por el contrario, el monitoreo del cumplimiento de las metas brinda a la sociedad una herramienta fundamental para saber si un proyecto está teniendo éxito, o si se requieren acciones correctivas para lograr el alcance de las metas deseadas. Si por ejemplo se construye un hospital, esperando que con su operación se logren reducir las tasas de morbilidad de una cierta población, pero su funcionamiento es solo parcial porque no se le asigna la totalidad del gasto "corriente" (doctores o enfermeras) requerido, o no se le provee con las medicinas básicas, evidentemente existirá un bonito edificio (más formación bruta de capital fijo) pero sin resultados para la población.

Los indicadores pueden tener cuatro dimensiones: eficacia (para medir el logro de resultados), eficiencia (uso de recursos en relación a metas alcanzadas), calidad (qué tan bien, o qué tan mal resulta el proyecto en opinión de los beneficiarios) y economía (capacidad del proyecto para generar u obtener recursos adicionales). Sin embargo, es posible que los indicadores utilizados para medir el desempeño de un proyecto no utilicen estas cuatro dimensiones de manera simultánea.

Otro de los temas relativos a los indicadores que actualmente están siendo ampliamente discutidos, se refiere al número de los indicadores deseables. Aun cuando no se puede establecer, de manera rígida, el número mínimo o máximo de indicadores para medir el desempeño de un programa o proyecto, es importante determinar si acaso el o los indicadores utilizados nos dicen claramente si se está teniendo éxito en lo que se busca lograr, en cada nivel de los objetivos ya mencionados. Invito a quienes leen estos textos a buscar los indicadores de desempeño del sistema de transporte colectivo Metro, de la Ciudad de México, o del sistema Metrobús, o cualquiera otro que sea de su interés y compartir conmigo sus conclusiones.

Ejercicio: Se pide a la lectora, lector de este documento, revisar cualquiera de los cuatro proyectos que se analizan en el capítulo VI y proponer una matriz de desempeño, acorde con los cuatro niveles de la MtML: Fin, Propósito, Componentes y Actividades. Remita su respuesta al director del IMCI y a vuelta de correo se remitirán comentarios y sugerencias.

5.7 Ejercicio sobre momento óptimo agua potable

En la población de San Pedro y San Pablo, existe una población de 10,000 habitantes, la cual crece al 2% anual, y se espera que siga creciendo a la misma tasa durante los próximos veinte años. Además, debido a que se trata de una población muy emprendedora, se sabe que el ingreso real promedio por habitante crece también al 2% anual. Como resultado, los economistas de la Universidad de SPySP han estimado que la cantidad demandada por agua crecerá a una tasa del 4.5% durante los próximos veinte años.

Actualmente la oferta de agua cubre perfectamente la demanda existente, sin embargo, a partir del próximo año habrá que subir el precio para equilibrar ambas funciones, o empezar a "tandearla", a fin de que todo mundo reciba alguna cantidad de agua. Los mismos economistas de la USP y SP, han estimado que las pérdidas en bienestar que ocurrirán si no se amplía la fuente de captación, serán las cantidades mostradas en el siguiente cuadro:

1	10,000
2	10,450
3	10,920
4	11,412
5	11,925
6	12,462
7	13,023
8	13,609
9	14,221
10	14,861
11	15,530
12	16,229
13	16,959
14	17,722
15	18,519
16	19,353
17	20,224
18	21,134
19	22,085
20	23,079

Los ingenieros de la Comisión Racional del Agua le han informado que el monto de las inversiones requeridas para ampliar la capacidad de entrega de agua potable asciende a $100,000.00, en tanto que los funcionarios de la Oficina de Inversiones han establecido que la tasa social de descuento es del 12% anual. Con esta información determine el momento óptimo de entrada en operación del proyecto de ampliación de agua potable. Haga una gráfica que ilustre su respuesta

5.8 Ejercicio sobre momento óptimo ferrocarril

A fines del año 2020 se proyecta iniciar la construcción del ferrocarril entre Querétaro y la Ciudad de México. El costo de la inversión se estima en $ 28 mil millones de pesos, a ejercer en cuatro años a razón del 25% anual.

Los beneficios netos de esta inversión (directos, indirectos y externalidades, menos costos de operación y mantenimiento) se estiman en $2 mil millones en el año 2024, (que corresponde al primer año de operación), los cuales tendrán una tasa de crecimiento del 5% anual hasta el año 2032, posteriormente crecerán a una tasa anual del 4% hasta el año 2052, que corresponde al último año de vida útil de las instalaciones del proyecto.

Como primer paso haga una gráfica que ilustre el comportamiento de los beneficios netos anuales estimados y de la anualidad de la inversión, utilizando una tasa de descuento de 10%. Ahora responda las siguientes preguntas:

a) ¿Es conveniente este proyecto?
b) Bajo todos estos supuestos ¿en qué año convendría llevarlo a cabo?
c) Suponga que de todas formas las autoridades llevan a cabo este proyecto. Calcule el monto anual de las pérdidas financieras de la operación del tren.

5.9 Ejercicio sobre proyectos de reemplazo de equipos

La empresa "Bosques Inmortales" tiene una sierra mecánica con cinco años de antigüedad, la cual utiliza para cortar troncos. Esta sierra ha tenido costos directos de operación y mantenimiento, y costos indirectos (calculados en base al número de días que la sierra estuvo fuera de servicio y por tanto se requirió "maquilar" el servicio en un aserradero colindante) que se muestran en el cuadro siguiente. Los datos para los años 6 en adelante fueron proyectados por el personal de la empresa.

Cuadro V.4. Aserradero "Bosques Inmortales": Costos de adquisición, valor de rescate y costos directos e indirectos de operación y mantenimiento de la sierra mecánica A234
(Precios de diciembre de 2008)

Año	Valor de rescate	Costo directo	Costo indirecto	Costo total de operación y mantenimiento
0	170,000	0	0	0
1	115,000	45,000	10,500	55,500
2	100,000	47,500	11,600	59,100
3	85,000	50,900	12,800	63,700
4	77,000	54,800	17,500	72,300
5	69,000	58,900	15,400	74,300
6	62,000	63,300	17,000	80,300
7	52,000	67,900	18,700	86,600
8	47,000	72,800	25,700	98,500
9	43,700	78,000	22,600	100,600
10	42,000	83,400	24,900	108,300
11	38,600	89,500	27,400	116,900
12	35,200	95,900	37,600	133,500
13	32,000	102,500	33,400	135,900
14	28,500	109,500	36,500	146,000
15	25,000	117,000	40,100	157,100

En la primera columna del cuadro anterior se registra, para el año "cero" el costo de adquisición de una sierra nueva, de las mismas características que la sierra actual, y las cifras de los años siguientes reflejan el valor de rescate de la misma sierra, si se vendiera en el mercado relevante.

Con los datos anteriores se pide:

    A. Calcular el CAE de inversión,
    B. Calcular el CAE de operación y mantenimiento,
    C. Calcular el CAE total

Haga una gráfica con los datos anteriores, de modo que pueda observarse el comportamiento de cada componente del CAE total. Tanto en la gráfica como en el cuadro que Usted obtenga, determine la vida útil económica del equipo.

Cálculo del valor actual neto (VAN)

Ahora realice el cálculo del VAN de sustituir la sierra actual por una nueva y suponga un uso de cinco años.

Ahora suponga que utilizará la sierra por seis años,

Muestre una gráfica que ilustre las dos situaciones anteriores.

5.10 Ejercicio sobre proyectos complementarios

En la actualidad las áreas verdes de los jardines públicos de Mexicali se riegan con agua tratada usando "pipas" que funcionan cada tercer día. Esto provoca congestionamientos y en ocasiones hasta accidentes de tránsito. El costo de este servicio se calcula en $200,000 pesos mensuales.

Las autoridades están contemplando un proyecto que consiste en la instalación de una red de tubería que daría el mismo servicio. El costo de inversión se estima en $10 millones de pesos y el de operación y mantenimiento en $10,000 pesos mensuales. Calcule el VAN del proyecto suponiendo una tasa de descuento del 12% y un periodo de vida útil del sistema de 10 años.

Al mismo tiempo, se ha detectado que alrededor de 100 empresas (hoteles, restaurantes y algunas industrias) instalados a lo largo de dicha avenida, también son usuarias de la misma agua tratada. El costo del servicio en "pipas" asciende a $100,000 pesos mensuales que los usuarios pagan por este servicio.

Si el proyecto de red de tuberías también fuese usado para abastecer a las empresas, el costo de inversión aumentaría a $15 millones de pesos, y los de operación y mantenimiento subirían a $15,000 pesos mensuales. Calcule el VAN del proyecto completo (red de tubería que serviría para regar áreas verdes y para surtir de agua a las empresas) también para 10 años. Haga explícito cualquier supuesto adicional que usted necesite.

5.11 Ejercicio sobre planta de tratamiento de aguas residuales municipales.

De la lectura de la Guía metodológica sobre este tipo de proyectos debe haber quedado claro que tanto beneficios como costos dependerán del caso específico bajo estudio. Al igual que en otro tipo de proyectos, cada caso es diferente, por lo que muchas veces lo que se aplica en un sitio puede no necesariamente aplicar en otro. A manera de resumen se muestra en el siguiente cuadro el tipo de beneficios que de manera general se pueden atribuir a estos proyectos:

Cuadro V.5. Diferencias entre la evaluación social y privada proyecto de PTAR

Evaluación privada	Evaluación social
Ahorro de multa acumulada impuesta por la autoridad federal,	Ganancias en plusvalía de terrenos debido a eliminación de malos olores, fauna nociva y mejoramiento de imagen
Ahorro en la cuota por derechos de descarga de agua residual.	Reducción de costos sociales por enfermedades de origen hídrico
Ahorro en el pago de multa por infringir la normatividad vigente sobre descarga de aguas residuales,	Incremento en excedentes netos de actividades que utilizan agua tratada en vez de agua negra
Ingresos por el cobro de cuotas de saneamiento a la población conectada a la red de drenaje,	Valor social del agua limpia liberada al sustituirla por agua tratada en procesos industriales
Ingresos por cobro de cuotas a posibles usuarios de agua residual tratada	Mejoramiento de imagen (difícil medición)
Posposición de inversiones en ampliación de oferta de agua limpia debido a la sustitución de agua tratada por agua limpia (valorada a precios de mercado),	Posposición de inversiones en ampliación de oferta de agua limpia debido a la sustitución de agua tratada por agua limpia (valorada a precios sociales).

Por su parte, los costos de inversión, operación y mantenimiento de las plantas de tratamiento de aguas residuales, también serán diferentes para la evaluación privada y para la social. Al igual que en otro tipo de proyectos, la evaluación privada usará precios de mercado incluyendo impuestos o descontado subsidios, y de manera simplificada, normalmente utilizará la tasa de préstamos bancarios aplicable, más una prima por riesgos y por el pago de impuestos, como tasa de descuento, en tanto que la evaluación social utilizará precios sociales, tanto para terrenos, maquinaria y equipos, mano de obra y otros insumos, y aplicará la tasa social de descuento.

Para fines de este ejercicio de aplicación, utilizaremos un caso muy sencillo, donde solamente se calculará el beneficio por mayores excedentes agrícolas. Supongamos que en la situación sin proyecto se cultivan granos forrajeros (sorgo) utilizando agua residual sin tratar y que en la situación con proyecto (una vez que la PTAR se encuentra funcionando) se podrán cultivar hortalizas. Asimismo, en la situación con proyecto se podrán hacer dos cultivos al año, una vez que la PTAR se encuentre en pleno funcionamiento. El área disponible es de 10,000 hectáreas. Aun cuando no hubiera cambio de cultivo, en la situación con proyecto el rendimiento del sorgo aumenta a 4.5 toneladas, pero el costo por hectárea también aumenta. Para fines de este ejercicio supondremos que no hay otras distorsiones como subsidios al agua o a los cultivos agrícolas.

En el primer año de funcionamiento de la PTAR solamente la mitad de los agricultores cambian de cultivo, y la totalidad lo hace a partir del segundo. La tasa social de descuento aplicable es del 10% anual, el costo de inversión de la planta es de $200 millones y los de operación y mantenimiento ascienden a $15 millones anuales. También suponemos, por simplicidad, que la planta dura para siempre y que los precios mencionados anteriormente son "verdaderos".

1. Calcule el valor del excedente agrícola en las situaciones sin y con proyecto para cada año,

2. Calcule el diferencial del valor del excedente agrícola para cada año,

4. Calcule el flujo neto de costo-beneficio social anual y el Valor Actual Neto Social del proyecto

5.12 Ejercicio sobre tamaño óptimo de un embalse

En una cierta zona del país se está planeando la construcción de una presa para riego agrícola (que incluye toda la infraestructura requerida como canales y caminos de acceso). El estudio técnico señala las siguientes alternativas de tamaño.

Cuadro V.6. Supuestos de los dos proyectos de embalse
Las cifras en pesos se valoran a precios del año cero

Tamaño	Costo de inversión total Millones de pesos	Costo de operación y mantenimiento anual	Hectáreas a regar
A	400	50 millones los primeros tres años, y aumentan al doble en los siguientes años	7,000
B	300	5 millones los primeros tres años y aumentan al doble en los siguientes años	5,000

El siguiente cuadro muestra los tipos de cultivo, los rendimientos, costos y precios de los dos cultivos que consideraremos para hacer la evaluación. Esto es independiente de si se decide hacer uno u otro tamaño de presa. Evidentemente en la realidad habrá un patrón de cultivo que puede incluir muchos más productos, pero para simplificar en este cálculo al nivel de idea, usaremos solamente estos dos productos. También haremos el supuesto de que la situación actual está "optimizada", por lo que se le puede equiparar a la situación "sin proyecto".

Cuadro V.7. Datos sobre cultivos agrícolas en la zona del proyecto del embalse
Las cifras en pesos se valoran a precios del año cero

Concepto	Situación S/P (un cultivo al año)	Situación C/P
Tipo de cultivo	Granos forrajeros (sorgo)	Hortalizas
Rendimiento (ton./ha)	9.0	11.5
Precio ($/ton.)	1,050	1,560
Costo de producción ($/ha.)	1,125	2,070

Se espera que el rendimiento del sorgo aumentará, en la situación con proyecto, a 12 toneladas por hectárea (debido a la "seguridad" en la disponibilidad de agua) y que los agricultores que se mantengan produciendo sorgo podrán hacer dos cosechas al año. También se podrán hacer dos cosechas al año de hortalizas. Todo esto con base en la experiencia en otros proyectos similares.

Se estima que si se realiza la presa A, la tasa de incorporación de los agricultores al proyecto será de 30% para el primer año de operación, 50% para el segundo año, 75% para el tercero y 100% a partir del cuarto año. Si se realiza la presa B, los agricultores cambiarán de cultivos al 35% de las hectáreas en el año 1, 70% para el año 2 y 100% para el año 3 en adelante.

El trabajo a realizar consiste en determinar cuál de las presas es la que más rentable si: los precios de todos los bienes y servicios involucrados directa o indirectamente no mienten, no hay daños ni beneficios ambientales ocasionados por el proyecto, la tasa social de descuento es del 10% anual, las obras duran para siempre y tardan un año en construirse. Igualmente, supondremos que las cifras del cuadro anterior no cambiarán en el futuro como resultado de la realización del proyecto. La tarea entonces es calcular el VAN y la TIR de cada proyecto.

El primer paso consiste en determinar los excedentes agrícolas por hectárea en las situaciones sin y con proyecto.

Cuadro V.8. Datos de rentabilidad del cultivo de sorgo
(Cifras en pesos a precios del año cero)

Rentabilidad sorgo por hectárea	sin proyecto	con proyecto
Rendimiento del sorgo (toneladas por hectárea)	9	12
Precio por tonelada	$ 1,050	$ 1,050
Costo de producción por hectárea	$ 1,125	$ 1,125
Ingresos por hectárea	$ 9,450	$ 12,600
Excedente por hectárea de sorgo	$ 8,325	$ 11,475
Número de cosechas al año	1	2
Excedente anual por hectárea de sorgo	$ 8,325	$ 22,950

Cuadro V.9. Datos de rentabilidad del cultivo de hortalizas
(Cifras en pesos a precios del año cero)

Rentabilidad hortalizas por hectárea	sin proyecto	con proyecto
Rendimiento (toneladas de hortalizas por hectárea)		11.50
Precio por tonelada		$ 1,560
Costo de producción por hectárea		$ 2,070
Ingresos por hectárea		$ 17,940
Excedente por hectárea de hortalizas		$ 15,870
Número de cosechas al año		$ 2
Excedente anual por hectárea de hortalizas		$ 31,740

Como se observa, también estamos suponiendo que en la situación sin proyecto no se cultivan hortalizas en la zona del proyecto.

Ahora calculemos los excedentes anuales de pasar de la situación sin proyecto a la situación con proyecto. Empezaremos con el caso de la presa "chica", donde la tasa de incorporación de los agricultores es relativamente más rápida que para la presa "grande". Por supuesto, para el año "cero" (periodo de construcción y preparación de la obra) no hay ningún cambio en la producción agrícola. Todo empieza a cambiar a partir del año "uno", cuando se supone que la presa está construida, llena y en operación.

Cuadro V.10. Excedentes agrícolas del embalse de tamaño "chico". Las cifras en pesos se expresan a precios del año cero

CONCEPTO	año cero	año uno	año dos	año tres	año cuatro
Hectáreas sorgo	5,000	3,250	1,500	-	-
Hectáreas hortalizas		1,750	3,500	5,000	5,000
Excedente sorgo por hectárea	$ 8,325	$ 22,950	$ 22,950	$ -	$ -
Excedente hortalizas por hectárea		$ 31,740	$ 31,740	$ 31,740	$ 31,740
Excedente agrícola total con proyecto	$ 41,625,000	$ 130,132,500	$ 145,515,000	$ 158,700,000	$ 158,700,000
Sorgo	$ 41,625,000	$ 74,587,500	$ 34,425,000	$ -	$ -
Hortalizas	$ -	$ 55,545,000	$ 111,090,000	$ 158,700,000	$ 158,700,000
Excedente sin proyecto Sorgo	$ 41,625,000	$ 41,625,000	$ 41,625,000	$ 41,625,000	$ 41,625,000
Excedente por el proyecto	$ -	$ 88,507,500	$ 103,890,000	$ 117,075,000	$ 117,075,000

De acuerdo con nuestros supuestos, a partir del año "uno" las hectáreas dedicadas al sorgo empiezan a disminuir, y desaparecen a partir del año "tres". Por el contrario, las hectáreas dedicadas a las hortalizas aumentan en la medida en que se incrementa su tasa de "incorporación", hasta que a partir del año tres todas las hectáreas se dedican a las hortalizas.

En el cuadro anterior se incluyen los excedentes totales en la situaciones sin y con proyecto, así como la diferencia entre ambas que aquí denominamos "Excedentes por el proyecto", que es o legítimamente atribuible a la construcción y puesta en operación de la presa y su infraestructura. Esas son las cifras que compararemos con los costos de realizar y operar el proyecto, que a continuación se describen. Evidentemente, también es posible que en la situación sin proyecto existieran costos por irrigación, los cuales desaparecerían, o cambiarían en la situación con proyecto. Para simplificar las cosas supondremos que el costo de producción por hectárea incluye el costo de la irrigación, tanto en la situación sin proyecto como en la situación con proyecto:

Cuadro V.11. Flujo neto del proyecto del embalse "chico". Cifras en pesos a precios del año cero

CONCEPTO	año cero	año uno	año dos	año tres	año cuatro
Excedente por el proyecto	$ -	$ 88,507,500	$ 103,890,000	$ 117,075,000	$ 117,075,000
Costos del proyecto	$ 300,000,000	$ 5,000,000	$ 5,000,000	$ 5,000,000	$ 10,000,000
Inversión	$ 300,000,000				
Operación y Mantenimiento		$ 5,000,000	$ 5,000,000	$ 5,000,000	$ 10,000,000
flujo neto del proyecto	-$ 300,000,000	$ 83,507,500	$ 98,890,000	$ 112,075,000	$ 107,075,000

En este cuadro tenemos una representación de lo que ocurriría, con los supuestos ya mencionados, durante los primeros cuatro años de la operación de la presa "chica" ¿Qué pasa en el futuro si como se mencionó anteriormente estamos suponiendo que la presa dura "para siempre"? ¿Cómo calculamos el VAN del proyecto bajo estas circunstancias?

Como se recordará en la sección 2.5 de este libro hicimos un ejercicio para "simular" que un proyecto tiene vida infinita. Aplicaremos esa misma técnica aquí. El resultado es un VAN de $746,317,111 y una TIR del 60%.

Ahora hay que repetir todo el proceso anterior para aplicarlo al análisis del tamaño de presa "grande".

Este resultado sin duda podría ser todo un "shock" para los políticos a quienes les podría parecer que mientras más grande es un proyecto en su dimensión física, mejor será para el país.

De cualquier forma, una vez que se mejoró la información, que se eliminaron o se hicieron menos estrictos los supuestos, que se midieron con mayor exactitud los riesgos del proyecto, sigue siendo válida la misma premisa con la que empezamos esta sección: En el interés de mejorar la calidad de la inversión, y aumentar su rentabilidad, se deben hacer cálculos para diferentes tamaños de proyecto casi en todos los casos de la vida real. ¿De qué tamaño se debe hacer un hospital? ¿Cuál es el tamaño óptimo de la inversión en plantas de tratamiento de aguas residuales domiciliarias en una determinada población? ¿Cuál es el tamaño óptimo de un puente que comunica a dos comunidades separadas por un río? Y así sucesivamente. Es muy difícil (si no imposible) imaginar algún caso donde no se deba pensar en que la conveniencia de analizar diferentes tamaños de un proyecto real.

5.13 Ejercicio sobre arrendamiento

Una empresa posee varios camiones de mudanza que se están deteriorando con mayor rapidez de lo esperado. Los camiones fueron comprados hace 2 años cada uno por $60,000.

Actualmente la empresa planea conservar los camiones durante 10 años más. El precio de mercado de un camión de dos años es de $42,000. Los costos anuales de operación son de $15,000. La opción es rentar camiones en forma anual. El costo de arrendamiento de un camión en condiciones similares, es de $9,000 anuales, pago vencido, con costos de operación de $14,000. ¿Debe la empresa rentar camiones si su tasa de interés relevante es 12% anual?

Capítulo VI: Comentarios a proyectos de inversión pública actuales

En esta sección se presentan comentarios a cuatro proyectos de inversión pública actuales en México.

La idea es analizar cómo se aplican los aspectos teóricos que se han expuesto en los capítulos anteriores, para hacer comentarios a estudios de proyectos reales de inversión pública que actualmente se encuentran en construcción en nuestro país.

Los principales lectores a los que se trata de llegar son los estudiantes del tema de evaluación de proyectos, pretendiendo mostrarles que en México requerimos urgentemente mejorar la calidad de los estudios de costo-beneficio con que se aprueban y se llevan a cabo una gran cantidad de proyectos de inversión pública. También me dirijo a los funcionarios gubernamentales que trabajan en las áreas de proyectos de inversión, con el deseo de aportar elementos para mejorar y ampliar la capacitación en esta importantísima área del quehacer público. El propósito es contribuir a elevar la calidad de nuestro sistema de inversión pública, no de hacer una crítica negativa.

Mejorar la calidad de la inversión pública requiere, sin lugar a dudas, reiniciar y mejorar la capacitación en el tema de evaluación de proyectos al nivel de especialidad, como existió desde 1994 y terminó en 2012, al inicio de la actual administración pública federal de nuestro país. En los años de funcionamiento del sistema de capacitación los cursos de especialidad y diplomados fueron enriquecidos al haber incorporado ejercicios de "dictaminación" de documentos de evaluación de proyectos reales de inversión pública. En su gran mayoría los estudiantes mostraron errores significativos en los estudios de proyectos que habían sido aprobados por nuestra oficina nacional de inversiones y ejecutados por las dependencias y entidades promotoras de nuestro gobierno. Debo decir que cuando se presentaban en el salón de clase los resultados de las "dictaminaciones" siempre se invitó a los promotores de los proyectos en cuestión, con el propósito de establecer un diálogo constructivo que buscara mejorar la elaboración de los estudios de costo-beneficio en futuros proyectos.

Habría sido sumamente útil que en el procedimiento de aceptación de proyectos, sobre todo los "complicados" o "muy grandes" el personal técnico de nuestra oficina de inversiones pudiera aprovechar las ventajas de someterlos a un análisis previo en alguna institución educativa que tuviera experiencia en la enseñanza y práctica de la evaluación social de proyectos, tal como fue la experiencia del CEPEP en sus primeros años.

La lectora, lector, de este capítulo podrá sacar sus propias conclusiones sobre la calidad de estos estudios, que fueron la base para su autorización.

6.1 Nuevo Aeropuerto Internacional de la Ciudad de México

Los comentarios que se presentan en esta sección se basan en el documento público disponible (DPD) denominado: Resumen Ejecutivo del Nuevo Aeropuerto Internacional de la Ciudad de México[55], fechado en septiembre de 2014. La fuente es: https://www.gob.mx/shcp/acciones-y-programas/cartera-publica-de-inversion-16287, con clave de cartera **1409JZL0005**. Ahí se encuentran los documentos del análisis costo beneficio, memoria de cálculo, estudios de factibilidad ambiental, legal y técnica.

Este DPD es una versión pública en la cual las Autoridades eliminaron datos y textos que fueron considerados confidenciales, por lo que es probable que algunos de los comentarios que se hacen a continuación pudieran no ser precisos. Ante todo, y desde luego, el DPD cumple con los "Lineamientos"[56] establecidos por la SHCP (de otro modo no hubiera sido aprobado) pero caracteriza algunas debilidades actuales sobre la calidad metodológica de los documentos de ACB que se aprueban, y sobre todo, que se llevan a cabo. A continuación se mencionan los principales comentarios a este proyecto:

a) Identificación del problema a resolver

Al igual que en todos los proyectos de inversión, en México y en cualquier otro lugar, el punto de inicio más importante tiene que ver con la identificación correcta del problema que se intenta resolver, o atenuar; y analizar sus causas directas e indirectas, y sus consecuencias. Después deberán analizarse las alternativas disponibles para enfrentar dichas causas, a fin de seleccionar de manera objetiva la o las más convenientes para su solución. Esta secuencia de construir primero un árbol de problemas, y después un árbol de objetivos, no está incluida en los actuales "Lineamientos" de la SHCP por lo que cada autor de los estudios de costo-beneficio presenta lo que cree que es el problema y la solución desde su particular punto de vista. En el DPD del NAICM no existe un análisis del problema ni de sus causas, y llega sin más a la conclusión de que las consecuencias (de no construir un nuevo aeropuerto) serían un "**posible** aumento en el costo de operación de los operadores aéreos y una **posible** disminución en la calidad de la prestación de los servicios del AICM", por lo que "el no poder atender la demanda esperada tendría un **impacto negativo importan**te para el desarrollo del país" (DPD página 2, primer capítulo).

Según el DPD el problema principal es que: "*En los últimos 15 años, la demanda de servicios aeroportuarios en México ha mostrado una tendencia a la alza. A pesar de que el Aeropuerto Internacional de la Ciudad de México (AICM) fue ampliado recientemente, presenta ya **indicios de saturación operativa** y **se estima** que podría alcanzar su punto de saturación este año (2014), generando una demanda insatisfecha significativa en los próximos años*[57]". Según el DPD la causa de esta situación es que el aumento en la demanda no puede atenderse debido a que "*no existe superficie adicional disponible para incrementar el número de pistas o para realizar (grandes) obras de infraestructura*".

Asimismo, indican, "*el aeropuerto (internacional) de Toluca (AIT) tiene una capacidad operativa limitada debido a su localización geográfica y por limitantes en su infraestructura*" (DPD página 21). A pesar de estas limitaciones, el DPD indica que el aeropuerto de Toluca tiene una capacidad de atención de 8 millones de pasajeros anuales, y que en el año 2013 recibió 1 millón 151 mil pasajeros. Esta mención al AIT no indica que en el año 2008 llegó a manejar 4.1 millones de

---

[55] Resumen Ejecutivo del Nuevo Aeropuerto Internacional de la Ciudad de México.
http://nptp.hacienda.gob.mx/NPTP/documentos.do?idDcoumento=138553&idTipoDoc=1&idPPi=42063
[56] LINEAMIENTOS para la elaboración y presentación de los análisis costo y beneficio de los programas y proyectos de inversión.
[57] DPD página 2.

pasajeros[58], lo que significa que parte del aumento en la demanda observada en el AICM ocurrió debido a que recibió operaciones que previamente se realizaban en el AIT. En consecuencia, una mejor visión global de la problemática del AICM debería haber incluido al AIT, y también a otros aeropuertos cercanos a la Ciudad de México entre los que se podrían contar a los de Cuernavaca, Puebla y Querétaro e incluso el aeropuerto militar de Santa Lucía, localizado en el municipio de Zumpango (a 32 kms. de la CDMX). Ante esta situación, la única forma, según el DPD de solucionar la creciente demanda que se prevé para los próximos 50 años es construir el Nuevo Aeropuerto Internacional de la Ciudad de México (NAICM).

Como se puede observar, el "problema" planteado, que es la "saturación" del aeropuerto actual, no está cuantificado y carece de un análisis de sus "causas", por lo que todo se basa en argumentos más bien subjetivos. ¿Cuáles son los "indicios" de saturación? ¿Cómo se han medido? ¿Cuáles son las alternativas disponibles?

Una respuesta objetiva sería mostrar, si acaso existe, la estadística de las operaciones horarias del actual aeropuerto.

b) Análisis de la demanda y la oferta en el AICM

Con una serie de cuadros que muestran la demanda mensual de pasajeros nacionales e internacionales, así como del número de operaciones entre los años de 2005 al 2013, el DPD pretende demostrar que *"El no aumentar la capacidad del AICM y no poder atender la demanda esperada por transportes aeroportuarios tendría un impacto negativo importante para el desarrollo del país"*[59].

El "impacto negativo importante" según el DPD se reflejaría en:

> - Pérdida de competitividad nacional e internacional,
> - Impacto negativo en el Producto Interno Bruto de largo plazo,
> - Reducción en el acceso a nuevos mercados internos y externos,
> - Reducción en la productividad y eficiencia del sector empresarial
> - Reducción en la inversión nacional y extranjera,
> - Impactos negativos en innovación

Lo anterior por supuesto no es más que un simple listado de argumentos subjetivos. Ninguno se cuantifica en el documento de evaluación. En resumen, los autores del DPD concluyen que la "conectividad" de un aeropuerto es un factor fundamental para la localización de empresas, por lo que según ellos la construcción del nuevo aeropuerto resuelve todos los puntos anteriormente mencionados.

El DPD presenta una extensa monografía que describe las instalaciones y servicios con que cuenta el actual aeropuerto de la CDMX, sin resaltar la limitante fundamental: sus dos pistas paralelas no se pueden usar de manera simultánea para despegues y aterrizajes debido a que están separadas por solamente 305 metros en vez de las distancias que establecen las normas internacionales. Del mismo modo, el estudio carece de una explicación detallada de por qué el AICM se encuentra "saturado", las horas en que ocurre dicha saturación, el número de operaciones por hora a lo largo de las 24 horas del día, así como las estadísticas que demuestren de manera objetiva la conclusión de que la única alternativa que existe es la construcción del NAICM.

---

[58] Fuente: http://www.toluca.gob.mx/aeropuerto-internacional-de-toluca/
[59] DPD, páginas 22 a 26.

No se presentan estadísticas del número de operaciones por hora, en las horas que se consideran "pico" y las "no-pico", y del número de pasajeros que circulan por el AICM, clasificados por horas, de manera que se pueda demostrar que efectivamente se ha llegado a su punto de "saturación" y que no hay medidas de optimización que pudieran atenuarla.

Según el DPD, la construcción de la Terminal 2 permitió aumentar el número de operaciones anuales a un máximo de 365,000, así como aumentar la capacidad del aeropuerto para llegar a un máximo de 32 millones de pasajeros anuales. Como veremos más adelante, estas dos cifras han sido ampliamente rebasadas desde el año 2012 en cuanto al número de operaciones, y desde el año 2014 en cuanto al número de pasajeros sin que, hasta el momento (primer semestre del año 2018) existan evidencias concretas, numéricas, de las razones para emprender la construcción del aeropuerto que, *en la fecha de su conclusión tendrá seis pistas y capacidad para 120 millones de pasajeros, "lo que lo ubicará entre los tres más grandes del mundo... a un costo de 169 mil millones de pesos"*[60].

Lo anterior nos lleva a la pregunta obligada ¿**Cuál es la máxima capacidad real del AICM**? Aparentemente esta pregunta no tiene una respuesta sencilla, más aún si se considera la posibilidad, mencionada en el DPD, de que en el momento de "saturación" se tendrían que derivar pasajeros, y vuelos, al AIT, lo cual no ha ocurrido todavía (primer semestre de 2018). Además, aunque no existen o no se publican estadísticas sobre retrasos en los vuelos desde y hacia el AICM (lo cual sería sumamente deseable) no hay evidencia numérica de que la "saturación" esté a punto de llegar a su límite, ya que el AIT continúa operando muy por debajo de su límite anunciado (8 millones de pasajeros anuales) y aún de lo que llegó a operar en el año 2008 (4 millones de pasajeros). La medición de la capacidad real del AICM tendría que ser medida por horas, y no por días, ya que si bien el número de operaciones en horas de máxima demanda está muy cerca del límite máximo definido, esto no ocurre así en el resto de las horas del día.

c) Optimizaciones

Según el DPD, se podrían implementar (año 2014) una serie de medidas para atenuar el problema del congestionamiento del AICM, entre las que se encuentran: modificar el procedimiento de salidas para aviones turbohélices, establecer horarios preferentes para diversos modelos de aeronaves, limitar la operación de aeronaves no comerciales, desviar operaciones de vuelos chárter a aeropuertos secundarios, cambio en la asignación de slots, optimizar la utilización del aeropuerto de Toluca mediante el desarrollo de opciones de medios de transporte. Destaca, desde luego, que una extraordinaria medida para promover el uso del AIT habría sido que el tren México a Toluca tuviera una estación en ese aeropuerto, pero esto simplemente se ignoró.

Tales medidas de optimización permitirían, según los autores, aumentar el número de operaciones por hora de 61 a 65, pero que *al alcanzarse el punto de saturación, para poder hacer frente a la demanda creciente, se deberán* descentralizar *ciertas operaciones a los aeropuertos aledaños (sic) tal y como se realizó a partir del año 2003*[61]. Hasta el primer semestre del 2018 lo que sí sabemos es que no se han descentralizado operaciones al AIT.

Debe señalarse que una extraordinaria medida de "optimización" podría ser el manejo de la Tarifa de Uso Aeroportuario (TUA), bajándola durante las horas "no pico" tal vez a cero (o incluso negativa), con lo cual la demanda por viajes en tales horas tendería a aumentar, liberando el espacio para las horas "pico". Otra medida podría haber sido bajar la TUA en los aeropuertos

---

[60] "Observatorio ciudadano del Nuevo Aeropuerto de la Ciudad de México", página 5.
http://wrimexico.org/publication/observatorio-ciudadano-del-nuevo-aeropuerto-de-la-ciudad-de-m%C3%A9xico
[61] DPD página 3 del capítulo "Situación sin proyecto de inversión"

cercanos como el de Toluca, al mismo tiempo que se mantenía, o se subía en las horas "pico" en el actual AICM. En último caso sería posible hacer una subasta por los slots disponibles en las horas que actualmente son "pico", de modo que se limite el número de operaciones en ese lapso.

d) Interacción de la oferta-demanda.

Según el DPD, "*en vista de la **próxima** saturación del AICM, existirá una reasignación de pasajeros al aeropuerto de Toluca en los próximos años*"[62], lo cual, como se indicó anteriormente, no ha ocurrido hasta el primer semestre del año 2018. Asimismo, el DPD hace la proyección de que el tráfico de pasajeros crecerá a una tasa promedio (no indica el año base) del 2.5% en los 50 años después del inicio del NAICM y que el número de operaciones crecerá al 1.9% en ese mismo periodo. Lo anterior sin hacer ningún análisis para llegar a tales cifras. El DPD concluye "*que la demanda total de pasajeros alcanzará rápidamente la capacidad combinada de Toluca y el AICM, por lo que se necesita una solución a largo plazo*"[63].

Es importante notar que nada de lo anterior ha ocurrido hasta el primer semestre de 2018. No se han trasladado pasajeros desde o hacia Toluca, a pesar de que las cifras de pasajeros y de operaciones en el AICM han superado las cifras que supuestamente representan el límite máximo ¿Por qué?

A continuación se muestran las gráficas del número de pasajeros atendidos y de operaciones en el AICM desde 1990 hasta 2017. Como se puede observar, las tasas de crecimiento de ambos indicadores superan sustancialmente las que se utilizaron para hacer las proyecciones en el DPD. Sin embargo, es importante anotar que esto ocurrió al mismo tiempo que prácticamente se abandonaba el AIT.

Gráfica VI.1

Número total de operaciones en el AICM nacionales e internacionales

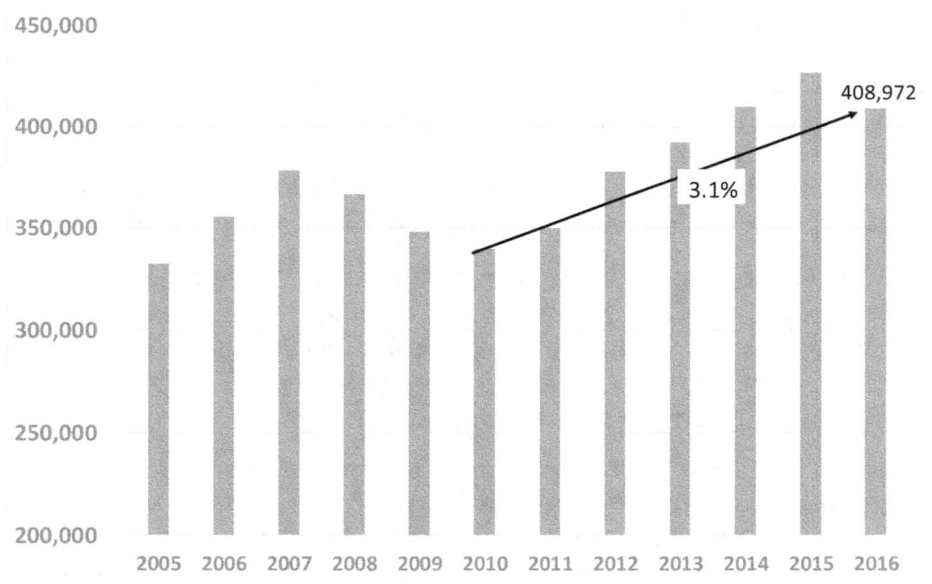

---

[62] Página 8 del DPD
[63] DPD página 8 íd.

Gráfica VI.2

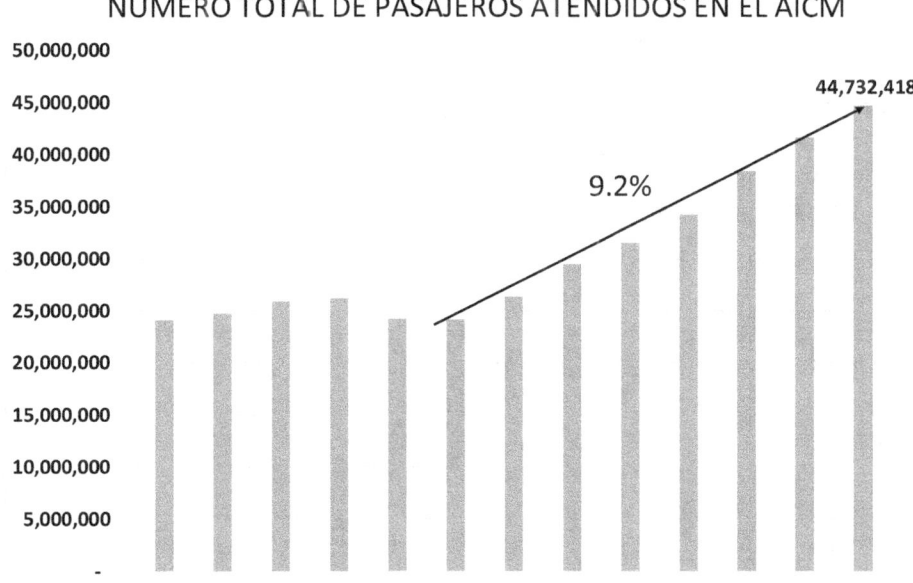

Fuente: https://es.wikipedia.org/wiki/Aeropuerto_Internacional_de_la_Ciudad_de_M%C3%A9xico

Como se observa, el número total de pasajeros atendidos en el AICM llegó a casi 45 millones en el año 2017 en tanto que el número de operaciones ascendió a casi 409 mil en el año 2016, cuando se habían establecido máximos de 32 millones de pasajeros y 365 mil operaciones anuales. Todo esto sin considerar los posibles "traslados" al aeropuerto de Toluca, donde los pasajeros totales y las operaciones han continuado *disminuyendo* en 2016 y 2017 ¿Cómo es esto posible?

Es probable que hayan existido una serie de acciones que de hecho han **aumentado la capacidad real del AICM**, sin más construcción de obras de infraestructura. No tenemos estadísticas públicas sobre el número de operaciones horarias, pero si se tomara el número de operaciones reales en 2017, de 409 mil y lo dividimos entre el número de horas al año (8760), el resultado es de 46.7 por hora, sustancialmente por debajo del "máximo" de 65 operaciones establecido para las horas "pico". No sabemos qué ocurrió porque no existen estadísticas públicas que lo demuestren, pero seguramente aumentaron las operaciones en las horas donde había más margen de acción.

Otro indicador interesante es que el número de pasajeros por operación ha aumentado. Aun cuando no tenemos estadísticas públicas sobre la ocupación de las aeronaves, las cifras globales que contiene el DPD señalan que, en promedio, había 71 pasajeros (nacionales e internacionales) por operación en el año 2010 y 79.5 en el año 2013. Según cifras encontradas en Wikipedia[64], para el 2017 esta cifra había subido a 102 (un aumento acumulado del 44%). Más aún, las cifras disponibles hasta el año 2013 (incluidas en el DPD) indican que en una operación nacional había 71 pasajeros en promedio, en tanto que en una operación internacional esta cifra es de 108.2. Esto indicaría que si se limitara el número de operaciones en las horas "pico" para mantenerlas dentro del margen de seguridad establecido, habría una tendencia aún más alta para que en los vuelos nacionales hubiese un mayor número de pasajeros por avión, es decir, a una mayor eficiencia en la utilización de los "slots" disponibles en las horas "pico" por parte de las aerolíneas.

---

[64] https://es.wikipedia.org/wiki/Aeropuerto_Internacional_de_la_Ciudad_de_M%C3%A9xico

Finalmente, es probable que los avances en la tecnología en los años recientes hayan logrado que se atienda a un mayor número total de pasajeros anuales, ya que el tiempo promedio de estancia tanto en la documentación como en las salas de espera debe haber disminuido sustancialmente. Aunque tampoco tenemos estadísticas oficiales en este aspecto, se puede afirmar que el tiempo de documentación hoy en día es bastante menor que en el pasado debido al uso de internet o de los "quioscos" que las aerolíneas han colocado en el AICM, lo que no ha ocurrido en otros aeropuertos nacionales donde no hay "saturación". Quizás también los avances tecnológicos han reducido el tiempo de recolección de equipaje, aunque tampoco aquí tenemos estadísticas públicas que puedan demostrar este resultado.

A manera de resumen podríamos decir que la "saturación" del AICM anunciada en el DPD (por las autoridades gubernamentales e incluso por organismos privados) no ha ocurrido hasta ahora (primer semestre de 2018) y que no tenemos forma objetiva para mostrar el tiempo y espacio real que aun quedaría para el actual AICM debido en gran parte a la ausencia de información estadística (o mejor aún, de modelos de simulación) que puedan arrojar resultados más confiables. Esto indicaría que la decisión para construir el NAICM ha sido apresurada, y como veremos más adelante, también ha sido sobre dimensionada. Todo esto a un gran costo para el país, ya que la extraordinaria cantidad de recursos públicos que esto ha involucrado podría haberse destinado a problemas más urgentes, como la seguridad pública por ejemplo. Existen proyectos en otros sectores del país con tasas de rentabilidad social sustancialmente mayores que las que ofrece el NAICM (TIR "social" del 13.38%).

e) La situación con proyecto

El DPD carece de una explicación objetiva que indique las razones por las cuales se diseñó (y está en construcción) un aeropuerto que tendrá "*en su fase de máximo desarrollo, hacia el año 2069*" la capacidad de manejar hasta 1 millón 150,000 operaciones por año (cifra que se compara con 409 mil operaciones en el año 2017). Con sus SEIS pistas planeadas, el NAICM permitirá "*operar aproximaciones triples simultáneas*" y atender a 140 millones de pasajeros (comparados con los 45 millones que se atendieron en el año 2017). A manera de comparación, en el Aeropuerto Internacional de Los Ángeles, con CUATRO pistas, se manejaron 697,138 operaciones en el año 2016 y se atendieron 80.9 millones de pasajeros ¿Por qué se construye un aeropuerto de ese tamaño en un país como México, con un PIB per cápita que no llega a 9 mil dólares anuales en la actualidad[65], comparado con casi 57 mil dólares per cápita en EUA?[66]. Para que México llegara a alcanzar el PIB per cápita de EUA, al ritmo observado en los últimos 30 años, necesitarán transcurrir ¡más de cien años!

Según el DPD la construcción del NAICM se hará por etapas, de la siguiente forma:

Etapa 1: Se construye el edificio terminal (363,600 metros cuadrados) y tres pistas paralelas que permitirán operaciones simultáneas. El DPD establece un periodo de construcción de 6 años, iniciando en el año 2014 por lo que estaría lista para operar en el año 2020. Las tres pistas paralelas permitirán usar una para llegadas, una para salidas y otra para llegadas y salidas. Esto se compara con la situación actual donde no hay operaciones simultáneas, por lo que más que se duplicaría la capacidad del actual aeropuerto. El DPD indica que en ese momento (año 2020) la capacidad del NAICM sería la atención de 80 millones de pasajeros, que se comparan con 45 millones atendidos tres años antes, en el año 2017. Esto sin duda será una capacidad altamente "sobrada" respecto a la demanda de pasajeros prevista en el DPD, lo cual indica que no existió un

---

[65] World Economic Forum 2017/2018, p. 202
[66] Íd. P.302

análisis ni del tamaño "óptimo" del proyecto ni del momento "óptimo" de su puesta en operación, dos de las lecciones más importantes en el análisis costo-beneficio de proyectos de inversión pública.

Etapa 2: Ampliación de la terminal hasta a 472,500 metros cuadrados (se estima que esta obra esté completa en el 2025).

Etapa 3: Ampliación de la terminal hasta a 593,500 metros cuadrados y una cuarta pista (se estima que esta obra esté completa en el año 2033).

Etapa 4: Ampliación de la terminal hasta 898,600 metros cuadrados y una cuarta pista (se estima que esta fase concluya en el año 2062).

Etapa 5: Construcción de la sexta pista (se estima que esta fase concluya en el año 2069).

Costos, beneficios y evaluación

Según el DPD el monto total de inversión para la construcción del NAICM y sus obras complementarias es de 168.9 mil millones de pesos, de los cuales 97.9 mil millones corresponden a recursos federales y el resto a inversión privada (a precios del año 2014).

Los beneficios atribuidos a este proyecto son: *la entrega de servicios adicionales de transporte aéreo de personas y de carga, así como otros beneficios que se derivan de la mejora en la calidad del servicio como fortalecer la capacidad de la zona de embarque, aumentar la frecuencia de las salidas, reducir la frecuencia de retrasos, agilizar el tiempo de procesamiento de las aeronaves, evitar el tráfico desviado a destinos alternativos, reducir los tiempos de procesamiento de pasajeros, aumentar la seguridad en la operación del campo aéreo y en el cumplimiento de estándares establecidos por el marco regulatorio, disminuir el ruido, mejorar la confiabilidad y predictibilidad del servicio, entre otros*[67] 4

La descripción anterior de los "beneficios" del nuevo aeropuerto no es más que un simple listado de los atributos que tendrá la obra en construcción. El verdadero beneficio directo que se debe calcular es, al igual que en otros proyectos de transporte, el valor de la reducción en el costo marginal de las operaciones aeroportuarias en la situación con proyecto, versus el costo en el nivel que se encuentre en la "saturación" actual. Esto por supuesto no se hace en el DPD.

Los datos sobre la rentabilidad de este proyecto que presenta el DPD son: Valor Presente Neto de $67,9 miles de millones de pesos, TIR del 13.38%, y una supuesta TRI del 10.23% en el año 2024, el cual sería el momento "óptimo" de entrada en operación del proyecto[68], sin embargo, por alguna razón esta fecha es diferente a la declarada por las Autoridades[69], quienes señalan el compromiso de que la primera fase del proyecto entre en operación el 20 de octubre del año 2020. Debido a que este proyecto tiene beneficios netos crecientes en el tiempo, el indicador relevante es la TRI, la cual no se muestra en la memoria de cálculo, sino que se ubica en el análisis de sensibilidad (página 11 del capítulo 5 denominado "evaluación del proyecto de inversión"). Esto indicaría que si bien se hizo el cálculo de la TRI, en la realidad se ignora su significado práctico, porque lo más probable (no se tienen los datos para comprobarlo) es que para el año 2020 la TRI sea inferior a la tasa social de descuento, lo que corroboraría el apresuramiento en la construcción de esta "primera etapa" e indicaría una clara pérdida neta para el país.

---

[67] DPD página 8 del capítulo 5, Evaluación del proyecto de inversión.
[68] DPD página 11 del capítulo 5, íd.
[69] http://www.economiahoy.mx/empresas-eAm-mexico/noticias/8068178/01/17/El-Nuevo-Aeropuerto-de-la-Ciudad-de-Mexico-se-inaugurara-el-20-de-octubre-de-2020.html

La gráfica siguiente ilustra el comportamiento de costos y beneficios de este proyecto. Como se puede observar, los autores del documento consideraron que existen beneficios desde el año 2014 (en que inicia la construcción del NAICM) ¿es esto posible? ¡Por supuesto que no! El DPD no aclara a qué se refieren estos supuestos "beneficios" durante la construcción del NAICM. Aunque se ha mencionado en la prensa que el aumento reciente de la TUA servirá para financiar parte de las obras, esto no sería un "beneficio" en el sentido económico del término, ya que es simplemente una transferencia de recursos de los usuarios del aeropuerto hacia el consorcio que está encargado del proyecto.

Todo lo que produce esta magna obra en sus años de construcción, al igual que en todos los proyectos, son solamente costos para el país. Otra importante duda que no puede responderse por el carácter confidencial de la información, es si acaso se incluyeron todos los costos relevantes para la evaluación correcta de este proyecto, como son las vialidades adicionales que se deben construir para el acceso de personas y materiales al nuevo sitio y el costo en tiempo que esto representa, costos de infraestructura de servicios como electricidad, agua, saneamiento, entre otros.

Gráfica VI.3. Costos y beneficios del proyecto del NAICM

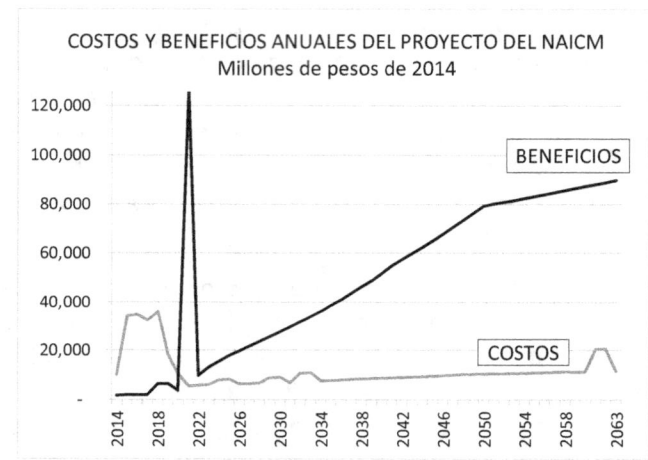

La "alta" cifra de beneficios que se observa en la gráfica, correspondiente al año 2021, aparentemente corresponde al valor del aprovechamiento del actual AICM ("liberación de recursos"), a los beneficios por "obras hidráulicas" (no se explica a qué se refiere este rubro y se ignora si su respectivo costo se incluyó en la evaluación de este proyecto), y al beneficio por eliminación de "OPEX" del AICM (como los rubros más importantes)[70]. Aunque tampoco se encuentra explicación de lo que es y cómo se calcula el "OPEX", aparentemente se refiere a un menor costo de operación y mantenimiento del NAICM respecto al actual AICM. De todos estos conceptos, el único que tendría validez para ser incluido en el año 2021 sería el de la "liberación" del espacio actual del AICM, en tanto que los otros deberían incluirse en cada año del horizonte de evaluación. Esto afectaría sustancialmente el cálculo de la rentabilidad del proyecto, pero no se puede corroborar porque la información disponible no lo permite.

---

[70] DPD, página 9 del capítulo 5 ya referido.

f) Análisis de sensibilidad y riesgos

Según lo establecen los Lineamientos actuales de la SHCP, se deben hacer ejercicios cambiando los valores de las variables críticas del proyecto para calcular su impacto en los indicadores de rentabilidad. A continuación se muestra el cuadro resumen que aparece en la página 11 del capítulo 5 ya mencionado:

Cuadro VI.1. Análisis de sensibilidad de los indicadores de rentabilidad del proyecto NACM

Escenario de Costos			Escenario Demanda		
			Pesimista (-5%)	Base	Optimista (+5%)
Pesimista (+10%)	Beneficios en VP		$ 228,308.5	$ 246,057.3	$ 261,049.6
	Costos en VP		$ 195,856.0	$ 195,856.0	$ 195,856.0
	VPN		$ 32,452.5	$ 50,201.3	$ 65,193.6
	TIR		11.45%	12.25%	12.96%
	TRI		10.04%	11.03%	10.08%
	Inicio de Oper. según TRI		2026	2025	2024
Base	Beneficios en VP		$ 228,380.8	$ 246,129.6	$ 261,121.9
	Costos en VP		$ 178,050.9	$ 178,050.9	$ 178,050.9
	VPN		$ 50,329.9	$ 68,078.7	$ 83,071.0
	TIR		12.55%	13.38%	14.15%
	TRI		11.10%	10.23%	10.22%
	Inicio de Oper. según TRI		2025	2024	2022
Optimista (-10%)	Beneficios en VP		$ 228,453.0	$ 246,201.9	$ 261,194.1
	Costos en VP		$ 160,245.8	$ 160,245.8	$ 160,245.8
	VPN		$ 68,207.2	$ 85,956.0	$ 100,948.3
	TIR		13.87%	14.76%	15.59%
	TRI		10.46%	10.47%	11.15%
	Inicio de Oper. según TRI		2024	2022	2020

Es interesante notar que en este cuadro la TRI reportada en el escenario "base" es del 10.23% y que según este indicador, el inicio de operaciones debería ser el año 2024 porque a partir de ese año la TRI supera a la tasa social de descuento (que es del 10%). Sin embargo, si en la realidad, a diferencia de lo descrito en el DPD, el actual AICM aún no presenta los signos de "saturación" que le atribuyen (primer semestre de 2018), no se le pueden atribuir beneficios al NAICM que se están obteniendo con el actual aeropuerto, por lo que el cálculo correcto de la TRI tendría que mostrar un valor todavía inferior. Es decir, estaría entrando en operación mucho antes de lo que sería socialmente rentable.

Si nos ponemos en el lado "pesimista" que el cuadro anterior contiene (10% más costos y 5% menos demanda) el año "óptimo" de entrada en operación del NAICM sería el 2026 (dos años después de terminada la próxima Administración Federal de nuestro país).

La realidad es que el DPD falla en cuanto a la definición correcta de la capacidad de operación y demanda de pasajeros atendida por el AICM, y por lo tanto también falla en las mismas definiciones del NAICM. Ante esta situación es realmente compleja la tarea de determinar el momento "óptimo" de inversión, pero lo que sí sabemos es que el proyecto se está realizando de manera anticipada a lo que sería conveniente para el país.

g) Tamaño "óptimo" de proyecto

Al igual que la determinación del momento "óptimo" de inversión, el tamaño "óptimo" de este proyecto depende crucialmente de definir correctamente cuál es la capacidad "máxima" de un aeropuerto como el AICM y sobre diferentes tamaños del NAICM. Al parecer, tanto el tamaño del nuevo aeropuerto, como su ubicación física, fueron definidos por otros factores no explicados en el DPD ni en ningún otro documento público.

Lo que sí queda claro, por el propio argumento que establece el DPD, es que el tamaño del NAICM rebasa sustancialmente al que se podría considerar "óptimo". Más aun, según se menciona en el párrafo 4.12 del documento, al detallar la "interacción de la oferta – demanda", *"el aeropuerto será construido en diferentes fases de tal manera que siempre se tendrá la capacidad suficiente para satisfacer la demanda de pasajeros"*[71]. Lo anterior lo demuestra con la siguiente gráfica:

Gráfica VI.4. Proyecciones de la capacidad instalada y los pasajeros que usarían el NAICM

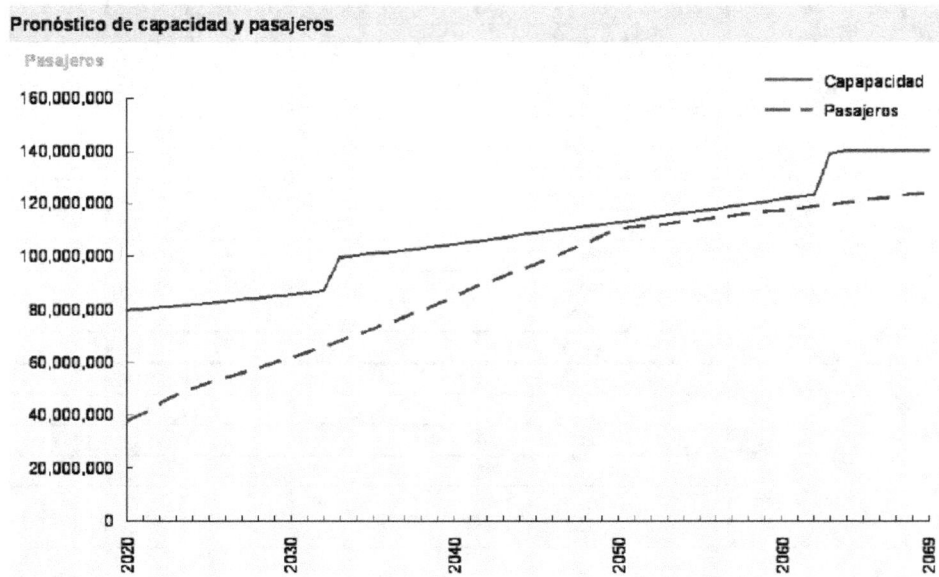

Como se observa, en el año 2020, cuando se pretende iniciar operaciones, el NAICM tendrá una capacidad para manejar a 80 millones de pasajeros, en tanto que la demanda estimada sería solamente de la mitad (40 millones) y este exceso de oferta se mantiene a lo largo de todo el horizonte de evaluación, ya que las expansiones previstas evitarían que el NAICM en algún momento se "saturara". Es decir, siempre existirá una pérdida de recursos (instalaciones superiores a lo que requiere la demanda).

La magna obra que significa el NAICM sigue el mismo enfoque desafortunado de otros proyectos en México, como hospitales, carreteras, entre otros, donde, en vez de mejorar el aprovechamiento de lo que ya existe (en este caso utilizar de manera coordinada todos los aeropuertos aledaños a la CDMX y administrar la TUA para un mejor aprovechamiento de la infraestructura disponible) se construyen instalaciones nuevas, más modernas y sobradas en su capacidad. Esto es un desperdicio de los escasos recursos con que cuenta nuestro país que podrían haberse dedicado a temas extraordinariamente importantes para los cuales no tenemos proyectos formulados y mucho menos evaluados, como es el caso de la seguridad pública, sistema de justicia, educación y salud pública, procuración de justicia, entre muchos otros, donde la actuación del gobierno, a través de la inversión pública tiene un papel insustituible.

---

[71] DPD, página 27 del capítulo "situación con proyecto"

Por el contrario, la inversión privada podría fácilmente atender los temas como aeropuertos, puertos, transporte público o autopistas, donde el papel del gobierno no es de inversionista, sino más bien de regulador, para procurar que los proyectos emprendidos correspondan al mayor bienestar público.

En vista de todos los argumentos expuestos anteriormente parecería que el mejor camino actualmente (sin considerar los posibles riesgos técnicos que podrían afectar al NAICM) sería solamente llegar a la primera etapa de las descritas anteriormente, terminando solamente dos de las tres pistas que están en construcción, dejando las demás pendientes hasta que la demanda alcance niveles que las justifiquen. Una medida adicional sería que el gobierno "venda" su participación en este macro proyecto y dedique los recursos obtenidos a la atención del tema más preocupante para México en la actualidad, que tiene que ver con la seguridad pública.

El problema del tamaño "óptimo"

Sin duda el nuevo aeropuerto tendría que tener, cuando menos, dos pistas de aterrizaje que permitieran operaciones simultáneas, lo cual es la gran limitación del aeropuerto actual ¿Cómo saber si conviene hacer también una tercera pista?

La metodología correcta sería que, a partir de un aeropuerto con dos pistas que pudieran usarse de manera simultánea, se evaluara la conveniencia de construir una tercera pista. Es decir, la decisión de construir una tercera pista tendría que basarse en el cálculo de los costos y beneficios marginales de hacerlo. Esto no se hizo en el estudio disponible. No hay argumentos económicos para construir la tercera pista, y tampoco existen para la construcción de las demás pistas. Esto significa que lo más prudente sería la terminación de solamente dos pistas, y de todas las instalaciones que el funcionamiento del nuevo aeropuerto requiere, pero dejar pendientes las demás ampliaciones que estarían sujetas al cálculo de las rentabilidades marginales de construirlas, pero eso no sería relevante al menos por los siguientes años. No existe ninguna justificación económica para terminar las tres pistas y mucho menos para pensar en tres adicionales. La explicación para construir tres pistas que permitan operaciones simultáneas que se argumenta en el DPD es que *"el estudio realizado (por MITRE) estima que, dados sus propios pronósticos de demanda, la apertura del aeropuerto con solamente dos pistas y con operaciones dobles simultáneas podría crear una situación de atrasos. Debido a esto MITRE recomendó al momento de realizar el estudio, que el aeropuerto se inaugure con tres pistas suficientemente espaciadas para permitir operaciones simultáneas triples"*[72]

---
[72] Página 15 del DPD.

6.2 Tren interurbano México a Toluca

Los comentarios que se presentan en esta sección se basan en el documento público disponible (DPD) en Internet denominado: Proyecto "Construir el tren interurbano México Toluca primera etapa"[73] fechado en noviembre de 2013, con clave de Cartera 13093110008 en el portal de Internet de la Secretaría de Hacienda y Crédito Público. Este documento es una versión pública en la cual las Autoridades eliminaron datos y textos del documento original que fueron considerados confidenciales, por lo que es probable que algunos de los comentarios que se hacen a continuación pudieran no ser precisos.

Un aspecto interesante del DPD es que muestra el nombre de su autor, el grupo SENER[74], una empresa de ingeniería que tiene oficinas o instalaciones en América Latina, EUA, Europa, Asia y el medio oriente con especialidad en proyectos de transporte urbano, ferrocarriles, carreteras, aeropuertos, puertos, agua y medio ambiente. Se trata sin duda de una empresa de gran importancia y experiencia internacional.

Ante todo, y desde luego, este documento cumple con los "Lineamientos"[75] establecidos por la SHCP (de otro modo no hubiera sido aprobado), pero caracteriza algunas de las debilidades actuales al elaborar los aspectos técnicos de la evaluación social de proyectos, como veremos a continuación.

El estudio de costo-beneficio del proyecto del tren México-Toluca es uno de los más extensos de los que se encuentran disponibles en el portal de la SHCP, al constar de 185 páginas. La sección más extendida y detallada se refiere al análisis de la oferta y demanda por viajes en la situación actual, no solo entre la Ciudad de Toluca y la ciudad de México, sino dentro de dichas ciudades, las cuales supuestamente tienen relación con la demanda y oferta de viajes entre ambas ciudades y algunos puntos intermedios.

Quizá ahí radica su debilidad principal, ya que siendo este un proyecto *interurbano*, su mayor análisis corresponde a los espacios *urbanos*. De hecho, si existiera un sistema de transporte público eficaz y eficiente *dentro* de esas ciudades, el proyecto de este tren no tendría sentido debido a que el mayor costo de viaje ocurre actualmente al llegar a la Ciudad de México (Santa Fe) y al llegar a la Ciudad de Toluca (Lerma), pero no entre Lerma y Santa Fe. Los tramos de mayor congestión horaria, y de mayor costo, en esta ruta, son entre la estación "Observatorio" del Metro de la Ciudad de México (donde también se ubica la Central Camionera) y Santa Fe en la ciudad de México; así como entre Lerma (a la entrada de la ciudad de Toluca) y el centro del municipio de Zinacantepec (el destino real del tren).

Lo anterior es reconocido en el propio documento, pues se afirma que *"Las condiciones que encuentran los viajeros interurbanos en general son "competitivas" (sic), sin embargo, a las entradas de ambas ciudades, se enfrentan con problemas de congestión, fundamentalmente en horas pico. Incluso en las casetas de cobro en horas pico y en fines de semana, se forman grandes filas que alcanzan en ocasiones kilómetros de longitud"*[76]. Esta afirmación se contradice parcialmente con algunos de los datos presentados en el documento debido a que el tiempo medio de traslado tanto en transporte público como privado para las horas "pico" y "no-pico" en los puntos "internos a Toluca" en la situación actual es el mismo (42 minutos para el transporte público y 24 minutos para el privado), lo cual no parece correcto porque existen horas de

---

[73] http://www.sct.gob.mx/fileadmin/DireccionesGrales/DGTFM/Proyectos_Pasajeros/Mex-Tca/ACB_Mex-Tca.pdf
[74] http://www.ingenieriayconstruccion.sener/grupo-sener
[75] LINEAMIENTOS para la elaboración y presentación de los análisis costo y beneficio de los programas y proyectos de inversión.
[76] Documento público de Internet al que se está haciendo referencia, página xxiv.

congestión a lo largo del día que reducen significativamente la velocidad de circulación y aumentan el Costo Generalizado de Viaje (CGV).

De manera específica, el DPD concluye que *"La problemática se puede sintetizar en que cada día cientos de miles de personas realizan traslados entre Toluca y la Ciudad de México, pero la congestión tanto en la salida de Toluca como en la zona de Santa Fe y Observatorio en la Ciudad de México, provocan que un recorrido de aproximadamente 60 kilómetros (km) no se realice en condiciones competitivas (sic) ni en costo ni en tiempo. Actualmente en horas de máxima demanda, un viaje que inicia en el Municipio de Zinacantepec al poniente de Toluca y que tiene como destino final el Anillo Periférico en la Ciudad de México entrando por Av. de los Constituyentes, se realiza en no menos de 130 minutos"*[77].

A continuación se muestra el trazo final del tren, así como sus cuatro estaciones intermedias, ligado a las líneas existentes del Metro de la Ciudad de México, lo que indicaría una "conectividad" casi total desde y hacia cualquier estación del Metro. Desde luego, esto existe actualmente por medio de autobuses con origen o destino a la misma terminal Observatorio, pero con el inconveniente del "elevado" CGV ocasionado por la congestión a la entrada o salida de la Ciudad.

Gráfica VI.5. Terminales y estaciones del proyecto del tren MT

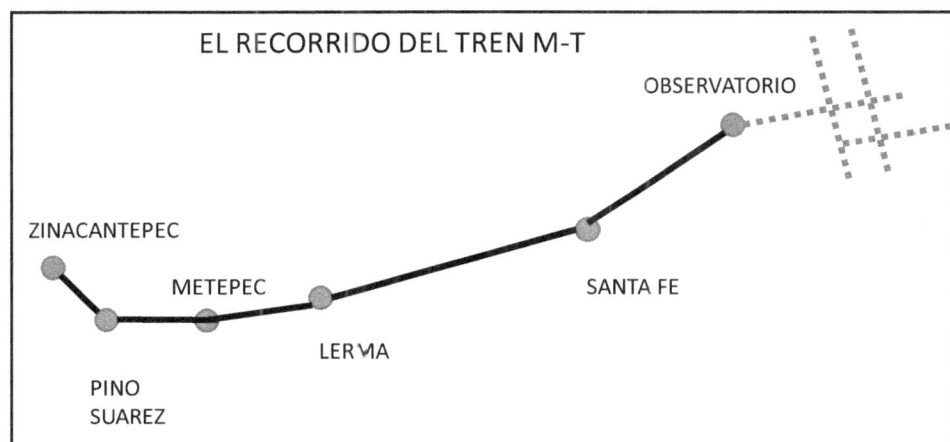

Fuente: http://www.sct.gob.mx/transporte-y-medicina-preventiva/transporte-ferroviario-y-multimodal/tren-interurbano-mexico-toluca

En el siguiente cuadro se resumen las distancias y tiempos de recorrido que existiría en la situación con proyecto, cuando el tren esté finalmente en operación:

Cuadro VI.2. Estaciones, terminales, distancias y tiempos de recorrido del tren MT

Tramo	Distancia (kms.)	Tiempo (minutos)	Velocidad media
Zinacantepec - Pino Suárez	5.67	4.42	77.0
Pino Suárez - Tecnológico	6.88	4.48	92.1
Tecnológico - Lerma	6.08	4.34	84.1
Lerma - Santa Fe	29.45	19.11	92.5
Santa Fe - Observatorio	8.38	5.45	92.3
TOTAL	56.46	37.8	89.6

Fuente: Fuente: http://www.sct.gob.mx/transporte-y-medicina-preventiva/transporte-ferroviario-y-multimodal/tren-interurbano-mexico-toluca

---

[77] DPD página 8

Como se observa, el recorrido total en la situación con proyecto se hará en casi 38 minutos, lo cual se compara con los 130 minutos señalados en el DPD para la situación actual. Lamentablemente el DPD no presenta los datos relevantes para calcular la rentabilidad social de cada tramo, mediante la comparación del Costo Generalizado de Viaje (CGV) en las situaciones con y sin proyecto para cada uno de tales tramos, tanto en horas "pico" como "no-pico".

a. Situación actual

Después de hacer un extenso análisis de la demanda por viajes, incluyendo la aplicación de encuestas a pasajeros del transporte público y privado, el DPD llega a la siguiente estimación de la demanda de viajes (usuarios totales en los dos sentidos, de Toluca al DF y del DF a Toluca) en el año 2012:

Cuadro VI.3. Demanda de pasajeros en la situación actual México a Toluca

medio de transporte	Demanda de viajes en la situación actual (usuarios totales en 2012)			
	Interna a Toluca	Santa Fe a Observatorio	Toluca al DF	Total
Transporte público	144,417	120,128	195,619	460,164
Transporte privado	129,540	86,360	100,754	316,654
Total	273,957	206,489	296,373	776,819

Fuente: cálculos propios con datos del DPD

A continuación el DPD presenta las proyecciones del número de viajes para los siguientes 35 años suponiendo, sin mayor justificación, que todas estas cifras crecerán al 1.8% anual, sin importar si el viaje se hace en autobús o auto particular y sin importar los sitios desde y hacia donde ocurre cada viaje. No hay explicación para este importantísimo supuesto: todos los viajes, en todos los modos, en todos los orígenes-destino, crecerán al mismo porcentaje de 1.8% anual.

Después de un muy extenso análisis de las condiciones de oferta en las zonas de influencia del proyecto (servicios de autobuses, vialidades, frecuencia del servicio, longitudes de la red, velocidades promedio, aplicación de encuestas en autobuses y automóviles, entre otras variables), se presentan los resultados de las velocidades de circulación para el transporte público y privado para los mismos tres "tramos" antes señalados: interna a Toluca, Santa Fe a Observatorio, y Toluca – DF, tanto para el sentido de Toluca al DF como del DF a Toluca.

La información más importante para el análisis costo – beneficio de este proyecto es la estimación del Costo Generalizado de Viaje entre cada origen-destino de los cinco tramos en que se divide su diseño. En lugar de esto el DPD solamente entrega la información sobre "velocidad media de viaje", distancias "medias" y tiempo "medio" tanto en horas "pico" como "no-pico"[78]. A continuación se transcribe la información sobre el tiempo "medio" de viaje en las horas "pico" y "no-pico" en los dos sentidos de circulación para la situación actual (cifras expresadas en minutos):

---

[78] El DPD no menciona cuáles son las horas consideradas "pico" y "no-pico". Fuente: página 101 del DPD.

Cuadro VI.4. Tiempos medios de viaje en la situación actual entre México y Toluca

Tiempo medio de viaje horas PICO Toluca al DF en la situación actual				Tiempo medio de viaje horas PICO DF a Toluca en la situación actual			
	Interna a Toluca	Santa Fe a Observatorio	Toluca - DF		Interna a Toluca	Santa Fe a Observatorio	DF - Toluca
transporte público	42	86	169	transporte público	42	96	179
transporte privado	24	41	89	transporte privado	24	44	92
Tiempo medio de viaje horas NO PICO Toluca al DF				Tiempo medio de viaje horas NO PICO DF a Toluca			
	Interna a Toluca	Santa Fe a Observatorio	Toluca - DF		Interna a Toluca	Santa Fe a Observatorio	DF - Toluca
transporte público	42	76	159	transporte público	42	86	169
transporte privado	24	38	86	transporte privado	24	41	89

Fuente: DPD páginas 100 -102

Como se observa, el tiempo de viaje "interna a Toluca" tanto en las horas "pico" como en las "no-pico" en transporte público y privado es el mismo, cualquiera que sea el origen o destino entre Toluca y el DF o el DF y Toluca, lo cual es difícil de aceptar. También es difícil aceptar que en el tramo "Santa Fe" a "Observatorio" la diferencia en el tiempo medio de viaje en ambos horarios ("pico" y "no-pico") sea el mismo, de tan solo de diez minutos en transporte público y de tres minutos en transporte privado independientemente si el origen o destino es Toluca o el DF.

b. Situación sin proyecto

Después de aplicar el modelo "Visum"[79] (software para el análisis y planeación de transporte multimodal) los autores concluyen que del total de demanda por viajes, estimado en 776,819 pasajeros en el año 2012, el tren captará el 35.25% (273,850 pasajeros), en su gran mayoría (e 92.47%) provendría de pasajeros actuales del transporte público que preferirán el uso del tren, y el 7.53%, o sean 20,612 a personas que dejarían su vehículo para subirse al tren, como se muestra a continuación. No hay datos respecto a la forma de cálculo, especialmente de la tarifa a a cual estos pasajeros estarían dispuestos a utilizar el tren.

Cuadro VI.5. Demanda de viajes para el tren M-T

Provenientes del medio de transporte:	Demanda de viajes en la situación actual asignados al proyecto del tren México a Toluca (usuarios totales en 2012)			
	Interna a Toluca	Santa Fe a Observatorio	Toluca al DF	Total
Transporte público	8,380	74,385	170,474	253,239
Transporte privado	682	6,054	13,876	20,612
Total	9,062	80,439	184,349	273,850

Fuente: cálculos propios con datos del DPD

Las cifras anteriores se separan por sentido de circulación, utilizando un porcentaje fijo para cada medio de transporte, como se muestra a continuación. Nuevamente, no hay explicación respecto a la fórmula de cálculo de estos porcentajes.

---

[79] http://vision-traffic.ptvgroup.com/es/productos/ptv-visum/

Cuadro VI.6. Porcentaje de asignación a pasajeros según tipo de transporte

Provenientes del medio de transporte:	Porcentaje de los viajes totales que se asignan al sentido Toluca al DF				Porcentaje de los viajes totales que se asignan al sentido DF a Toluca			
	Interna a Toluca	Santa Fe a Observatorio	Toluca al DF	Total	Interna a Toluca	Santa Fe a Observatorio	Toluca al DF	Total
Transporte público	56.54%	54.06%	54.61%	54.5%	43.46%	45.94%	45.4%	45.49%
Transporte privado	56.60%	54.06%	54.61%	54.5%	43.40%	45.94%	45.4%	45.48%
Total	56.54%	54.06%	54.61%	54.5%	43.46%	45.94%	45.4%	45.49%

Fuente: Cálculos del autor con base a datos del DPD

Como ya se mencionó anteriormente, para proyectar estas cifras de la demanda en ambos sentidos, para los tres segmentos en que se dividen los datos reales, se utiliza un porcentaje fijo del 1.8% anual, independientemente del sentido, medio de transporte o distancia recorrida, sin ninguna explicación sobre este importantísimo supuesto.

Tiempos de recorrido

En lugar de proporcionar datos sobre el CGV para cada tramo real del proyecto, por sentido de circulación, para diferentes horarios, el DPD solamente proporciona información sobre el "tiempo medio de recorrido", una vez que se aplican medidas que pretenden "optimizar" la situación actual[80]. Los resultados se transcriben a continuación:

Cuadro VI.7. Tiempos medios de viaje en la situación sin proyecto

	Situación sin proyecto: tiempo medio de viaje en HORAS PICO por sentido de circulación					
	Toluca al DF			DF a Toluca		
	interna Toluca	Santa Fe-Observatorio	Toluca-DF	interna Toluca	Observatorio a Santa Fe	DF a Toluca
transporte público	40.49	85.45	168.44	40.59	95.62	178.63
transporte privado	23.53	40.47	88.44	23.61	43.58	91.57
	Situación sin proyecto: tiempo medio de viaje en HORAS NO PICO por sentido de circulación					
	interna Toluca	Santa Fe-Observatorio	Toluca-DF	interna Toluca	Observatorio a Santa Fe	Toluca-DF
transporte público	41.49	76.52	159.54	41.39	86.44	169.46
transporte privado	24.52	38.48	86.54	24.40	41.37	89.53

Fuente: DPD páginas 164-165

Es evidente que el tiempo de circulación en un horario "no-pico" debiera ser menor que en el horario "pico". Sin embargo esto no ocurre para el transporte público interno a Toluca (41.49 minutos en horas "no-pico" y 40.49 para las horas "pico" en el sentido de Toluca al DF) y tampoco para el transporte privado (24.52 minutos en horario "no-pico" y 23.53 minutos en horario "pico" en el mismo sentido). Estas cifras también son incongruentes en el sentido del DF a Toluca.

c. Situación con proyecto

Los datos de demanda calculados en la situación sin proyecto se mantienen iguales a los mostrados en la situación con proyecto, lo cual resulta un tanto dudoso si se toma en cuenta que ya se preveía la construcción de la autopista completa entre Toluca y el DF, lo cual debería impactar las cifras de demanda calculadas en la situación actual (2012). Es decir, con la autopista completa terminada, muy probablemente menos automovilistas estarían dispuestos a dejar el coche y usar el tren.

---

[80] Las principales medidas de optimización que menciona el DPD son: Mejoramiento de las condiciones de superficie de rodamiento de los vehículos en determinadas vialidades de las dos zonas metropolitanas involucradas, Mejoramiento o colocación de señalamientos verticales y horizontales, Reordenamiento de rutas de transporte público en Toluca (con resultados "poco significativos"), Modificaciones en el método de cobro en las casetas

La situación con proyecto se refiere, desde luego, a la construcción y operación del Tren, y su efecto directo sería una importante reducción en el CGV de los usuarios en cada uno de los tramos en los que se dividió la demanda, así como impactos indirectos en los viajeros que aunque no usen el tren, enfrentarían una menor congestión debido a la sustitución del transporte público por un medio de mayor eficiencia que es el tren.

El DPD afirma que *"el tiempo de viaje del tren de extremo a extremo, se realizará en poco menos de 40 min. Lo cual comparado con el tiempo de viaje actual que en hora de máxima demanda puede estar hasta en 1.5 h, es comprensible que un gran número de personas tiendan a cambiar el modo actual de transporte"*[81]. Sin embargo, los tiempos medios de viaje que presenta el DPD están completamente fuera de esta estimación, ya que el tiempo de viaje reportado para la situación con proyecto, solamente en el tramo de Observatorio a Santa Fe, con el tren, es de 31.58 minutos para el transporte público (que debería ser el tren) y de 43.58 minutos para el transporte privado, como se observa a continuación:

Cuadro VI.8. Tiempo medio de viaje en la situación con proyecto

	Situación CON proyecto: tiempo medio de viaje en HORAS PICO por sentido de circulación					
	Toluca al DF			DF a Toluca		
	interna Toluca	Santa Fe-Observatorio	Toluca-DF	interna Toluca	Observatorio a Santa Fe	DF a Toluca
transporte público	22.51	31.58	74.58	22.51	31.58	74.58
transporte privado	22.69	31.52	74.63	23.61	43.58	91.57
	Situación CON proyecto: tiempo medio de viaje en HORAS NO PICO por sentido de circulación					
	interna Toluca	Santa Fe-Observatorio	Toluca-DF	interna Toluca	Observatorio a Santa Fe	Toluca-DF
transporte público	23.41	32.36	75.45	23.41	32.36	75.45
transporte privado	23.38	32.33	75.48	24.4	41.37	89.53

Fuente: DPD páginas 164-165

En este cuadro se mantiene el absurdo de que el tiempo medio de viaje es mayor en el horario "no-pico" respecto al horario "pico" para casi todos los tramos.

El DPD menciona, correctamente, que los no usuarios del tren, que continuarían usando autobuses o sus vehículos particulares, también serían beneficiados con el proyecto, debido a que *"existirá una especie de desahogo en las vías actuales"*. A continuación se muestran los cuadros que aparecen en el DPD para este segmento de la demanda *que no es captada por el tren*:

---

[81] DPD pág. 128

Cuadro VI.9. Cambios en el tiempo medio de viaje para la demanda no captada por el tren MT Horas "pico" y "no pico" en el sentido de Toluca al DF

Sentido	Modo	Periodo	Situación	Interna a Toluca (minutos)	Santa Fe a Observatorio (minutos)	Toluca a DF (minutos)
Toluca a DF	Transporte Público	Hora pico	Sin proyecto	40.49	85.45	168.44
			Con proyecto	39.4	81.50	163.5
Cambio en TV (minutos)				1.09	3.95	4.94

Fuente: DPD página 165

Sentido	Modo	Periodo	Situación	Interna a Toluca (minutos)	Santa Fe a Observatorio (minutos)	Toluca a DF (minutos)
Toluca a DF	Transporte Público	Hora no pico	Sin proyecto	41.49	76.52	159.54
			Con proyecto	40.5	72.50	154.5
Cambio en TV (minutos)				0.99	4.02	5.04

Fuente: DPD página 166

Nuevamente hay que observar que al contrario de la lógica, el tiempo de viaje en las horas "no-pico" para el transporte público es mayor que en las horas "pico" en el segmento "interno a Toluca". Lo mismo ocurre para el transporte privado pero esto ya no se muestra aquí.

d. Evaluación del proyecto

Costos

El DPD señala correctamente que existirán costos por molestias durante el periodo de construcción, desafortunadamente no señala la forma de su cálculo. El total estimado es de 454.92 millones de pesos (a precios de 2013, sin IVA), en tanto que el costo de inversión se estima en 33,471.83 millones de pesos de la misma fecha, sin IVA. Desafortunadamente no se describe la metodología que siguieron para hacer dicho cálculo del costo por molestias.

Beneficios atribuidos al proyecto del tren:

a. Liberación de recursos en Costos de Operación Vehicular,

b. Ahorros en tiempo de viaje,

c. Incremento en el valor predial de zonas adyacentes a las terminales (no cuantificado)

d. Reducción de accidentes (no cuantificado)

e. Reducción de emisiones de CO_2 (no cuantificado)

Los cálculos de la rentabilidad del proyecto arrojan los siguientes resultados, bajo el supuesto de que el periodo de maduración será de un año, por lo que los beneficios del primer año de operación (2018) solamente corresponden al 82.58% de su demanda promedio en ese año, y a partir del 2019 se capta el total de dicha demanda.

Valor Presente Neto: 7,904 millones de pesos,

TIR: 14.45%,

TRI: 13.19%,

Por lo que, obviamente, el DPD concluye que se trata de un proyecto socialmente rentable

Comentarios finales:

Como hemos mencionado en las secciones previas de este libro, uno de los aspectos más importantes que deben quedar completamente claros cuando se formula y se analiza un proyecto de inversión, se refiere a su objetivo. Esto es totalmente ambiguo en el documento de costo-beneficio que estamos revisando, pues sus autores indican que "*El proyecto tiene como objetivo principal* **atender la problemática** *de transporte que se presenta en el corredor que abarca la ZMVT y el tramo interurbano que conecta la Ciudad de Toluca con la Ciudad de México, y pasa por la zona de Santa Fe y Observatorio, justo en la entrada de la Ciudad de México*". La "problemática" de transporte que se reconoce en el documento, y que es totalmente cierta, se refiere a los tramos urbanos de ambas zonas metropolitanas, pero no al tramo interurbano. De este modo, con el proyecto del tren pretenden contribuir a resolver los problemas urbanos de ambas zonas metropolitanas, cuando esto podría, y debería resolverse con proyectos de transporte urbano dentro de las mismas.

La consecuencia lógica de este planteamiento es que los usuarios del tren efectivamente utilizarán menos tiempo para llegar a los sitios de las terminales en ambos sentidos, pero tendrán los mismos, o peores problemas que los actuales para transportarse dentro de las dos zonas metropolitanas involucradas. Los proyectos que podrían resolver el problema de movilidad dentro de las zonas metropolitanas de la Ciudad de México, o del Valle de Toluca, son eminentemente urbanos, es decir, deberían resolverse con una correcta organización del transporte público en ambos sitios (un problema que es generalizado en todo el país). Esto tendrá que hacerse eventualmente, porque el funcionamiento de este tren no resolverá los problemas de transporte urbano, que son mucho más apremiantes que los del transporte interurbano.

El documento es muy amplio en la descripción de las condiciones de oferta (vialidades y rutas de transporte público) y la demanda por viajes dentro de las zonas urbanas antes mencionadas, pero carece de un punto sustancialmente importante, que es la cuantificación de la demanda actual y proyectada por viajes en cada uno de los cinco tramos de que se compone el diseño del tren: sus dos terminales y sus cuatro estaciones a lo largo de su recorrido. En consecuencia, el estudio carece de un correcto análisis del proyecto tramificado, con el que se pueda calcular el indicador relevante: la TRI para cada uno de esos cinco tramos.

El principal comentario a este documento es que es extraordinariamente extenso y detallado en aspectos que no son relevantes para su evaluación, y fallan precisamente en los que sí son relevantes para autorizarlo y ejecutarlo. La principal falla es que no se aplica el principio de "separabilidad" de proyectos, es decir, que no se tramifica el recorrido del tren. Como ya se ha mencionado, existen cinco tramos que debieron haberse evaluado por separado:

Primer tramo: "Zinacantepec" a "estación Pino Suárez",

Segundo tramo: "estación Pino Suárez" a "Tecnológico",

Tercer tramo: "Tecnológico" a "Lerma",

Cuarto tramo: "Lerma" a "Santa Fe",

Quinto tramo: "Santa Fe" a "Observatorio"

Al haber calculado los costos y los beneficios para cada uno de los tramos anteriores, se tendría una TRI para cada uno, lo cual habría facilitado la tarea de priorizar cuál o cuáles tramos serían los de mayor beneficio neto social y por lo tanto se podrían haber construido primero. Es probable, aunque la información disponible no lo permite hacer, que el tramo más rentable (el de mayor TRI) fuese el de Santa Fe a Observatorio, el cual pudo haberse construido en primer lugar, y así sucesivamente para los demás tramos. De haberse construido primero, ese tramo ya estaría actualmente (primer semestre del 2018) generando beneficios sociales al ofrecer un mejor medio de transporte en una de las zonas de la CDMX con mayor congestión vehicular, y de ser el caso, podría haber financiado en parte la construcción en el resto de los tramos.

Desde luego, existe la posibilidad de que el análisis de la rentabilidad de cada tramo pudiera haber demostrado la conveniencia de ejecutar, por lo pronto, uno solo de ellos. Esa es en esencia la enseñanza que nos da el análisis del "momento óptimo de inversión" para cada tramo en que se dividió a este proyecto.

Un correcto análisis de alternativas, antes de formular este proyecto, podría haber mostrado la conveniencia de extender el Sistema Metro de la CDMX, de la estación Observatorio a Santa Fe, lo cual ampliaría significativamente sus beneficios al estar desde su inicio, conectado al resto del sistema Metro, y no con el tren, que necesariamente involucrará un transbordo, con las consecuentes molestias y costo en tiempo para los pasajeros.

En resumen, el método de evaluación de este proyecto tiene una falla sustantiva debido a que no se hizo una correcta tramificación del proyecto, tanto por condiciones de oferta como de demanda, lo cual hubiera podido servir para una correcta secuencia de su construcción en caso de ser socialmente rentable. Si suponemos que las autoridades tienen la información relevante para el diseño y evaluación de este proyecto por tramos, tal vez lo más conveniente, en la actualidad (primer semestre del 2018) sería concentrarse en terminar el tramo que parece más rentable, el de Santa Fe a Observatorio, dejando todo el resto de su recorrido para ser terminado en los años futuros.

6.3 Ampliación del puerto de Veracruz

Los comentarios que se presentan en esta sección se refieren al documento público disponible (DPD) en el portal de Internet de la SHCP con la clave de cartera **0809J3E0005** denominado: Proyecto "Análisis costo-beneficio de la ampliación natural del puerto de Veracruz en la zona norte (primera etapa)"[82] fechado en 2014. En este caso se trata del documento original, donde aparentemente se presentan las cifras y los textos reales.

Este documento también es uno de los más extensos de los que se encuentran disponibles en el portal de la SHCP, al constar de 195 páginas. Contiene una extensa monografía del puerto actual, y diversas secciones donde se abunda en el detalle pero no se precisan los elementos claves relativos a la problemática que se enfrenta, ni a sus causas. No se presentan cifras históricas sobre la forma en que se llega a la situación actual ni las características de la operación horaria del puerto, y cómo cambiarían en la situación con proyecto. De manera muy especial, debería haberse determinado el indicador que mide la eficiencia global de un puerto, que es el STAT (Ship Turn Around Time) actual, el sin proyecto, y cómo cambiaría con la realización del proyecto[83]. Este indicador es extraordinariamente importante para la planeación y operación de un puerto, debido a que cubre, de manera resumida al conjunto de operaciones respecto a la productividad y eficiencia de un puerto. La reducción en el valor monetario del STAT entre la situación actual y la situación con proyecto habría sido la correcta estimación del beneficio directo de este proyecto. Esto ni siquiera está mencionado en el DPD.

a. Problemática descrita

En este documento abundan los calificativos para tratar de mostrar la existencia de un problema, o de varios problemas, en vez de explicar, cuantificar y documentar los factores que lo provocan.

A manera de ejemplo se transcribe a continuación la extensa *"problemática"* detectada, según el DPD[84]:

> - Existe *"saturación"* en muelles de carga contenerizada, lo que provoca *"prolongados"* tiempos de fondeo y *"bajo"* rendimiento portuario.
> - A nivel mundial se ha desarrollado un proceso *"acelerado"* de contenerización de la carga, lo cual demanda mayor número de muelles para contenedores y mayores longitudes de atraque para los mismos, estas características en muelles actualmente se encuentra (n) *"limitadas"* para el puerto de Veracruz.
> - Se ha presentado un crecimiento en la demanda de las cargas, lo cual requiere de incrementar el número y dimensiones de las posiciones de atraque para su atención.
> - La evolución en el tamaño de los embarques en el mundo, demanda mayores dimensiones en áreas de navegación y áreas de atraque, lo que ha ocasionado que algunos buques de contenedores ya no puedan tener acceso en el actual puerto de Veracruz.
> - Se ha generado un impacto *"negativo"* en el puerto debido a que existen restricciones para atracar buques de *contenedores* con esloras mayores a 300 metros y *"no hay posibilidad"* de atender buques mayores a los 334 metros.

---

[82] https://www.gob.mx/shcp/acciones-y-programas/cartera-publica-de-inversion-16287
83 Fuente: Glossary of Port and Shipping Terms.
http://www.seinemaritime.net/suports/uploads/files/Glossary%20of%20Port%20and%20Shipping%20Terms.pdf
[84] Páginas 8 y 9 del DPD

- Se ha presentado el *desvío* de algunas cargas a otros puertos alternos, por no tener cabida en el puerto de Veracruz.
- *"Limitada"* longitud *de* atraque en muelles, sobre todo para la recepción de portacontenedores.
- Profundidad "insuficiente" en vías de navegación.
- Muelles *"antiguos"* con *"baja"* capacidad de carga y dimensiones *"reducidas"*.
- Vialidades *"estrechas"* en las áreas operativas de los muelles.
- *"Insuficiencia"* de áreas de *almacenaje* en el interior del puerto para cargas a granel.
- La *"insuficiencia"* de infraestructura ferroviaria y la configuración del **puerto actual** no permiten que las vías lleguen al *interior* del puerto para labores de transporte de la carga de muelle hacia terminales.
- Equipamiento portuario *"insuficiente y obsoleto"* en algunos casos.

Además de que esta descripción de la problemática es redundante en varios de sus puntos, y que algunos de ellos son causa (o consecuencia) de otros, hace evidente que existen áreas de oportunidad en el **puerto actual** (optimizaciones) que se podrían aprovechar, dejando interrogantes respecto a si la construcción de un nuevo puerto, del tamaño que se plantea, en la fecha que se plantea, es realmente la opción más conveniente para nuestro país.

Por ejemplo, habría que analizar cuáles son las razones de la *"insuficiencia"* de áreas de almacenaje internas (si se pueden o no resolver, con qué medidas y su efecto en el resto de las actividades del puerto), cuál es el equipamiento actual que es *"obsoleto"* o *"insuficiente"*, que podría sustituirse por otro nuevo o de mayor capacidad (y su efecto en la eficiencia del puerto actual), qué pasaría si la infraestructura ferroviaria se amplía para corregir uno de los problemas detectados, entre otros. Todo esto, quizá, podría "liberar" espacios que podrían aprovecharse para de este modo posponer, o reducir los extraordinarios montos de inversión que el nuevo puerto implica. Esta falta de análisis de alternativas es un defecto sustancial del documento, al igual que en otros muchos estudios de costo-beneficio actuales.

La descripción de la problemática anterior también destaca que la *"desviación"* de la carga hacia otro puerto alterno se ve como un efecto negativo (para la API Veracruz) debido a que cada API nacional se considera en competencia con las demás, y no como complementarias para una mejor operación portuaria del país como un conjunto.

Igualmente, el documento no presenta la documentación estadística que demuestre los grados de "saturación" "insuficiencia", "baja" capacidad de carga, ni la forma en que cambiarían una vez que el proyecto se lleve a cabo y se ponga en operación. Esta información se resumiría, idealmente, en el indicador ya mencionado del STAT, el cual debería ser calculado para los puertos mexicanos más importantes.

b. Objetivo del proyecto

Este punto es uno de los más difíciles de precisar en la mayoría de los estudios de costo-beneficio que están disponibles en la página de Internet de la SHCP. Tal vez esto se debe a que la Metodología del Marco Lógico, o al menos algunas de sus partes, no se incluyen en los *Lineamientos* actuales. El punto es que el DPD que estamos revisando establece un objetivo sumamente vago, al mencionarse que el proyecto de construcción del nuevo puerto de Veracruz es:

"Atender la demanda de carga comercial que es transportada vía marítima para su importación/exportación por el Golfo de México, con origen/destino a la región central del país[35]". Esta definición parece más relacionada con las funciones o actividades que realiza la API, pero no sirve para definir un impacto deseable en la economía del país, o de alguna de sus regiones, como lo sería un verdadero objetivo (al nivel de Fin en la MtML).

El DPD continúa con la descripción del proyecto de inversión, que incluye estudios técnicos, ambientales, de bancos de materiales, entre otros, así como elaboración de proyectos ejecutivos para en realidad construir un nuevo puerto (al noroeste del actual), y no una ampliación del actual.

c. Descripción de los principales beneficios del proyecto.

Según el DPD los principales beneficios de este proyecto son:

- *Atender* el crecimiento de la demanda de infraestructura portuaria y con ello de tráfico de carga para los distintos segmentos que maneja el puerto (*beneficio* similar a lo que se dijo que sería el objetivo)
- Evitar el desvío de carga a otros puertos, y con ello evitar los sobrecostos por transporte terrestre.
- Generación de reserva portuaria para el crecimiento del puerto.
- Lograr profundidades y dimensiones en áreas de navegación (canal y dársenas), adecuadas para recibir buques portacontenedores de hasta 400 metros de eslora.
- Construcción de muelle y patios equipados con tecnología de punta y suficiente espacio que mejorarán la competitividad del puerto de Veracruz.
- Construcción de áreas de almacenamiento que den cabida al crecimiento de demanda de este servicio.
- Construcción de instalaciones ferroviarias al interior de las terminales que faciliten el cambio intermodal de mercancías de una forma ágil y económica.
- Resolver la problemática de saturación de vialidades, con circuitos ágiles y alejados de la ciudad de Veracruz.
- Derrama económica por: empleos temporales y permanentes, y por crecimiento económico regional y local.
- Mejora en la competitividad nacional en el ámbito portuario.
- Reducción de los costos en las cadenas logísticas de transporte y distribución de mercancías con el consecuente beneficio de la población de la zona de influencia.

Como se podrá observar, este listado de "*beneficios*" mezcla las obras que se realizarán al construir el nuevo puerto, con los beneficios auténticos que traería el proyecto.

Los "beneficios" del proyecto que se cuantifican y valoran en el DPD son:

i. Ahorro en costos de transporte (carretera y ferrocarril).

Este beneficio se deriva de que en la situación sin proyecto la carga desde y hacia Veracruz, y sus puntos de origen o destino tendrían que realizarse desde otro puerto. Para calcular este ahorro el DPD asume que **toda** la carga que exceda la "capacidad" actual del puerto de

---
[85] DPD página 8.

Veracruz se movería, en la situación sin proyecto, a través del puerto de Altamira *"siendo este el mejor habilitado y con menor distancia al Distrito Federal después de Veracruz, y que a través de fuertes inversiones económicas* (sic)*, puede tener las condiciones de crecimiento para albergar los grandes volúmenes de carga"*. Esto elimina de tajo a puertos como Tampico o Tuxpan, o bien, supone que la carga seguiría moviéndose por Altamira a pesar de que el costo de transporte hasta su destino final, o desde su punto de origen, pudiesen ser mayores a los costos ocasionados por el "congestionamiento" del puerto actual de Veracruz. Sobre este punto recomiendo revisar la sección 5.5 de este libro. Se agradecerá cualquier comentario o punto de vista diferente a lo que ahí se expone.

Para identificar el tipo de transporte que se utilizaría en la situación sin proyecto para mover la carga desde o hacia el puerto de Altamira, el DPD utiliza la participación de carga por modo de transporte, del siguiente modo:

Cuadro VI.10. Asignación de carga por modo de transporte desde el puerto de Altamira

Participación de carga por modo de transporte		
Segmento de carga	Carretera	Ferrocarril
Autos	75%	25%
Contenedores	90%	10%
Granel mineral	90%	10%
Carga general	88%	12%
Fuente: DPD página 149		

Los "ahorros" que se obtendrían por la construcción del nuevo puerto de Veracruz en la carga que se mueve por ferrocarril, se calculan en el DPD utilizando el diferencial en las tarifas que cobran los transportistas ferroviarios desde y hacia Altamira, y los tres destinos principales de la carga que se desviaría en la situación sin proyecto (Ciudad de México, Puebla y Estado de México).

Por su parte, el cálculo de los "ahorros" por carga movida por carretera se hace en el DPD utilizando el programa HDM-4 estimando la diferencia en los Costos de Operación Vehicular (COV) que ocurriría en la situación sin proyecto versus la situación con proyecto para los destinos (orígenes) antes mencionados: Toluca, Ciudad de México y Puebla. No se explica por qué no se hace el mismo procedimiento que en el caso de la carga ferroviaria, es decir, simplemente con la diferencia en los fletes que cargan las empresas transportistas para mover la carga desde Altamira versus Veracruz.

Los cálculos que se hacen en el DPD están basados en las distancias terrestres entre los puertos de Veracruz y Altamira y las ciudades antes mencionadas, de la siguiente forma:

Cuadro VI.11. Distancias entre los puertos de Veracruz y Altamira respecto a tres centros de origen-destino de carga

Origen	Distancia		Diferencial en distancia (km)
	Destino		
	Altamira	Veracruz	
DF	877	406	471
Toluca	852	632	220
Puebla	994	282	712

Fuente DPD página 161

Es importante aclarar que el DPD indica que las distancias entre Altamira y las ciudades de origen o destino de carga se obtienen usando la ruta de **mayor distancia**, que cruza San Luis Potosí, en vez de la ruta vía Tuxpan, debido a que en este último caso "*si bien es más corta (540 kms de distancia) ... la condición de los pavimentos se encuentra más deteriorada, por lo que los costos de operación vehicular tienden a ser mayores y el tiempo de viaje se incrementa, dado el cruce por poblados y zonas urbanas*[86]". Este razonamiento no es totalmente correcto debido a que si bien el CGV por kilómetro pudiera ser mayor que por la otra ruta, el número de kilómetros de recorrido es sustancialmente menor (40%), por lo cual lo correcto hubiera sido calcular el CGV total de las dos rutas y seleccionar la de menor costo. Esto no se hace en el documento de referencia. Además, como se puede constatar usando la aplicación de la propia SCT, o de Google Maps, los tiempos de recorrido son también menores cuando se usa la ruta que pasa por Tuxpan.

Debido a la gran importancia que tienen las cifras del cuadro anterior para efectos de los cálculos de la rentabilidad del proyecto, se compararon con otras fuentes de información. Para ello se utilizó la misma fuente señalada en el DPD (la página de SCT denominada "escoge ruta") y "Google Maps". Los resultados se muestran a continuación:

Cuadro VI.12. Distancias revisadas con fuente SCT

ORIGEN	DISTANCIA		DIFERENCIAL KMS
	DESTINO		
	ALTAMIRA	VERACRUZ	
DF	524	405	119
TOLUCA	610	473	137
PUEBLA	516	281	235

http://app.sct.gob.mx/sibuac_internet/ControllerUI?action=cmdEscogeRuta

---

[86] DPD página 154.

Cuadro VI.13. Distancias revisadas con fuente Google Maps

ORIGEN	DISTANCIA		DIFERENCIAL KMS
	DESTINO		
	ALTAMIRA	VERACRUZ	
DF	504	400	104
TOLUCA	575	460	115
PUEBLA	505	276	229

Fuente: Google Maps

Como se observa, los diferenciales (a favor de Veracruz) son notoriamente diferentes entre lo publicado en el DPD y lo obtenido en esta revisión:

Cuadro VI.14. Resumen comparativo de distancias entre los puertos de Veracruz y Altamira respecto a tres fuentes de origen o destino de carga

ORIGEN	DIFERENCIAL EN DISTANCIAS A FAVOR DE VERACRUZ RESPECTO A ALTAMIRA EN KMS		
	DPD	FUENTE: SCT	FUENTE: GOOGLE MAPS
DF	471	119	104
TOLUCA	220	137	115
PUEBLA	712	235	229
TOTAL	1403	491	448

Fuente: elaboraciones propias con datos del DPD, de la SCT y de Google maps

Lo anterior significaría que en el DPD se estarían sobre estimando los beneficios atribuibles a la mayor cercanía de Veracruz respecto de Altamira y los tres sitios elegidos para ser origen o destino de la carga portuaria. Esta sobre estimación sería de 185% respecto a la fuente de SCT, y de 213% respecto a la fuente de google maps. Además, hay que tomar en cuenta que parte de la carga podría usar los puertos de Tuxpan o de Tampico, relativamente más cercanas a los tres sitios de origen/destino ya citados, que Altamira.

ii. Ahorro en costos de mantenimiento de carreteras.

Adicionalmente, el DPD calcula el diferencial en los costos de mantenimiento vial que ocurriría si se realiza el proyecto de ampliación del puerto de Veracruz en las rutas desde y hacia Altamira y los puntos de oferta o demanda de servicios de carga, en específico el DF, Toluca y Puebla.

Los beneficios antes señalados ascienden a 2,179.6 millones en el año 2018 (primer año de operación del proyecto), y a 103,370 millones en el año 2043 (que incluye una estimación del valor de rescate de las instalaciones portuarias en el año 2043) de la siguiente forma:

Cuadro VI.15. Beneficios del proyecto del nuevo puerto de Veracruz
Cifras expresadas en millones de pesos a precios de 2014

CONCEPTO	Por ahorro en costos de FFCC	Por ahorro en COV (camiones)	Por ahorro en costos de mantenimiento de carreteras	Valor de rescate	TOTAL
2018	18.5	1,881.0	280.1	0	2,179.6
2043	236,6	7,758.0	1,635.4	93,739.9	103,370.0
Tasa media de crecimiento anual	10.74%	5.83%	7.31%	N.A.	16.69%

Fuente: DPD, pág. 169

d. Indicadores de rentabilidad del proyecto

Según el DPD los cálculos de rentabilidad indican que el VPN del proyecto asciende a 10,103 millones de pesos, con una TIR del 15.32% y una TRI de 10.66%. Por lo tanto, se concluye que es socialmente rentable, y que los principales riesgos asociados se refieren a los posibles conflictos con grupos ambientales. Asimismo, desde el punto de vista *"de la rentabilidad, no se perciben riesgos económicos de alta probabilidad de ocurrencia"*[87].

El análisis de sensibilidad que presenta el DPD contempla modificaciones en los costos y en los beneficios calculados. Los casos extremos, donde la rentabilidad del proyecto desaparece, se refieren a un diferencial del 184% en mayores costos, o una reducción de la mitad de los beneficios calculados. Por ello, argumentan, dado que *"la TRI se presenta positiva (sic) al año 2019 (año óptimo de la puesta en operación de la primera etapa), siendo mayor a la tasa de descuento durante todo el horizonte de evaluación, lo que permite ver que... el proyecto tiene una alta rentabilidad social y una fuerte elasticidad (sic) ante cambios en sus variables, lo que hace un proyecto económicamente rentable y seguro"*[88].

Desafortunadamente para el DPD, si en realidad las distancias utilizadas para el cálculo de los beneficios por costos de transporte por carretera corresponden a lo señalado anteriormente, las cifras correctas de los beneficios atribuibles a este proyecto serían bastante inferiores a la mitad de las que se reportan en el mismo, lo que haría que el proyecto no fuese socialmente rentable.

e. Cálculo de la Tasa de Rentabilidad Inmediata

Lo que presenta el DPD:

En el siguiente cuadro se han transcrito las cifras presentadas en el DPD (página 171) y su relación con la TRI.

---

[87] Dpd, página 173.
[88] Dpd, página 175.

Cuadro VI.16. Cálculo de la TRI según el DPD

Año (1)	Flujo de efectivo (2)	TRI (4)	inversión en el año i (5)	Inversión acumulada simple (6)
2008	- 104,683,675		104,683,675	104,683,675
2009	- 152,832,819	-145.99%	152,832,819	257,516,494
2010	- 239,463,343	-92.99%	239,463,343	496,979,837
2011	- 156,288,129	-31.45%	156,288,129	653,267,966
2012	- 64,065,515	-9.81%	64,065,515	717,333,481
2013	- 557,029,459	-77.65%	557,029,459	1,274,362,940
2014	- 501,165,517	-39.33%	501,165,517	1,775,528,457
2015	- 5,282,380,360	-297.51%	5,282,380,360	7,057,908,817
2016	- 9,716,262,425	-137.66%	9,716,262,425	16,774,171,242
2017	- 5,334,663,219	-31.80%	5,334,663,219	22,108,834,461
2018	1,649,943,506	7.46%	529,669,397	22,638,503,858
2019	2,414,116,089	10.66%	87,740,737	22,726,244,595
2020	2,745,324,416	12.08%	87,740,737	22,813,985,332
2021	3,088,331,331	13.54%	88,257,786	22,902,243,118

Fuente: DPD página 171

En la columna (2) se transcribe el cálculo del "flujo de efectivo" (igual a beneficios totales menos costos totales estimados del proyecto), en la columna (3) se presenta el cálculo de los autores del DPD respecto a la TRI, el cual se obtiene dividiendo el valor del flujo de efectivo en el año n, entre el valor de la inversión acumulada simple hasta el año n-1 (columna 6).

¡Esto es un importante error!

Aparentemente los autores del DPD siguieron textualmente los "Lineamientos" de la SHCP, que en el Anexo 1 presentan la fórmula siguiente:

$$TRI = \frac{B_{t+1} - C_{t+1}}{I_t}$$

Donde el numerador de la fracción representa el "flujo neto" (columna 2 del cuadro anterior) en el año t+1 y el denominador representa el monto total de inversión **valuado** al año t (inversión acumulada capitalizada hasta el periodo t). Esto significa que las inversiones anuales previas se deben capitalizar usando la tasa social de descuento (el costo de estar invirtiendo en un proyecto multianual).

Lo que debió haber presentado el DPD:

En el siguiente cuadro se presenta el cálculo de la TRI de este proyecto, pero ahora capitalizando las inversiones de cada año, a las de los años anteriores que se van "actualizando" con la TSD.

Cuadro VI.17. Cálculo correcto de la TRI

Año (1)	Flujo de efectivo (2)	TRI según DPD (4)	Inversión en el año i (5)	Inversión acumulada simple (6)	Inversión capitalizada (7)	TRI correcta (8)
2008	- 104,683,675		104,683,675	104,683,675		
2009	- 152,832,819	-146.0%	152,832,819	257,516,494	267,984,862	N.A.
2010	- 239,463,343	-93.0%	239,463,343	496,979,837	534,246,691	N.A.
2011	- 156,288,129	-31.4%	156,288,129	653,267,966	743,959,489	N.A.
2012	- 64,065,515	-9.8%	64,065,515	717,333,481	882,420,953	N.A.
2013	- 557,029,459	-77.7%	557,029,459	1,274,362,940	1,527,692,507	N.A.
2014	- 501,165,517	-39.3%	501,165,517	1,775,528,457	2,181,627,275	N.A.
2015	- 5,282,380,360	-297.5%	5,282,380,360	7,057,908,817	7,682,170,362	N.A.
2016	- 9,716,262,425	-137.7%	9,716,262,425	16,774,171,242	18,166,649,823	N.A.
2017	- 5,334,663,219	-31.8%	5,334,663,219	22,108,834,461	25,317,978,025	N.A.
2018	1,649,943,506	7.5%	529,669,397	22,638,503,858	28,379,445,224	6.5%
2019	2,414,116,089	10.7%	87,740,737	22,726,244,595	31,305,130,484	8.5%
2020	2,745,324,416	12.1%	87,740,737	22,813,985,332	34,523,384,269	8.8%
2021	3,088,331,331	13.5%	88,257,786	22,902,243,118	38,063,980,482	8.9%
2022	3,301,718,235	14.4%	232,803,513	23,135,046,631	42,103,182,043	8.7%
2023	3,817,614,624	16.5%	89,347,240	23,224,393,871	46,402,847,488	9.1%

En este cuadro se han agregado dos columnas. La columna (7) se refiere a la cifra capitalizada acumulada, utilizando la tasa social de descuento aplicable en México que es actualmente del 10%. Esto significa, por ejemplo, que el valor actualizado de todas las inversiones realizadas hasta el año 2018 no son de $22,638,503,858 pesos (la suma simple de lo invertido en los años previos), sino de $28,379,445,224 pesos una vez que lo invertido en cada año previo se capitaliza anualmente para obtener la cifra actualizada de las inversiones de todos los años previos.

El resultado de la TRI correctamente calculada es de 8.5% para el año 2019, lo que significa que no sería el momento óptimo de entrada en operación de este proyecto. Este resultado es sumamente importante porque indica que al país le hubiera resultado mejor invertir en otro proyecto que rindiera al menos la TSD (10%) y no en el nuevo puerto de Veracruz, donde la rentabilidad inmediata es de solamente 8.5% en el año 2019. Como se observa en el cuadro anterior, la TRI correcta no llega al 10% en los años mostrados. Al país no le convendría invertir en este proyecto ni siquiera hasta el año 2023.

f. Tamaño óptimo de inversión

Una de las preguntas más importantes en el tema de evaluación de un proyecto de infraestructura es el relativo a si el tamaño del proyecto que se pretende construir es el más conveniente para el país. El análisis del tamaño óptimo de un proyecto tampoco se encuentra en los Lineamientos actuales de la SHCP. Esto constituye un severo error, debido a que la tendencia actual en varios proyectos es de construir el de mayor tamaño, sin considerar que el costo del sobre dimensionamiento podría servir para financiar otros muchos proyectos de mayor rentabilidad.

Al igual que en el caso de la construcción del NAICM, aquí también se pretende que la demanda nunca alcance a la oferta, es decir, que siempre exista capacidad instalada para que no exista demanda "insatisfecha". Como ya se dijo, la capacidad instalada excesiva no es gratuita, su costo recaerá en el resto de la economía por tratarse de una inversión pública. A continuación se muestra la gráfica correspondiente a la carga contenerizada:

Gráfica VI.6. Capacidad instalada y demanda atendida en carga contenerizada. Nuevo puerto de Veracruz

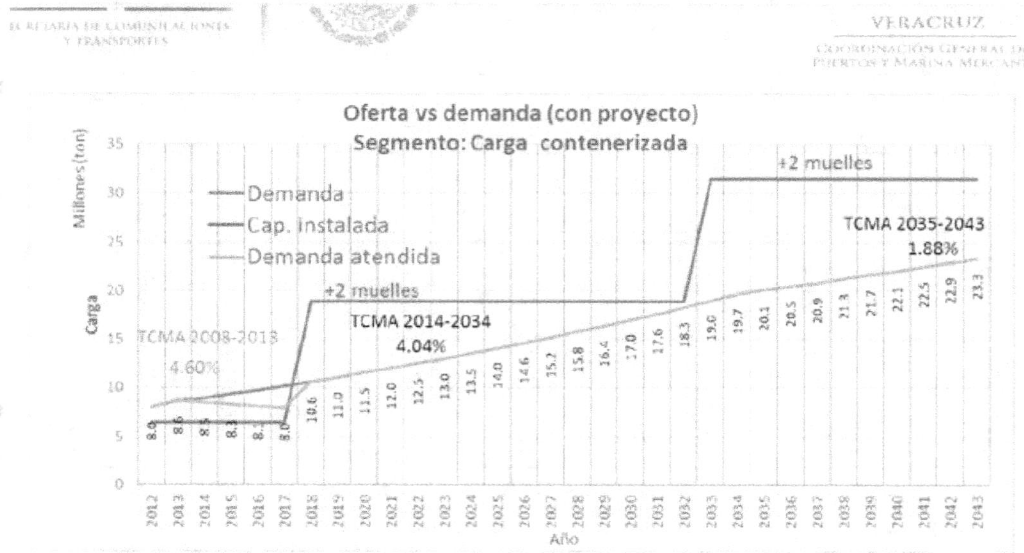

Figura 51. Interacción oferta – demanda con proyecto (segmento, carga contenerizada)
Fuente: Elaboración propia con base a análisis de demanda y capacidades

Como se puede observar, la demanda "atendida" en los años 2012 a 2017 supera a la supuesta capacidad instalada, lo que, al igual que en el caso del nuevo aeropuerto de la CDMX, demuestra que el límite real de la capacidad no es tan sencillo de definir, y aparentemente no es el criterio correcto para ampliar un proyecto de infraestructura.

De acuerdo al diseño de este proyecto, el nuevo puerto de Veracruz será el más grande de América Latina, ya que su capacidad actual, de 22 millones de toneladas se cuadruplicará, para llegar a 90 millones de toneladas[89]. ¿Bajo qué criterio económico se puede decir que este notable incremento es el más conveniente para nuestro país?

En resumen, además de las fallas detectadas en cuanto al medio alternativo de transporte de mercancías, desde y hacia sus puntos de origen o destino, en el caso de que este puerto no fuera ampliado, existe una clara sobre estimación de los beneficios debido a que las distancias (y tiempos) reales que favorecerían al puerto de Veracruz, respecto de Altamira, se encuentran muy por debajo de las utilizadas en el DPD.

Aunque se calcula la TRI del proyecto, al igual que en el caso del nuevo aeropuerto, tampoco se le asigna la extraordinaria importancia que tiene. Simplemente se ignora y se continúa con la construcción de este macro proyecto. Además, hemos visto que el cálculo de este importante indicador es erróneo en el DPD.

El tamaño del proyecto tampoco fue analizado con el propósito de no sobre dimensionar las obras, por lo que el exceso de oferta significará un costo en términos de proyectos alternativos que no se hicieron simplemente porque el puerto está sobre dimensionado.

Grandes lecciones que tenemos que aprender como país.

---

[89] http://www.milenio.com/firmas/alberto_aguilar/Nuevo-Puerto-Veracruz-Mexico-SCT_18_335546498.html

6.4 Carretera Palmillas - Portezuelo

Los comentarios que se presentan en esta sección se basan en el documento público disponible (DPD) en el portal de Internet de la SHCP con la clave de cartera 08096330030 denominado "Análisis Costo-beneficio Actualización Portezuelo - Palmillas"[90], que no tiene fecha ni nombre de su autor. Este proyecto se registró originalmente en el año 2008 y su construcción debía haber terminado en el año 2012. Sin embargo, su alcance original fue rebasado por un aumento en el costo de inversión del 20%, ocasionado por la modificación de dos entronques (Huichapan I y Huichapan II) que originalmente se habían diseñado a nivel de piso y ahora se harán a desnivel debido al "alto" flujo de vehículos pesados que se argumenta en el DPD.

Síntesis del DPD (textos en cursivas tomados del DPD):

a. Objetivo del proyecto: *"La realización de esta obra se justifica porque cumple su propósito de hacer más seguro y eficiente el movimiento de bienes y personas a través de la red de carreteras"*. Con esta obra..., se *"minimizarán los índices de accidentes y será posible el desplazamiento a mayores velocidades, contribuyendo a la disminución de los costos de operación vehicular y los tiempos de recorrido, lo cual se traduce en una mayor competitividad del transporte carretero de la región"* (DPD página 10).

Nótese que el argumento para "justificar" este proyecto se centra no en su rentabilidad social, sino en hacer "más seguro y eficiente" el movimiento de bienes y personas, cuando en todo el documento no se mencionan los índices de accidentes ni sus causas probables.

b. Problemática identificada: *"La problemática que se presenta en esta vía es el **alto** flujo vehicular que circula en un camino tipo C2, con señalamiento **regular**, sección transversal **reducida** de 7 metros de corona, sin acotamientos, cruceros peligrosos y paradas de autobuses sobre la misma vía, además, se presenta un número **importante** de vehículos de transporte de carga, lo que genera **bajas** velocidades de operación, rebases **riesgosos**, accidentes y demoras innecesarias, además, en el libramiento de Huichapan existen dos entronques **peligrosos**. Además de lo anterior, la capacidad vehicular de la carretera ya se está alcanzando, lo que origina aumentos en los índices de accidentes y de contaminación ambiental, entre otros aspectos"* (DPD página 10).

c. Descripción del proyecto: *"El proyecto **consistía** en la ampliación de la carretera Portezuelo-Palmillas, de 73 kilómetros de longitud, a una vía tipo A4, de 21 metros de ancho de corona, para alojar 4 carriles de circulación (2 por sentido) de 3.5 metros cada uno, acotamientos laterales de 2.5 metros cada uno y un separador central de 2 metros"*. Aparentemente el "nuevo" proyecto es igual al antes descrito, pero incluye ahora dos entronques a desnivel (que separan los dos "tramos" de la obra, como se observa en la siguiente gráfica donde los avances (líneas verdes) se refieren al año 2015:

---

[90] https://www.sistemas.hacienda.gob.mx/mippi/ControlServletPublic

Gráfica VI.7. Trayecto del proyecto de modernización de la carretera Palmillas - Portezuelo

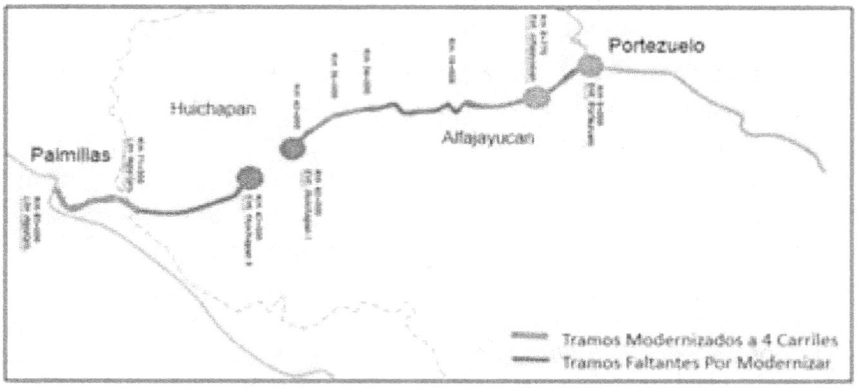

d. Principales beneficios del proyecto según el DPD:

- *Aumento en las velocidades de operación de los diferentes tipos de usuarios.*
- *Reducción en los tiempos de recorrido.*
- *Reducción en los costos de operación de los diferentes tipos de vehículos.*
- *Disminución en los niveles de contaminación auditiva y en la degradación del medio ambiente.*
- *Operación más segura para los usuarios al eliminarse la posibilidad de accidentes por maniobras de rebase y entronques a nivel.*

e. Indicadores de rentabilidad del proyecto:

- Valor Presente Neto (VPN): 1,812.9 millones de pesos,
- Tasa Interna de Retorno (TIR): 15.8%
- Tasa de Rentabilidad Inmediata (TRI): 17.2%

f. Conclusión: *"El proyecto de ampliación y modernización de la carretera Portezuelo-Palmillas genera beneficios a los usuarios, al proporcionar una mejor y más eficiente comunicación en la zona. Evitará los altos costos de tiempos de recorrido y costos de operación.*

- *Aumentará las velocidades de operación*
- *Se tendrá una infraestructura más segura y eficiente el movimiento de bienes y personas que circulan a través de la carretera.*
- *Se tendrá una mayor competitividad en la economía de la región."*

Comentarios:

1. El "objetivo" del proyecto antes señalado es no solo redundante (al aumentar la velocidad obviamente se reducen los tiempos de recorrido), menciona "índices de accidentes" pero en todo el documento no existen cifras que documenten esta afirmación. Probablemente un objetivo correcto (al nivel de propósito en la MtML) podría ser la reducción del Costo Generalizado de Viaje de circulación entre y a lo largo de todo el recorrido del proyecto, ya que tiene un buen número de entradas y salidas por poblaciones aledañas y por la intersección de al menos tres carreteras estatales "libres".

2. Las afirmaciones con las que se trata de demostrar la "problemática identificada" y la ausencia de datos específicos de la situación actual sugieren que no se hizo trabajo de campo para este proyecto: "*alto* flujo vehicular", "sección transversal *reducida*", "cruceros *peligrosos*", "*número importante* de vehículos de transporte de carga", "*bajas velocidades* de circulación", "*rebases riesgosos*", etc.

3. El trabajo de campo que debe realizarse en un proyecto como este tendría que arrojar al menos la siguiente información: Tramificación por oferta (según las características de la orografía, que no son iguales a lo largo de toda la carretera), tramificación por demanda horaria por cada tramo (aforos), condiciones físicas de la carretera por cada tramo, incluyendo señalización. Adicionalmente, un levantamiento de encuestas origen-destino debería arrojar datos reales sobre la ocupación vehicular, en vez de usar promedios estadísticos. Todo esto, entre otros factores, permitiría la evaluación separada de cada tramo real que exista en la carretera, ya que no necesariamente se tiene que construir toda la carretera con las mismas características. Normalmente la congestión vehicular (velocidad real inferior a la deseada) no ocurre a todas horas del día ni en todos los tramos de la carretera. En ausencia de toda esta información el DPD asume que todas las horas del día, a lo largo de toda la carretera, son de congestión. Esto sobrevalora de manera importante los beneficios del proyecto.

4. El DPD menciona que "*la carretera actual, 73 kilómetros de longitud y una sección transversal de 7 metros sin acotamientos... se desarrolla principalmente en terreno de lomerío con un trazo antiguo, el cual presenta una **gran cantidad** de curvas, crestas y vados. **El estado físico de la superficie y del señalamiento es regular.***

5. Los "tramos" que menciona el DPD son en realidad los puntos iniciales y finales en que se dividió este proyecto: "Portezuelo – Entrada Libramiento Huichapan I" y "Entrada Libramiento Huichapan II – Palmillas" (que corresponden al gráfico de la página anterior), lo cual es muy diferente de lo que es un verdadero "tramo" en el análisis costo beneficio, que se refiere a secciones con características similares en cuanto a orografía del terreno (tramificación por oferta) y con entrada o salida en las poblaciones principales o entronques carreteros (tramificación por demanda). Los verdaderos "tramos", correctamente definidos, servirán para evaluarlos por separado, a fin de identificar cuáles podrían ser optimizados, su tamaño económico óptimo y el momento óptimo de su construcción. También servirían para hacer una correcta identificación de alternativas.

6. Este proyecto en realidad ha buscado sustituir la carretera actual por una "modernizada" con mejores características que una autopista de cuota (Tehuacán – Oaxaca por ejemplo), sin considerar posibles alternativas más baratas que podrían resolver o contribuir a resolver, por tramos, una buena parte de los problemas actuales). Véase por ejemplo una fotografía extraída del propio DPD (aparentemente tomada en el año 2015), donde se observa una sección terminada, y un "bajo" número de vehículos circulando por la misma:

Gráfica VI.8. Vista de la carretera modernizada Palmillas – Portezuelo (situación con proyecto)

A continuación se muestran dos fotografías (tomadas a principios de marzo del año 2018) el mismo día y casi a la misma hora, una que muestra una sección de la carretera terminada (gráfica VI.9), y otra (Gráfica VI.10) donde continúa existiendo la carretera antigua (situación actual). El "bajo" número de vehículos en la sección terminada (en 2018) prácticamente coincide con la foto del DPD y contrasta con el que se observa en la carretera "antigua".

Gráfica VI.9 Carretera Palmillas – Portezuelo (tramo modernizado primer semestre 2018,)

Gráfica VI.10. Carretera Palmillas – Portezuelo (tramo no modernizado primer semestre 2018)

Como se puede observar en la gráfica VI.10, en efecto la carretera actual no tiene acotamientos y es realmente peligroso hacer rebases. Aunque no se aprecia con claridad, la "congestión" es ocasionada por camiones pesados que circulan a una velocidad de alrededor de 30 kms. por hora, pero debido a curvas y vados no es posible hacer rebases con cierto margen de seguridad. Dos medidas de optimización evidentes son la construcción de acotamientos (que podrían ser sin pavimentar) y la construcción de carriles de "rebase" cada determinado número de kilómetros.

7. En todo el DPD no existe ni siquiera la mención de lo que se consideró como la "red vial relevante", algo sumamente importante en el análisis costo-beneficio de una carretera. Para fines prácticos lo único que se analiza son los dos tramos divididos por los entronques ya mencionados para sustituir un camino "antiguo" por la más moderna versión de lo que en México se entiende por "modernización a cuatro carriles". Incluye, por ejemplo, acotamientos pavimentados, lo cual en este caso no tiene sentido y no tiene beneficios.

8. Como se ilustra en la gráfica VI.11[91], la carretera federal de Portezuelo (Hidalgo) a Palmillas (Querétaro) tiene conexión con tres carreteras estatales "libres" que evidentemente afectan y serán afectadas por la realización de este proyecto, lo cual definiría al menos cuatro tramos divididos por la demanda, pero además de que existen varias poblaciones a lo largo del trayecto, que hubiesen requerido un análisis de demanda con datos obtenidos en campo, y no con la fuente oficial que no ofrece la información requerida para un correcto análisis económico del proyecto.

---

[91] http://www.sct.gob.mx/fileadmin/DireccionesGrales/DGST/Datos-Viales-2015/13_HIDALGO.pdf

Gráfica VI.11. Carreteras estatales y federales ligadas al tramo Palmillas - Portezuelo

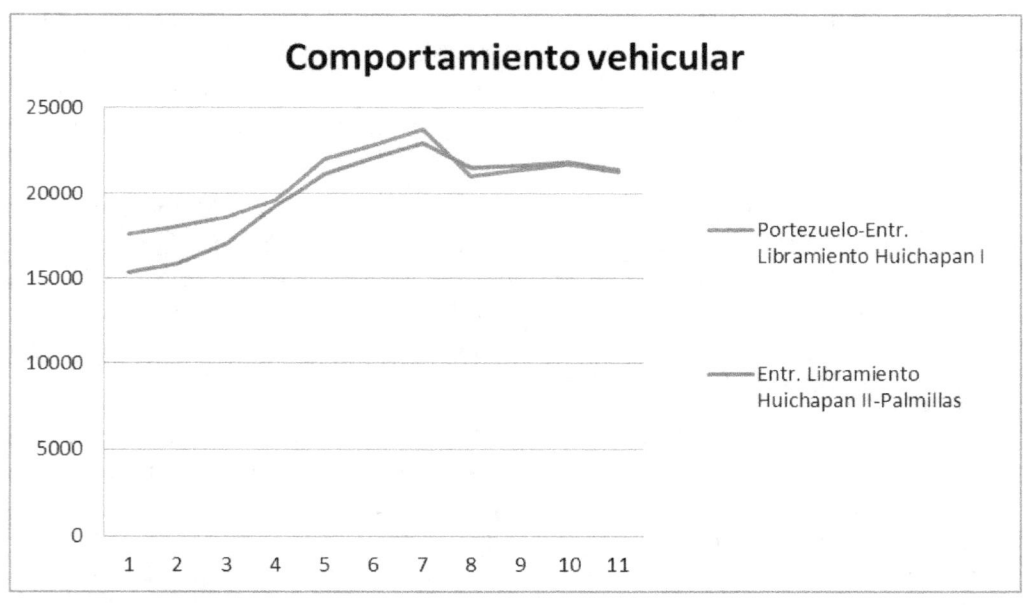

9. El DPD indica que *"se calculó el TPDA con base a Datos Viales 2015 (que corresponde a datos del año 2014) y se aplicó la tasa de crecimiento de 2.65% para estimar el TPDA 2015"*. Esto es, usaron un promedio aritmético simple del crecimiento del aforo en los dos "tramos" definidos por el proyecto para estimar no solo el dato de 2015, sino toda la proyección hasta el año 2045. Esto es demasiado simple e incorrecto. Nótese por ejemplo el comportamiento ilustrado en la siguiente gráfica (DPD página 18), que supuestamente corresponde a los dos tramos del proyecto:

Gráfica VI.12

Aunque la gráfica no muestra las fechas a las que se refieren estos datos, es evidente que en los últimos tres años ocurrió un cambio notable en la tendencia. Además, es de dudarse que la gráfica realmente corresponda a este proyecto porque el eje vertical indica cifras de alrededor de 20 000 vehículos, lo cual no corresponde a las del aforo atribuido a esta carretera (7,291 vehículos en la dirección Portezuelo a Huichapan I, y de 7,314 para los que van del Libramiento Huichapan II a Palmillas).

10. Las cifras de *los datos viales son desde luego útiles, pero deben complementarse con* trabajo de campo para ampliar la información sobre el comportamiento del tráfico vehicular, ya que tales datos se obtienen en el sitio de las estaciones en que se encuentran, los cuales no

necesariamente corresponden a los lugares correctos para evaluar un proyecto carretero. Más aún, estos datos no se pueden relacionar a los horarios, días o lugares y momentos de congestionamiento.

11. Debido, nuevamente, a que no hubo trabajo de campo, no se analizan posibles alternativas de tamaño de proyecto y posibles diferentes años de momento óptimo de entrada en operación de cada tramo. Esto es extremadamente importante porque un diseño menos caro de construcción de obras en los diferentes tramos, como los "carriles de rebase" y los acotamientos sin pavimentar, podrían haber "liberado" recursos para aplicarlos en otras carreteras con peores características físicas y/o de congestionamiento.

12. En resumen, los datos de "rentabilidad" de este proyecto no pueden ser considerados correctos debido no solo a los argumentos que se han mencionado, sino a la simple aplicación de una de las famosas reglas "de oro" de la evaluación de proyectos: "El valor atribuido a un beneficio no puede ser mayor al menor costo de haber obtenido el mismo beneficio a un menor costo". No se demuestra en el documento que el mismo beneficio del aumento en la velocidad de circulación podría haberse obtenido con un proyecto (o una serie de proyectos) de menor costo.

13. Finalmente se debe mencionar que tanto la redacción del documento de ACB, como su memoria de cálculo tienen las mismas características que las observadas en otros proyectos carreteros, lo que indicaría que tal vez los autores utilizaron el mismo formato y algunas cifras de otros documentos. Por ejemplo, en la página 43 del DPD se menciona que *"La capacidad máxima de la carretera en el tramo El Tuito-Tenacatita es de aproximadamente de 16,046 vehículos diarios para la sección A4"*. ¡Lo anterior proveniente del análisis de un proyecto en el estado de Jalisco!

14. Al viajar en el año 2018 por esta carretera en las secciones "actuales" y en las secciones "con proyecto" queda la impresión de una obra monumental, extraordinariamente costosa en comparación con el tráfico existente, que pudo haberse adaptado al tamaño real del problema mediante el diseño de otro tipo y tamaño de proyectos. El propio DPD reconoce explícitamente que *"No se analizaron alternativas al proyecto elegido"* (página 24).

EPÍLOGO

Este libro trata de explicar de manera sencilla los conceptos fundamentales del tema de evaluación social de proyectos de inversión pública, utilizando ejemplos de casos reales realizados en México, y ejercicios numéricos. Al mismo tiempo, se exponen algunas de las razones por las cuales se considera que el "sistema" de inversión pública de México debe someterse a una completa reingeniería, para modernizarlo y hacerlo efectivamente útil en la planeación e instrumentación de políticas que busquen maximizar el rendimiento social de cada peso invertido en nuestro país.

En México ha existido por muchos años una lucha interminable por "racionalizar" el gasto público mediante esquemas de "recorte" o de simple reducción del llamado gasto "corriente". Algunos comentarios muy difundidos pregonan la reducción de ese gasto, y el aumento en el gasto de "inversión en infraestructura". Una conclusión a la que se llega en este libro es que ambos conceptos están lejos de representar lo que se piensa, que el gasto "corriente" es improductivo y que la mayor inversión en infraestructura por el contrario es altamente productiva y deseable para el desarrollo del país.

La razón es muy simple. Todos, o casi todos los proyectos de inversión, pública o privada, requieren de gasto "corriente" para funcionar, para entregar los bienes y/o servicios para los que fueron diseñados. En esos casos recortar el gasto "corriente" significa debilitar, a veces sustancialmente, la capacidad de funcionamiento de proyectos que son críticos para el funcionamiento de nuestra sociedad.

Si bien seguramente no todas ni todos los lectores estarán convencidos de mis argumentos, creo que debemos tratar de llegar a los acuerdos que pudieran convertir al gasto público en un auténtico instrumento de desarrollo para nuestro país. Seguir como vamos no es alternativa útil.

En el capítulo VI he tratado de mostrar, con cuatro ejemplos reales, que la evaluación social de proyectos en México, aún en estudios realizados por empresas consultoras, deberían someterse a un control de calidad muy especializado. Los cuatro tienen defectos significativos que deberían haber causado su rechazo, o su redimensionamiento en tamaño y momento de realización. Un mecanismo muy simple para corregir estos defectos sería regresar al sistema de capacitación de alta calidad que existió en México hasta el año 2012, y someter de manera aleatoria algunos estudios al escrutinio de los estudiantes y profesores de la especialidad. Eso serviría para corregirlos a tiempo, quizás cambiando su alcance, o su momento de ejecución. Sobre todo, serviría para alertar a las consultoras, nacionales y extranjeras, que los estudios presentados podrían estar sujetos a esta revisión, lo cual sin duda contribuirá a mejorar su calidad. Debemos restablecer la capacitación de alto nivel que fue suspendida de manera inexplicable al inicio de la actual administración pública de México (2012 – 2018).

Resulta realmente sorprendente que se gasten miles de millones de pesos en proyectos de dudosa rentabilidad social, con serios problemas de diseño y evaluación, y no se inviertan cantidades bastante menores para asegurar su calidad.

A continuación se presenta un listado de las principales recomendaciones que puedo hacer, sin ahondar por ahora en sus características:

1. Llegar a un acuerdo (gobierno, academia y organizaciones de la sociedad civil) sobre la correcta definición de lo que es un proyecto de inversión,

2. Llegar a un acuerdo (gobierno, academia y organizaciones de la sociedad civil) para reclasificar el gasto gubernamental, de modo que se tenga una mejor cuantificación de los

recursos que se destinan a proyectos de inversión pública, tanto en su construcción como en su operación y mantenimiento.

3. Reactivar los cursos de especialidad en evaluación social de proyectos en una institución educativa seleccionada mediante concurso público.

4. Actualizar y corregir los "Lineamientos" actuales para elaborar y presentar estudios de evaluación de proyectos de inversión. Entre otros temas importantes, se debe anunciar que cualquier estudio presentado a la oficina de inversiones estará sujeto a su "dictaminación" dentro de los cursos de especialidad. También se deberá establecer el requisito de que todos los estudios de evaluación contengan el nombre del consultor o empresa consultora que lo elaboró.

5. Establecer un mecanismo para certificar a los consultores que demuestren el conocimiento teórico y práctico de la evaluación social de proyectos, los cuales deberán inscribirse en un "listado" que se deberá actualizar periódicamente.

6. Eliminar la continuación de asignaciones globales de gasto de inversión en las entidades y dependencias. En su lugar, se debe establecer que la asignación de recursos se hará tomando como base la correcta estimación de la rentabilidad de cada proyecto.

7. Establecer los contenidos mínimos que debe tener un estudio de evaluación en sus diferentes niveles: idea, perfil, prefactibilidad y factibilidad.

8. Establecer como requisito que para comisionar un estudio de evaluación a una consultora externa, la entidad o dependencia deberá contar con un estudio de evaluación al nivel inmediato anterior. Es decir, para contratar un estudio al nivel de prefactibilidad se deberá contar con un estudio al nivel de perfil, y para contratar un estudio al nivel de factibilidad se deberá contar con el estudio al nivel de prefactibilidad. Asimismo, requerir que las entidades y dependencias públicas elaboren internamente los estudios de "ideas" de proyectos y del nivel de perfil, y solamente se comisionen a consultoras externas los estudios de mayor profundidad.

9. Eliminar las asignaciones directas y las invitaciones a cuando menos tres consultoras en la adjudicación de contratos de estudios de evaluación. Todas las asignaciones deberán ser mediante concurso abierto.

10. Establecer que las entidades y dependencias públicas formen áreas especializadas con personal técnico capacitado en materia de evaluación social de proyectos.

11. Promover y lograr que todas las entidades federativas del país, y los municipios de mayor tamaño, integren oficinas de inversiones con personal capacitado.

BIBLIOGRAFÍA Y FUENTES CITADAS

1. "Lineamientos para la elaboración y presentación de los análisis costo y beneficio de los programas y proyectos de inversión" SHCP Diario Oficial de la Federación, diciembre de 2013.

   http://www.shcp.gob.mx/LASHCP/MarcoJuridico/ProgramasYProyectosDeInversion/Lineamientos/costo_beneficio.pdf

2. "Metodología del Marco Lógico" Boletín 15, CEPAL.

   https://repositorio.cepal.org/bitstream/handle/11362/9942/S0400007_es.pdf

3. Registro de ideas de inversión pública Directiva para la Programación Multianual.

   https://www.mef.gob.pe/contenidos/inv_publica/docs/Instructivo_BI/Instructivo_registro_ideas_inversion.pdf

4. Lineamientos para el seguimiento de la rentabilidad de los programas y proyectos de inversión de la administración pública federal.

   https://www.gob.mx/cms/uploads/attachment/file/2125/lineamientos-para-el-seguimiento-de-la-rentabilidad-de-programas.pdf

5. Contenido mínimo general del estudio de preinversión a nivel de perfil de un proyecto de inversión pública

   https://www.mef.gob.pe/contenidos/inv_publica/docs/normas/normasv/2015/Anexos/Anexo_SNIP_05-.pdf

6. Comité de ayuda al desarrollo. Organización para la Cooperación Económica y el Desarrollo (OCDE)

   http://www.dicc.hegoa.ehu.es//listar/mostrar/25

7. CEPEP. Centro de Estudios para la Preparación y Evaluación Socioeconómica de Proyectos.

   http://www.cepep.gob.mx/es/CEPEP/

8. Ernesto R. Fontaine "Evaluación Social de Proyectos" Decimotercera edición. Pearson-Prentice Hall, México, 2008.

9. Proyecto de la Aluminiadora. Revista Proceso.

   https://www.proceso.com.mx/123244/anulan-el-proyecto-de-la-aluminiadora

10. Pautas para la Identificación, formulación y evaluación social de proyectos de inversión pública a nivel de perfil

    https://www.mef.gob.pe/contenidos/inv_publica/docs/instrumentos_metod/Pautas_para_la_I,FyES_de_PIP,_perfil.pdf

11. Comisión Nacional del Agua. Manual de agua potable, alcantarillado y saneamiento

    http://www.mapasconagua.net/previ_max.aspx?nm=SGAPDS-1-15-Libro2.pdf&pg=

12. Aeropuerto Internacional de Tuxtla

    https://es.wikipedia.org/wiki/Aeropuerto_Internacional_de_Tuxtla

13. Ley Federal de Responsabilidad Hacendaria

    http://www.senado.gob.mx/comisiones/energia/docs/marco_LFPRH.pdf

14. Reglamento de la Ley Federal de Responsabilidad Hacendaria

    https://www.gob.mx/conafe/documentos/reglamento-de-la-ley-federal-de-presupuesto-y-responsabilidad-hacendaria-52109?state=published

15. Resumen Ejecutivo del Nuevo Aeropuerto Internacional de la Ciudad de México. Documento con registro número 1409JZL0005 en la cartera de proyectos de la Unidad de Inversiones de la SHCP

    https://www.gob.mx/shcp/acciones-y-programas/cartera-publica-de-inversion-16287

16. Observatorio Ciudadano del Nuevo Aeropuerto de la Ciudad de México

    http://wrimexico.org/publication/observatorio-ciudadano-del-nuevo-aeropuerto-de-la-ciudad-de-m%C3%A9xico

17. Número de pasajeros por operación en el AICM

    https://es.wikipedia.org/wiki/Aeropuerto_Internacional_de_la_Ciudad_de_M%C3%A9xico

18. PIB per cápita México, EUA. World Economic Forum 2017/2018, p. 202

    https://www.weforum.org/

19. Construir el tren interurbano México Toluca primera etapa

    https://www.gob.mx/shcp/acciones-y-programas/cartera-publica-de-inversion-16287

20. Terminales y estaciones del Tren México a Toluca

    http://www.sct.gob.mx/transporte-y-medicina-preventiva/transporte-ferroviario-y-multimodal/tren-interurbano-mexico-toluca

21. Modelo Visum. Software para el análisis y planeación de transporte multimodal

    http://vision-traffic.ptvgroup.com/es/productos/ptv-visum/

22. Ampliación del Puerto de Veracruz

    https://www.gob.mx/shcp/acciones-y-programas/cartera-publica-de-inversion-16287

23. Glosario de términos portuarios

    http://www.seinemaritime.net/supports/uploads/files/Glossary%20of%20Port%20and%20Shipping%20Terms.pdf

24. Capacidad del nuevo puerto de Veracruz

    http://www.milenio.com/opinion/alberto-aguilar/nombres-nombres-nombres/puerto-veracruz-numero-8-escolleras-duplicar-capacidad-portuaria-mexico-meta-sct

25. Carretera Palmillas Portezuelo

    https://www.gob.mx/shcp/acciones-y-programas/cartera-publica-de-inversion-16287

26. Carretera federal de Portezuelo a Palmillas y conexiones con carreteras estatales

    http://www.sct.gob.mx/fileadmin/DireccionesGrales/DGST/Datos-Viales-2015/13_HIDALGO.pdf

www.ingramcontent.com/pod-product-compliance
Lightning Source LLC
Chambersburg PA
CBHW082105220526
45472CB00009B/2052